Die Behandlung der Sittlichkeitsdelikte in den Policeyordnungen und der Spruchpraxis der Reichsstädte Frankfurt am Main und Nürnberg im 15. bis 17. Jahrhundert

Rechtshistorische Reihe

Band 289

Peter Lang
Frankfurt am Main · Berlin · Bern · Bruxelles · New York · Oxford · Wien

Bettina Günther

Die Behandlung der Sittlichkeitsdelikte in den Policeyordnungen und der Spruchpraxis der Reichsstädte Frankfurt am Main und Nürnberg im 15. bis 17. Jahrhundert

Peter Lang
Europäischer Verlag der Wissenschaften

Bibliografische Information Der Deutschen Bibliothek
Die Deutsche Bibliothek verzeichnet diese Publikation in der Deutschen Nationalbibliografie; detaillierte bibliografische Daten sind im Internet über <http://dnb.ddb.de> abrufbar.

Zugl.: Frankfurt (Main), Univ., Diss., 2002

Diese Arbeit wurde von Herr Professor Dr. Gerhard Dilcher
zur Aufnahme in diese Reihe empfohlen.

D 30
ISSN 0344-290X
ISBN 3-631-52330-0

www.peterlang.de

Inhaltsverzeichnis

A. Einleitung

I. Themenkreis und Forschungsstand: Die Sittlichkeitsnormierung durch Policeyordnungen als Gegenstand rechtshistorischer Forschung

Wir der Radt zu Franckfurt *Thun kundt allermenniglichem / Nach dem wir hievor auß gutem ernstlichem bewegen / das nachreden und verspotten / so fremden vñ heymischen allhie begegnet / auch das Gottßlesterlich Fluchen / Schweren / vnordentlichs Zutrincken / Ehebrechen vnd Hurerei / verbotten haben / vnd auch darumb guter zuversicht gewesen werent / solchem allem solt je / wie billich (so darinn nit alleyn gemeynes fridens / guter ehrbarer Pollicei fürderung / sonder auch des heyligen Gottes worts / daß doch täglichs wider die gemelten vnd alle andere laster gepredigt / volnziehung gesucht wirdt) gehorsampt / vnd gelebt worden sein. Dieweil nun glaublich erfunden / daß durch nit haltung vnd erzelte vnthaten / vil menschen geergert / Darzu Gott der almechtig vnd sein heyliges wort geoneret vnd ongeacht blieben / So will vnß auß not geziemen / die voraußgangne Constitution vnd vnser Mandat / widerumb zuuernewen / gebieten und zuuerpenen / die wir auch hiermit von newem gebieten / und domit sich der onwissenheyt niemandt zuentschuldigen hab / gantz ernstlich gebotten / denen auch (auff daß die erzelten vnnd andere vbel fürkommen werden / oder ongestrafft nit hientringen) also mit der straf / wie hierinn verleibt / nach kommen / vnd stracks gelebt haben wöllen.*

Straff der Gotteslesterer.

- *Welche person fürsetzlich vnd bedächtlich gottßlesterliche Flüch thet / die solt am leib oder leben gestraft werden.*
- *Wo aber die person auß zorn oder böser gewonheyt also flücht / die sollt von jedem flüch sechs schilling zur buß geben.*
- *Würd die person zum andern mal vberfärig / soll jr eyn halber gülden abgenommen werden.*
- *Vbertret sie zum dritten mal/ soll die selbig person eyn gülden zur buß geben.*
- *Vnnd weñ die vorgedachte person zum vierden mal kem / so will man die selbig dieser Statt eyn zeitlang / auff gnad des Radts verweisen.*

Straff des Ehebruchs.

- *Soll die vberfärig person für das erst vbertretten / zehen / vnd dañ für das ander / zwentzig gülden geben.*
- *So aber die brüchig person zum dritten mal betretten würd / soll sie gefenglich angenommen / vnnd diser Statt verwisen werden.*

- Wo auch das brüchig widerumb begnadet / inn diese Statt iñgenommen / vnnd abermals Ehebrüchig würd / deners oder die selbig person will eyn erbarer Radt an leib und leben straffen lassen.

Straff der Hurerei.

- Welcher offentlich mit verdächtlichen weibern zuhielt / oder zur onehe seß / der solt das verdächtlich weib oder zuhälterin verlassen.
- Wo das nit beschehe / so soll er der Mann / wo er in ehren oder ehrliche ämptern versehen wäre / der selbigẽ entsetzt werdẽ.
- Wo das nit beschehe / so soll er der Mann / wo er in ehren oder ehrliche ämptern versehen wäre / der selbigẽ entsetzt werdẽ.
- Zum andern / wo er dauon nit abstünd / solt er mit dem thurn gestrafft werden.
- Zum dritten will jn eyn erbarer Radt der Statt verweisen.
- Es sollen auch die weibs bild oder zuhälterin gleicherweiß straff tragen.

Straff des Zutrinckens.

- Es soll keyn Burger / vnderthan noch beiwoner allhie / auch inn eyns erbaren Radts gebiet / dem andern / oder sunst jemandts anderm nit zutrincken / weder vil noch wenig / heymlich oder offentlich / es sei mitbringen / wartẽ / oder iñ welcher gestalt solchs geschehen mag / bei straff der ersten vbertrettung halben / sechs schilling.
- Für die ander / zwölf schilling.
- Für die dritt / eyn gülden.
- Weñ auch vil gesellen bei eynander weren / die also zusamen trincken würden / der soll eyn jeglicher mit zweyen gülden zur buß verfallen sein.
- Vnd wo eyner auff der strassen gesehen würd / der truncken were / vnnd sich ongeschickt oder onzüchtig hielt / den soll eyn jeder Radts diener anzugreiffen / und zu Schloß zufertigen / macht haben.
- Darzu soll die person / wo auß dẽ Radt were / vnd hieriñ vberfärig erfundẽ würd / mit dupler peen verfallen sein.
- Vnd damit solchs laster fürkommen werd / so soll eyn jeder Wirth / Stubenknecht / Gaßt vnd Haushalter / die leut trewlich / für dem zutrincken / warnen / vnnd die vbertretter fürbringen / wo das nit beschehe / soll der selbig die buß geben.
- Wo auch jemandt so arm vnd onuermögend were / daß es die straff am gelt zugeben / nit vermöcht / die selbig person soll von eynẽ jeden gülten acht tag / auff eynen thurn / gefenglich gelegt / auch mit wasser vñ brot gespeißt werdẽ.
- Die straff des nachredens vnd verspottens sol den Radts freundẽ / nach gelegenheyt / dieweil sich die mancherhandt gestalt begeben / vnd zutragen heym gestellt werden.

☙ *Kupler vnd kuplerin wirt man am Halßeisen straffen / vnd darauff diser Statt verweisen.*

☙ *Auff daß auch alle obgeschribne stück / puncten vnd artickel destmehr auffsehens haben / auch zum statlichsten fürkommẽ vnd gestrafft werden / So gebieten und wöllen wir / daß eyn jeder Burger und iñwoner solche laster bei seinem gethonen eydt / damit er dem heyligen Reich / vnd vnß als Burger / alhie verwandt ist / auffs fürderlichst jm immer müglich / vnsern Burgermeystern / oder den jhenen / so darzu verordnet werden / anbringen soll / vnd dardurch võ niemandts geschmecht oder gescholten werden. Wo aber der selbig anbringer von jemandt veracht würd / den wöllen wir / nach gelegenheyt / dermassen straffen lassen / eyn ander sich darfür wiß zuhüten. Doch sollen die dienstbotten von jhren herrschafften / solche vberfarungen / anzubringen hieriñ nit begriffen sein / sonder auß bewegenden vrsachen domit onbeschwert bleiben.*

(Policeyordnung der Stadt Frankfurt vom 10. Oktober 1598[1]

1. Grundlagen der Untersuchung

Der Übergang von der mittelalterlichen zur frühneuzeitlichen Ordnung, der überlagert wird von der Reformation, und damit eine geänderte Rolle der Kirche bewirkt, teilt den protestantischen Reichsstädten Frankfurt und Nürnberg neue Aufgaben im Hinblick auf die Aufrechterhaltung von Sitte und Ordnung in ihrem Herrschaftsgebiet zu. Vieles, was zuvor Aufgabe der Kirche und der kirchlichen Gerichtsbarkeit war, wechselt nun in die Zuständigkeit der städtischen Räte.

Dabei werden zwei Problemkreise berührt, die sich unabhängig voneinander entwickeln und trotzdem in einem Komplex zu betrachten sind. Zum einen ist dies der für unsere heutigen Vorstellungen sehr weite Bereich der Sittlichkeit, zum anderen ist es die Herauslösung dieser Materie aus der kirchlichen Zuständigkeit und die Erweiterung der städtischen Zuständigkeiten in Normsetzung und Rechtsprechung.

Ein wichtiges Instrument der städtischen Normgebung waren im Spätmittelalter und in der frühen Neuzeit die vom Rat erlassenen Policeyordnungen. Sie ergingen zur Regelung des Gemeinwesens im Sinne einer "guten Polizei"[2] und

---

[1] StadtAF, Edikte

[2]. Vgl. Schmelzeisen, in: HRG III, Sp. 1803.

hatten neben den sittlichkeitsnormierenden Aspekten eine Vielzahl anderer rechtlicher Inhalte[3]. Vom späten Mittelalter an wurden sie vom städtischen Rat obrigkeitlich durch Rechtsgebot gesetzt und von ihm oder von eigens eingerichteten Stadtgerichten vollzogen[4].

Bei der Betrachtung der Policeyordnungen wird deutlich, dass diese Verordnungen Teil eines unablässigen Bemühens der städtischen Behörden sind, entgegen Widerständen die obrigkeitliche Ordnung aufrechtzuerhalten und permanent auf die Einhaltung der gesetzten Normen zu dringen. Der Begriff „Sittlichkeit“ wird dabei in einem sehr weiten Umfang verwendet, der sowohl religiöse Belange als auch die Aufrechterhaltung alltäglichen Geschehens im Sinne dieser Ordnung umfasst; allein in der eingangs zitierten Policeyordnung ist es eine Spannweite von der Gotteslästerei, über den Ehebruch und die Hurerei bis zur Eindämmung des Zutrinkens. Die Policeyordnungen sind auf die unmittelbare Beeinflussung der Bürger und der sonstigen Bewohner der Stadt ausgerichtet, um diese zu ordentlichem Verhalten anzuhalten und die Konsequenzen von Fehlverhalten plakativ und für jedermann verständlich darzustellen.

Gleichzeitig schloss der Rat mittels der Policeyordnungen die Lücken, die sich durch die frühzeitige Rezeption des gelehrten römischen Rechts und einer damit einhergehenden Verwissenschaftlichung auftaten. Das auf abstrakte Tatbestände zugeschnittene gelehrte Recht bot nämlich wenig Raum für zeitgebundene Sozialsituationen, deren Regelung besonders angesichts der durch den Zusammenbruch der mittelalterlichen Ständegesellschaft desolaten Sozialordnung[5] und des damit einhergehenden wachsenden Ordnungsbedarfs notwendig erschien.

2. Der Forschungsstand

Die Tatsache, dass die Policeyordnungen außerhalb der Rezeptionsgeschichte standen, wirkte sich für ihre weitere Erforschung zunächst nachteilig aus: Die Policeyordnungen, die lange Zeit die Rechtslandschaft nachhaltig bestimmten, die sich mit einer sehr großen Vielgestaltigkeit von Gegenständen befassten und ein Gemenge öffentlich-rechtlicher, privatrechtlicher und strafrechtlicher Inhalte

---

3. Vgl. Maier, Verwaltungsgeschichte, S. 76.

4. Vgl. Ebel, Willkür, S. 37.

5. Vgl. Schmelzeisen, Polizeiliches Rechtsgebot, S. 6.

in sich vereinten, fanden lange Zeit bestenfalls als Kuriosität Beachtung[6]. Erst in der Mitte des vorigen Jahrhunderts setzte eine gezielte Untersuchung dieser Ordnungen ein[7]. Gerade im Bereich der Städte, die eine Vielzahl an Policeyordnungen produzierten, besteht jedoch aus rechtshistorischer Sicht noch immer Bedarf an konkreten, fallbezogenen Untersuchungen.

Zwar findet man im Hinblick auf die Gesetzgebungsgeschichte und den rechtlichen Charakter der aufgrund städtischer Satzungsgewalt erlassenen Ratsverordnungen eine Fülle von Untersuchungen. Mit den spezifisch policeylichen Inhalten der Ordnungen beschäftigen sich diese Arbeiten jedoch zumeist nur am Rande. Ihr Hauptaugenmerk ist auf die Rolle der mittelalterlichen Stadt in der deutschen bzw. europäischen Rechtsgeschichte gerichtet[8], auf ihre Entstehung und Entwicklung, ihre städtische Verfassung und ihre Bürgerschaft[9].

Darüber hinaus gibt es aber auch Darstellungen, die sich entweder mit einem bestimmten Regelungsinhalt beschäftigen oder gezielt die Ratsordnungen einer

---

6. Vgl. H. Maier, Die ältere deutsche Staats- und Verwaltungslehre, S. 74, der O. Stobbe zitiert, welcher über die Polizeiordnungen sagt: "Sie sind in sehr großer Zahl erhalten, bieten aber weniger Interesse für die Rechtsgeschichte, als für die Sittengeschichte dar" (1864).

7. So z. B. die Arbeiten von Schmelzeisen, Polizeiordnungen und Privatrecht; Maier, Die ältere Staats- und Verwaltungslehre, Kapitel "Die Polizeiordnungen", S. 74 ff.; Ebel, Geschichte der Gesetzgebung, Kapitel "Die gute Polizei", S. 59 ff.; Schulze, Die Polizeigesetzgebung zur Wirtschafts- und Arbeitsordnung der Mark Brandenburg in der frühen Neuzeit; Raeff, The well-ordered Police State, Kapitel "The ordinances (Landes- und Polizeiordnungen)", S. 43 ff. Nunmehr erleichtert das Repertorium der Policeyordnungen der Frühen Neuzeit, hg. von K. Härter und M. Stolleis, die Untersuchungsarbeit erheblich.

8. So z. B. Dilcher, G.: "Hell, verständig, für die Gegenwart sorgend, die Zukunft bedenkend". Zur Stellung und Rolle der mittelalterlichen deutschen Stadtrechte in einer europäischen Rechtsgeschichte, in: Zeitschrift der Savigny-Stiftung (GA) 106 (1989), S. 12 ff.; Ennen, E.: Die europäische Stadt des Mittelalters.

9. Dazu etwa Ebel, W.: Die Willkür; Dilcher, G.: Art. "Stadtrecht", in: HRG III; Wolf, A.: Die Gesetzgebung der entstehenden Territorialstaaten, in: H. Coing: Handbuch der Quellen Band I, S. 517 ff., insb. S. 606 ff.; Planitz, H.: Die deutsche Stadt im Mittelalter, insb. S. 332-344; Haase, C. (Hg.): Die Stadt des Mittelalters Band II: Recht und Verfassung (Wege der Forschungen 244); Dilcher, G.: Zum Bürgerbegriff im späteren Mittelalter. Versuch einer Typologie am Beispiel von Frankfurt am Main, in: J. Fleckenstein/K. Stackmann (Hg.): Über Bürger, Stadt und städtische Literatur im Spätmittelalter; ders.: Die genossenschaftliche Struktur von Gilden und Zünften, in: B. Schwineköper (Hg.): Gilden und Zünfte (Vorträge und Forschungen 29); dazu auch neuerdings ders.: Bürgerrecht und Stadtverfassung im europäischen Mittelalter; Ebel, W.: Über die rechtsschöpferische Leistung des mittelalterlichen deutschen Bürgertums, in: Untersuchungen zur gesellschaftlichen Struktur der mittelalterlichen Städte in Europa (Vorträge und Forschungen 11).

Stadt untersuchen[10]. So zum Beispiel die "klassische" Untersuchung von Gustaf Klemens SCHMELZEISEN, die sich mit der Ehe- bzw. Familienordnung bestimmter Stadtrechte auseinandersetzt[11], jedoch - wie er selbst betont - begrenzt "auf ihren in das Privatrecht einschlagenden Gehalt"[12]. Eine Projektion der Policeyordnungen auf eine andere - über die rein privatrechtliche Normierung hinausgehende - Ebene, die es ermöglichen würde, sie nach ihrem sozialen Sinngehalt zu unterscheiden, erwägt er[13], unterlässt es letztendlich aber, da "es rechtswissenschaftlich nicht unbedingt verbindlich sein (...)" könne, wie die Ordnungen sich soziologisch zueinander verhielten[14]. Eine derartige Haltung ist kennzeichnend für die Forschungslage wie sie sich noch zu Beginn der sechziger Jahre des 20. Jahrhunderts darstellt.

Neuere Arbeiten vertiefen demgegenüber die historisch-sozialwissenschaftlichen wie religionsgeschichtlichen Aspekte: Mit Gerhard OESTREICH bezeichnen sie die Policeyordnungen als "Träger der Sozialdisziplinierung der Neuzeit"[15]. Basierend auf dem von Norbert ELIAS geprägten Begriff des "Zivilisationsprozesses" und dessen, was Max WEBER mit "Rationalisierung", "Zentralisierung" und "Bürokratisierung" umschreibt, findet man in der Folgezeit einige Untersuchungen, die sich mit der sozialdisziplinierenden Wirkung von Policeyordnungen befassen. Teilweise rückt dabei die Randgruppenforschung in den Vordergrund, teils wird nach der Bedeutung des konfessionellen Wandels für die Entstehung und Ausbildung des frühmodernen Staates gefragt. Wieder andere Untersuchungen wollen die Kriminalitätsgeschichte der Vormoderne näher beleuchten[16]. Dennoch handelte

---

10. So z. B. Schmelzeisen, G. K.: Polizeiordnungen und Privatrecht (Forschungen zur neueren Privatrechtsgeschichte Band 3); Kaatsch, H.-J.: Polizeigesetzgebung in Schweinfurt; Stolleis, M.: Art. "Luxusverbote", in: HRG III; ders.: Pecunia Nervus Rerum; ders. (Hg.): Jus Potandi oder Zech-Recht (1616); Jütte, R.: Obrigkeitliche Armenfürsorge in deutschen Reichsstädten der frühen Neuzeit. Städtisches Armenwesen in Frankfurt am Main und Köln; Fischer, Th.: Städtische Armenfürsorge (Göttinger Beiträge 4).

11. Schmelzeisen, Polizeiordnungen, S. 21 ff. bzw. S. 68 ff.

12. Ebenda, S. 9.

13. Schmelzeisen bezieht sich dabei auf die von Max Weber entwickelten Ordnungskategorien; ebenda, S. 13.

14. Ebenda, S. 13.

15. Stolleis, M.: Geschichte des öffentlichen Rechts in Deutschland. Erster Band: Reichspublizistik und Policeywissenschaft 1600 bis 1800, München 1988.

16. So z. B. der bereits erwähnte G. Oestreich: Policey und Pru dentia civilis in der barocken Gesellschaft von Stadt und Staat, in: ders.: Strukturprobleme der frühen Neuzeit, Berlin 1980; ders.: Strukturprobleme des europäischen Absolutismus, in: ders.: Geist und Gestalt des frühmodernen Staates, Berlin 1969; Max Weber: Wirtschaft und Gesellschaft. Studienausgabe, Tübingen 1976; Norbert Elias: Über den Prozeß der Zivilisation (Band 1),

es sich dabei lange Zeit, wie Werner BUCHHOLZ noch 1991 feststellte, um eine vergleichsweise geringe Anzahl. Diese Abhandlungen beschränken sich zudem auf den Zeitraum des späten 16. bis beginnenden 19. Jahrhunderts. Darüber hinaus fand eine Betrachtung zumeist mehr aus sozialhistorischer bzw. reformationsgeschichtlicher Sicht statt.

Neue Anstöße erhielt die Erforschung der Policeyordnungen, ihrer Inhalte und ihres Hintergrundes im Verlauf der neunziger Jahre. Gestützt durch umfangreiche Projektarbeiten, allen voran die des Max-Planck-Instituts für europäische Rechtsgeschichte in Frankfurt am Main, gelang zunehmend, die größtenteils nur archivalisch überlieferten Ordnungstexte zu erfassen[17] und auf dieser Basis neue Erkenntnisse zu gewinnen[18]. Auch bezogen auf die Reichsstädte Frankfurt am Main und Nürnberg führte die Sogwirkung der jüngsten Policeyforschungen zu neuen Untersuchungsergebnissen, die jedoch

---

Bern 1969; Werner Schulze: Gerhard Oestreichs Begriff der "Sozialdisziplinierung in der frühen Neuzeit", in: Zeitschrift für historische Forschung 14 (1987), S. 265-302; Marc Raeff: The Well-Ordered Police-State. Social and Institutional Change through Law in the Germanies and Russia, 1600-1800, New Haven/London 1983; Werner Buchholz: Anfänge der Sozialdisziplinierung im Mittelalter. Die Reichsstadt Nürnberg als Beispiel, in: Zeitschrift für historische Forschung 18 (1991), S. 129-147; Heinz Schilling: Konfessionskonflikt und Staatsbildung (Quellen und Forschungen zur Reformationsgeschichte Band 48), Heidelberg 1981.
Speziell zur Randgruppenforschung siehe z. B. die Arbeiten von Irsigler/Lasotta, Peter Schuster und Robert Jütte.
Der Entstehung des frühmodernen Staates und den dafür bedeutsamen Faktoren gehen die Untersuchungen von Heinz Schilling, Bernd Moeller, Paul Münch, Wolfgang Reinhard, Heinrich Richard Schmidt und Helga Schnabel-Schüle nach, um nur einige zu nennen. Gegenargumente zu der hierin entwickelten "Konfessionalisierungsthese" bieten die Arbeiten von Michael Stolleis, so etwa: "Konfessionalisierung" oder "Säkularisierung" bei der Entstehung des frühmodernen Staates, in: Ius Commune Bd. 20 (1993), S. 1ff., und die Arbeiten von Peter Blickle, welcher von einer "Gemeindereformation" ausgeht.
Bei den Untersuchungen zur Kriminalitätsgeschichte sind in jüngster Zeit besonders die Arbeiten von Regina Schulte und Gerd Schwerhoff hervorzuheben.

17 . Repertorium der Policeyordnungen der Frühen Neuzeit Band 1 bis 4, hg. von K. Härter und M. Stolleis, Frankfurt am Main, 1996 bis 2001.

18 . Vgl. K. Härter, Policey und Strafjustiz in Kurmainz, Habil. TU Darmstadt 2001; vgl. Th. Deheselles, Policey, Handel und Kredit im Herzogtum Braunschweig-Wolfenbüttel in der frühen Neuzeit, Frankfurt am Main 1999; vgl. B. König, Luxusverbote im Fürstentum Münster, Frankfurt am Main 1999; vgl. P. Kissling, „Gute Policey" im Berchtesgadener Land, Frankfurt am Main 1999. vgl. auch Th. Simon, Recht und Ordnung in der frühen Neuzeit, in: Rechtshistorisches Journal 13 (1994), S. 372 bis 392. Für einen Überblick über die umfangreichen Neuerscheinungen zu diesem Themenkreis in jüngster Zeit wird außerdem auf das der Arbeit beigefügte Literaturverzeichnis verwiesen

durchweg historisch bzw. sozialhistorisch oder aber soziologisch geprägt sind[19]. Die Verknüpfung zu den rechtshistorisch-normativen Wurzeln der städtischen Policeyordnungen erfolgte bei diesen Arbeiten, gerade auch im Hinblick auf die reichsstädtischen Policeyordnungen, allerdings noch nicht in ausreichendem Maße. Eine Betrachtung der Interdependenz von Normdurchsetzung, Weltbild und tatsächlichen Auswirkungen von Policeyordnungen innerhalb des vergleichsweise kleinen und überschaubaren städtischen Umfelds, wie es die vorliegende Arbeit zum Ziel hat, ist daher nach wie vor ein Bedürfnis.

II. Zur Vorgehensweise dieser Untersuchung

1. Fragestellung und Ziel der Untersuchung

Thematisch wird sich die vorliegende Arbeit mit der durch städtische Ratsverordnungen normierten Sittlichkeit innerhalb der Geschlechterbeziehung, also mit der Sexual- und Ehezucht, befassen. Diese umfasst zum einen die städtischen Bemühungen zur Beseitigung der "sittlichen Unordnung" im allgemeinen, d. h. Verordnungen, die Unzucht[20], Hurerei[21], Konkubinate, Kuppelei[22] und Frauenhäuser betreffen. Zum anderen beinhaltet der Themenkreis auch den städtischen Kampf gegen heimliche Ehen, die aufgrund zunächst fehlender Formvorschriften für die Eheschließung Bigamie und verbotene Verwandtenehen begünstigten. Weiterhin soll der obrigkeitliche Schutz der

---

19 . Vgl. Th. Bauer, Im Bauch der Stadt. Kanalisation und Hygiene in Frankfurt 16.-19. Jahrhundert, Frankfurt am Main 1998; K. Budewig, Die Kriminalakten der freien Reichsstadt Frankfurt am Main der Jahre 1600 bis 1632, Aachen 1995; J. Eibach, Mehr als Mord und Totschlag. „Verbrechen“ und städtische Lebenswelt in den Frankfurter Criminalia (Institut für Stadtgeschichte Frankfurt, Archivbrief), Frankfurt am Main 1997; R. Habermas; Frauen und Männer im Kampf um Leib, Ökonomie und Recht. Zur Beziehung der Geschlechter im Frankfurt der Frühen Neuzeit, in: R. van Dülmen, Dynamik der Tradition, S. 109 bis 136; A. Johann, Kontrolle mit Konsens. Sozialdisziplinierung in der Reichsstadt Frankfurt am Main im 16. Jahrhundert, Frankfurt am Main 2001. Vgl. A. Bendlage/P. Schuster, Hüter der Ordnung. Bürger, Rat und Polizei in Nürnberg im 15. und 16. Jahrhundert, in: Mitteilungen des Vereins für Geschichte der Stadt Nürnberg 82 (1995), S. 37 bis 55; N. Bennewitz, Frauen im Konflikt mit dem Straferecht im spätmittelalterlichen und frühneuzeitlichen Nürnberg. Weibliche Kriminalität als schichtenspezifisches Problem, in: Jahrbuch für fränkische Landesforschung 59 (1999), S. 129 bis 166.

20. Der Begriff Unzucht bezeichnet die geschlechtlichen Beziehungen zwischen unverheirateten und nicht verschwägerten oder verwandten Männern und Frauen.

21. Hurerei ist jede gewerbsmäßige Unzucht.

22. Als Kuppler wird sowohl derjenige bezeichnet, der zur Unzucht als auch der, der zu einer unerlaubten Eheschließung anstiftet oder Beihilfe leistet, vgl. His II, S. 162.

ehelichen Gemeinschaft betrachtet werden. Dabei stehen insbesondere die den Ehebruch betreffenden Verordnungen im Vordergrund. Ebenfalls Beachtung finden sollen Kleidervorschriften, die speziell dem Schutz der sittlichen Ordnung dienen und sonstige Verhaltensvorschriften, wie z. B. Ordnungen, die schändliche Tänze, unzüchtige Gesänge, das Verhalten während der Messen, Maskierungen und den Besuch von Kirmesfesten verbieten.

Zudem soll eine Lückenhaftigkeit vermieden werden, die dadurch entstehen kann, dass zwar die theoretische Regelungsvorgabe, nicht aber die tatsächliche Regelungsanwendung betrachtet wird[23]. Mit einer Untersuchung der tatsächlichen Auswirkungen der zunächst auf ihren theoretischen Gehalt hin untersuchten Policeyordnungen soll eine geschlossene Betrachtung der Norm vom ideellen impetus ihres Entstehens bis hin zu ihrer Anwendung in der Praxis ermöglicht werden. Ziel ist es dabei auch, den Charakter des bislang noch recht diffusen Begriffs der "Policeyordnung" zu erhellen und so Erkenntnisse hinsichtlich ihrer Stellung und Funktion im städtischen Rechtsleben des Spätmittelalters und der frühen Neuzeit zu gewinnen.

Hierzu ist es notwendig, den Untersuchungsgegenstand in räumlicher, zeitlicher und thematischer Hinsicht einzugrenzen, um die angestrebte konkrete, fallbezogene Untersuchung vornehmen zu können.

Räumlich begrenzt sich diese Arbeit auf das Quellenmaterial der Reichsstädte Frankfurt am Main und Nürnberg. Frankfurt ist hier vor allem aufgrund seiner "idealtypischen Ausformung"[24] in stadtverfassungsrechtlicher, Nürnberg aufgrund der bereits sehr frühzeitig und umfangreich geregelten Policeymaterien in besonderer Weise geeignet. Zeitlich entstammen die ausgewerteten Quellen den Jahren zwischen 1450 und 1650. So ist die Epoche der größten religiösen Veränderungen der frühen Neuzeit eingebettet in den Betrachtungszeitraum. In thematischer Hinsicht kann gerade die Untersuchung des Umgangs mit der "Sittlichkeit" dazu beitragen, sowohl Einfluss wie auch Bedeutung der Reformation für die Ordnungsgebung der deutschen Städte zu erhellen. Denn auf kaum einem anderen Gebiet zeigt sich die ethisch-moralische und sittlich-religiöse Motivation so deutlich wie in den Regelungen zur städtischen Sittenzucht, die seit der 2. Hälfte des 15. Jahrhunderts aufkamen und in den

---

[23] . Vgl. hierzu auch die historische Implementationsforschung und ihre Ergebnisse, A. Landwehr, Policey im Alltag. Die Implementation frühneuzeitlicher Polizeiordnungen in Leonberg, Frankfurt am Main 2000; F. Ross/A. Landwehr, Denunziation und Justiz. Historische Dimension eines sozialen Phänomens, Tübingen 2000; Th. Raiser/R. Voigt (Hg.), Durchsetzung und Wirkung von Rechtsentscheidungen. Die Bedeutung der Implementations- und Wirkungsforschung für die Rechtswissenschaft, Baden-Baden 1990.

[24]. Vgl. Dilcher, Bürgerbegriff, S. 67.

darauf folgenden Jahrhunderten eine immer größer werdende Regelungsdichte aufweisen.

Das zentrale Augenmerk dieser Arbeit wird daher einerseits auf die Art und Weise der Verknüpfung sozialer wie politischer und religiös-kirchlicher Vorstellungen in den Stadtgesellschaften des Spätmittelalters und der frühen Neuzeit gelenkt. Andererseits werden die Folgen dieser Verknüpfung für Inhalt und Ausformung der Verordnungsgebung des städtischen Rats hinterfragt.

2. Terminologische Grundlegung

a. Policeyordnungen

Einige Charakteristika sind allen untersuchten Policeyordnungen gemeinsam. Diese Merkmale sollen der weiteren Eingrenzung des Untersuchungsgegenstandes dienen. Es gilt zunächst, eine Abgrenzung dahingehend zu treffen, welche Regelungsformen unter den Sammelbegriff "Policeyordnungen" zu fassen sind und welche herausfallen müssen.

Kennzeichnend für eine Policeyordnung der frühen Neuzeit ist ihr obrigkeitlicher Charakter, mithin die Fähigkeit des städtischen Rates, aus eigener Machtfülle in einem bestimmten Bereich Regelungen zu erlassen[25]. Man kann die Eigenart einer solchen Ordnung als "Lenkungsrecht"[26] definieren oder auch als "Rechtsgebot"[27]: Gemeinsam ist ihnen der Wille einer Autorität zur Normsetzung, gepaart mit dem Wissen um die legislatorische Kompetenz und ihre Verbindlichkeit für die Gesamtheit der Untertanen[28].

Symptomatisch für die Policeyordnungen der frühen Neuzeit ist auch die überaus häufige Wiederholung der Regelungen, die zumeist wortlautgetreu und mit identischem Inhalt erfolgt. In diesem Punkt lassen die Policeyordnungen eine Anknüpfung an orale Rechtskulturen erkennen, die durch ständiges Wiederholen einem schlichten Vergessen der Regelung entgegenwirkten[29]. So

---

25. Vgl. Ebel, Bursprake, S. 193.

26. Vgl. Schmelzeisen, in: HRG III, Sp. 1803 f.

27. Vgl. Ebel, Gesetzgebung, S. 25 ff., 60.

28. Vgl. Lieberich, S. 309; vgl. Ebel, Gesetzgebung, S. 26.

29. Vgl. Raeff, S. 51 ff., der die "repetitiveness" als Haupteigenschaft der Policeyordnungen bezeichnet.

"gebudet"[30] "eines Erbern Rats Oberkeyten"[31] "allermeniglichem"[32], welche Arten unsittlicher Handlungen unterlassen werden sollten. Neben einer ständigen Erneuerung der Ordnungen den Inhalten nach[33] findet man zum Teil wortlautgetreue Neuverkündungen[34]. Infolgedessen kann man die eben beschriebenen Regelungen, gleich, ob sie vom Rat selbst als "Ordnungen", "Gebote", "Constitutionen", "Mandate" oder "Edikte" bezeichnet werden, einheitlich unter dem Begriff "Policeyordnungen" zusammenfassen.

b. Stadtrechtsreformationen

Schwierigkeiten bei der Typisierung ergeben sich jedoch bezüglich der in beiden Städten anzutreffenden umfangreichen und in sich geschlossenen Stadtrechtsreformationen[35]. Es stellt sich die Frage, ob derartige Bestimmungen aus dem Gesamtkomplex herausgenommen und gesondert - quasi wie eine Policeyordnung - behandelt werden sollen, oder ob die Betrachtung der Stadtrechtsreformationen als rechtliches Gesamtwerk im Vordergrund stehen soll, die sich als Quellengattungen deutlich von den städtischen Policeyordnungen abheben und damit im Kontext der hier vorzustellenden Arbeit keine Beachtung finden dürften.

Die Rechtsreformationen waren als Quellengattung vornehmlich im 15. bis 17. Jahrhundert auf der Ebene der Städte und Länder anzutreffen[36]. Sie wurden im

30. Policeyordnung vom 31. Okt. 1452, abgedr. bei Wolf, Gesetze Nr. 255.

31. Policeyordnung vom 3. Juni 1534, StadtAN, Rep. A6/I.

32. Policeyordnung vom 10. Okt. 1598, StadtAF, Edikte.

33. Z. B. PO von 1530, Nachweis bei Beyerbach, S. 550 ff.: "(...) So will unß auß not geziemen, die voraußgangne Constitution, und unser Mandat, wiederumb zu verneuen, gebieten und zu verpenen, die Wir auch hiemit von neuem gebieten, und damit sich der onwissenheyt niemandt zu entschuldigen hab (...)".

34. So etwa die PO vom 18. Juni 1571, StadtAN, Rep. A6/I, betreffend Winkelehen und Bigamie, die eine wortlautgetreue Neuverkündung der PO vom 3. Juni 1534, StadtAN, Rep. A6/I, darstellt, mit dem einzigen Unterschied, daß die Ordnung vom 18. Juni 1571 die Strafandrohung für Winkelehen konkretisiert.

35. Nürnberg: 1479 und 1564; Frankfurt: 1509 und 1578, wobei die Nürnberger Reformation von 1472 Vorbild für die Frankfurter Reformation war, Bürgermeisterbuch 1499, fol. 81 und 1500, fol. 65: "(...) die frunde die gerichtsordnung zu Reformeren mit hilff der gelereten und Nurenberg und Wormser Statuten und reformacion ansehen (...)".

36. S. Schulze, in: HRG IV, Sp. 468.

Auftrag der Obrigkeit - z. T. durch gelehrte Juristen - erarbeitet[37] und von dieser mit Geltungskraft versehen. Folglich stellten die Reformationen ebenso wie die Policeyordnungen Regelungsgrundsätze dar, die direkt durch Maßnahmen des Rates ihre Geltung erlangten[38]. Durch ihre "Erneuerungen"[39] wiesen sie einen ähnlich wiederholenden Charakter wie die städtischen Policeyordnungen auf.

Im Unterschied zu den Policeyordnungen entwickelten die städtischen Reformationen bereits bestehende, einheimische Rechte unter dem Einfluss des römischen Rechts fort. So befasste sich etwa die Frankfurter Reformation von 1578 auch mit Fragen des Ehebruchs, des außerehelichen Geschlechtsverkehrs und der Ehrenschändung. Aufgrund der Verschmelzung dieser Bestimmungen mit römisch-rechtlichen Instituten entstand in den Stadtrechtsreformationen neues, obrigkeitlich gesetztes Recht, das lokale Rechtsgewohnheiten in einer Art "Sonderverbindung"[40] in sich aufnahm.

Die Einbindung in einen sowohl prozessual wie materiell-rechtlich geschlossenen Gesamtkontext veränderte den ursprünglichen Bestimmungsgehalt der lokalen Regelungen. Eine aus dem Inhalt der Stadtrechtsreformationen heraus gelöste, gesonderte Betrachtung dieser Bestimmungen würde diese Intentionen des städtischen Normgebers missachten. Auf Grund dessen erscheint es problematisch, die einschlägigen Bestimmungen der Reformationen bei der Beurteilung von Rechtscharakter und Normintention mit denen der Policeyordnungen gleichzustellen. Die Vorschriften der Stadtrechtsreformationen sollen jedoch dort in die Untersuchung einbezogen werden, wo es um den theoretischen Entwurf des städtischen Ehe- und Sittenlebens durch den Rat geht. Hier ermöglicht ihre Einbeziehung eine Abrundung des Gesamtbildes, das sich bereits anhand der policeyordnungsrechtlichen Inhalte ergibt.

---

37. So setzt in Frankfurt der Rat 1499 eine Kommission ein, die größtenteils - bis auf den Gerichtsschreiber Johann Kremer - aus Patriziern bestand und der zwei Juristen - nämlich der Advokat und spätere Prokurator am Reichskammergericht, Dr. Adam Schönwetter, und der Lizentiat des weltlichen Rechts, Friedrich von Alzey - angehörten, vgl. Köbler, Frankfurter Reformation, S. XXVI. Die Reformation von 1578 hingegen war das Werk des z. T. in Italien ausgebildeten Juristen und Stadtsyndikus' Johann Fichard, s. Coing, Reformation, S. 4.
In Nürnberg besteht über die Verfasser der Reformation von 1479 leider Unklarheit, s. Köbler, Nürnberger Reformation, S. XXII.

38. Vgl. dazu etwa die Einleitung der Frankfurter Reformation von 1509, hg. von Köbler: "Wir der Rat der Statt Franckenfurt an dem Meyn gelegen Thun allen und yeden unseren burgern un inwonern/auch de ihenen so hie rechtlich handeln wöllen/kunth und zu wissen (...)".

39. 1564: Der Stat Nürmberg verneute Reformation; 1578: Der Statt Franckfurt am Mayn erneute Reformation.

40. Coing, Die Frankfurter Reformation, S. 107.

3. Zur Quellenlage der Untersuchung

Die Geschlossenheit, die der Begriff "Policeyordnungen" vorzugeben scheint, zerfällt bei näherer Betrachtung in eine Vielzahl verschiedener zeitgenössischer Umschreibungen, die für eine derartige Regelung verwendet wurden. Die Quellengrundlage der vorliegenden Untersuchung bilden die Policeyordnungen von Frankfurt am Main und Nürnberg, die in reichem Umfang vorhanden sind. Die Policeyordnungen finden sich zum Teil in Verordnungssammlungen des 18., des 19. und des 20. Jahrhunderts[41]. Außer bei der Arbeit des Historikers Armin WOLF darf man jedoch bei keiner dieser Zusammenstellungen von deren Vollständigkeit ausgehen. So muss man in weiten Teilen auf das in den jeweiligen Stadtarchiven bzw. im Nürnberger Staatsarchiv gelagerte Quellenmaterial zurückgreifen.

Der größte Teil der Frankfurter Policeyordnungen des untersuchten Zeitraums befindet sich dabei in 4 Kästen mit "Gedruckten Ordnungen und Bekanntmachungen" (1508 - 1676) und "Geschriebenen Rollen und Ordnungen" (1329 - 1650). Zu Recht werden sie als "(...) wahrscheinlich die vollständigste aller Frankfurter Gesetzessammlungen"[42] bezeichnet. Daneben ist es notwendig, die in der Ediktensammlung des Frankfurter Stadtarchivs und den dazu gehörigen "Concepta Edictorum" befindlichen Policeymandate einzubeziehen.

In Nürnberg ergibt sich ein noch bunteres Bild: Die dortigen Policeyordnungen finden sich sowohl in den "Gedruckten Mandaten, Urkunden und Verordnungen der Reichsstadt Nürnberg"[43], im "Wandelbuch des Fünfergerichts"[44], in der

---

41. Für das mittelalterliche Frankfurt hat Armin Wolf "Die Gesetze der Stadt Frankfurt im Mittelalter" (Frankfurt am Main 1969) ediert; teilweise berücksichtigt er auch Verordnungen der frühen Neuzeit. Die Hauptsammlung für das Frankfurt der Frühneuzeit bildet jedoch mit Sicherheit Johann Conrad Beyerbachs "Sammlung der Verordnungen der Reichsstadt Frankfurt" (Frankfurt am Main 1798/99).
Das Pendant für Nürnberg stellt zum einen die Sammlung der "Nürnberger Polizeiordnungen aus dem XIII. bis XV. Jahrhundert", hg. von Joseph Baader (Stuttgart 1861) zum anderen das - wenig erwähnte - Kompendium von Georg Andreas Will, "Bibliotheca Norica Williana oder Kritisches Verzeichnis aller Schriften, welche die Stadt Nürnberg angehen" (Altdorf 1792) dar.

42. So Armin Wolf, Gesetze, S. 30.

43. StadtAN Rep. A6/I.

44. StadtAN Rep. B14.

Mandatensammlung[45], in den sog. "Losen Mandaten"[46] als auch in der Zusammenstellung von "Dekreten und Ordnungen"[47].

Die Vielfältigkeit der Fundorte liegt zum einen in der Art der Archivierung begründet. So bringt die Trennung in Staats- und Stadtarchiv in Nürnberg häufig auch eine Überschneidung und damit Verdoppelung der Bestände mit sich, was von Benutzer wie Archivar eine gewisse Übersicht verlangt. Auf der anderen Seite sieht sich der Betrachter aber auch mit verschiedenen Ratsausschüssen und -zusammensetzungen konfrontiert, die allesamt regelungsbefugt waren. Nicht zuletzt birgt auch die zeitgenössische Form der Verordnungsbekanntmachung und Archivierung die Gefahr, ein und dasselbe Aktenstück mehrfach verzeichnet zu finden. So befand sich das Original der Ordnung zumeist beim erlassenden Ausschuss, eine Kopie wurde zu den Akten des Rats gegeben und eine oder mehrere Abschriften gelangten schließlich an das für die Bekanntgabe verantwortliche Organ. Letzteres waren in der Regel zum einen die jeweiligen Stadtknechte und ihre Gehilfen sowie die Prädikanten, denen die Policeyordnungen zum Verlesen von der Kanzel überstellt wurden.

Neben den Policeyordnungen werden noch eine Vielzahl anderer Quellen herangezogen. Sie dienen insbesondere dazu, die Motivation des städtischen Rates bei seiner Verordnungsgebung sowie die tatsächlichen Auswirkungen und Anwendungen sittlichkeitsregulierender Policeyordnungen genauer zu hinterfragen. Zu diesem Zweck waren bei der Frage nach den Motiven der städtischen Verordnungsgeber in erster Linie die jeweiligen Protokolle des Rates über seine Sitzungstätigkeit einzusehen[48]. Diese sind in überaus großer Zahl vorhanden; anfänglich zumeist als bloße Tagesordnungsprotokolle. Erst vom Ende des 15. Jahrhunderts an existieren sie auch in ausführlicher Form. Der Umgang mit ihnen wird dadurch erschwert, dass sie - wenn überhaupt - nur chronologisch geordnet sind. Das alles machte es erforderlich, sie nur selektiv zu betrachten. Dabei hat sich die Verfasserin an die Hinweise gehalten, die die

---

45. StaatsAN Rep. 63Ia-c.

46. StaatsAN Rep. 63II.

47. Letztere gesammelt in den "Nürnberger Druckschriften", StaatsAN Rep. 56.

48. In Frankfurt ist die Sitzungstätigkeit des Rates verzeichnet in den (a) Bürgermeisterbüchern, die bis Anfang des 16. Jahrhunderts nur Tagesordnungsprotokolle sind, danach aber eine sorgfältige protokollarische Ausarbeitung sämtlicher Gegenstände, die im Rat verhandelt wurden, enthalten. Des weiteren gibt es die (b) Ratschlagungsprotokolle, die Verhandlungen der vom Rat aus seinen Mitgliedern zur Vorberatung ernannten Ausschüsse enthalten und die (c) Ratsprotokolle, die teils als Entwurf, teils als kürzer gefasster Auszug zu den Bürgermeisterbüchern dienen.
In Nürnberg beherbergt das Staatsarchiv die Ratsverlässe, Rep. 60a und 60b/f, sowie Briefbücher des Rates und der Älteren Herren, Rep. 61a/b.

Policeyordnungen selbst gaben, zum Beispiel durch das Datum ihres Erlasses sowie durch Hinweise im Verordnungstext selbst. Weiterhin wurden Angaben verwertet, die sich nach Durchsicht der Strafakten und Strafenbücher fanden[49] und die eine genauere Information über die Hintergründe einer Verurteilung ergaben.

Bei der Frage nach der Durchsetzung städtischer Policeyordnungen stützt sich die Arbeit primär auf das Strafenbuch von Frankfurt bzw. die Acht- und Malefizbücher von Nürnberg[50]. Außerdem wurden die Strafprozessakten von Frankfurt, die so genannten Criminalia, mit ihren ausführlichen Verhörsprotokollen und Gutachten stichprobenartig herangezogen. Der Stichprobenzuschnitt wurde dabei so gewählt, dass von den 94 im Untersuchungszeitraum relevanten Akten schließlich 21 ausgewertet wurden. Das Bestreben bei der Aktenauswahl war, möglichst aussagekräftiges sowie gleichmäßig über den Zeitraum von 1508 bis 1651 verteiltes Arbeitsmaterial zu erhalten. Ergänzend wurden die Nürnberger Ehegerichtsakten sowie die Frankfurter Zivilprozessakten im Hinblick auf spezielle eherechtliche Belange herangezogen. Das so entstandene Gerüst der Arbeit wurde bei Bedarf durch Kirchenordnungen, theologische und juristische Gutachten, zeitgenössische Chroniken und sonstige Einzelfunde ergänzt.

4. Der Gang der Untersuchung

Die vorliegende Arbeit besitzt, entsprechend ihrer Fragestellung, zwei Hauptteile:

Der erste (B) analysiert und typisiert den theoretischen Entwurf eines reichsstädtischen Sittenlebens, wie es sich in den Policeyordnungen von Frankfurt und Nürnberg darstellt. Nach einer begrifflichen Konkretisierung werden die Sittlichkeitsdelikte auf den normativen Gehalt hin untersucht, wie er sich in den städtischen Quellen widerspiegelt. Dabei sollen Querverweise auf Alltag und Mentalität der damaligen Stadtbewohner den Bezug zum dortigen Rechtsleben verstärken. Dies führt zu der Frage, welche Gründe und Motive den städtischen Rat veranlasst haben, zur Wahrung der Sittlichkeitsnormen

---

49. Als Vorteil stellte sich hierbei heraus, dass die Protokolle durchgehend mit einem Namensregister versehen sind, das das Auffinden der in den Akten erwähnten Personen sehr erleichtert.

50. Die Malefizbücher wurden nur für den Zeitraum gesichtet, in dem die Achtbücher fehlen, da ansonsten die Achtbücher ausführlicher sind.

Verordnungen zu erlassen. Hierin spiegeln sowohl die unterschiedlichen, im Laufe der Zeit sich wandelnden Auffassungen über das Selbstverständnis des Rates und seine Legitimation als Normgeber wider, wie auch religiös-ethische Motive, soziale und ökonomische Motive und schließlich bestimmte Anlässe, die Auslöser für die Verordnungsgebung waren.

Im zweiten Hauptteil (C) geht es darum, die Kontrolle der Normeinhaltung und die Mittel und Möglichkeiten der Normdurchsetzung zu untersuchen. Große Bedeutung kommt dabei der Tatsache zu, dass im Rechtsalltag am Übergang zur Neuzeit zum einen die Regelung durch Policeyordnungen nur eine von mehreren Möglichkeiten der Normsetzung war und zum anderen, dass es konkurrierende Verfahrenszuständigkeiten gab, die sich auch in jeweils eigener Weise auf unterschiedliche Quellen der Rechtsfindung stützten. Um ein Bild von der Bedeutung der Policeyordnungen in diesem System der Normsetzung und der Rechtsprechung zu gewinnen, bedarf es einer Darstellung dieses Systems im einzelnen.

Es wird sich dabei zeigen und im Resümee der Arbeit (D) zusammenfassend dargestellt, dass die Annahme, Policeyordnungen seien als geltendes Recht auch eo ipso Grundlage der Rechtsprechung gewesen, ein Irrtum ist. Es wird sich auch zeigen, wie stark der deklamatorische Charakter der Policeyordnung ist und dass die Wandlung zur verbindlichen Normengrundlage erst in einem langen Prozess stattfindet.

III. Strukturen und Machtkonstellationen der Städte als Kontext für Entstehung und Wirksamkeit der Policeyordnungen

Die Frage nach Inhalt und Anstoß reichsstädtischer Sittlichkeits- und Eheverordnungen ist gestellt, das zur Verfügung stehende Quellenmaterial offen gelegt. Nun ist es erforderlich, einen Überblick über die Protagonisten des Geschehens und die maßgeblichen Strukturen ihres Handelns zu vermitteln. Hierbei richtet sich das Hauptaugenmerk auf die Normgeber und die Normadressaten sowie auf die gängigsten Formen der sozialen Kontrolle und ihrer Organe. Darüber hinaus wird die vorliegende Abhandlung - wo dies aus Gründen der Übersichtlichkeit und des besseren Verständnisses geboten erscheint - aber auch immer wieder punktuell auf historische oder strukturelle Details eingehen.

1. Machtkonstellationen und politische Konzeptionen in der Stadt: Die Normgeber und die Normadressaten

"Die Stadt ist so volkreich, dass sie gleich obeneinander darin stecken, etliche unter der Stiegen wohnen und kein größerer Mangel darin ist als an Herberg"[51]. So schilderte der Nürnberger Pfarrer und Schriftsteller Sebastian Franck (1499 - 1542) die Bevölkerungssituation in seiner Heimatstadt am Beginn des 16. Jahrhunderts. Er übertrieb mit diesen Angaben nicht, war doch Nürnberg um 1500 mit ca. 50 000 Einwohnern eine der Großstädte im Römischen Reich[52].

Ganz anders hingegen waren die Verhältnisse in Frankfurt: Mit ungefähr 10 000 Einwohnern zu Beginn des 16. Jahrhunderts bildete die Stadt ein bevölkerungsmäßig wie topographisch durchaus überschaubares Gemeinwesen[53]. Dennoch war das "kleine" Frankfurt Nürnberg in Bedeutung und Ansehen durchaus ebenbürtig. Denn die Stadt Frankfurt nutzte durch eine geschickte Ratspolitik ihre zentrale Lage und wurde so zu einem der größten europäischen Warenumschlagplätze[54]. Außerdem war die Stadt Wahlort der römischen Könige, was ihr seit jeher eine besondere Beziehung und Verbundenheit zu den zukünftigen Kaisern sicherte.

Aus dieser Sonderstellung resultierte schließlich, dass Frankfurt ebenso wie Nürnberg zu den einflussreichsten deutschen Städten zählte, was zahlreiche Verbindungen zwischen ihnen hervorbrachte. Man beriet einander in rechtlichen Fragen[55] und pflegte enge, privilegienbegünstigte Handelsbeziehungen[56]. Beide

---

51. Sebastian Franck, zitiert nach Endres, in: Nürnberg, S. 194.

52. Die zeitgenössischen Chroniken, allen voran die "Norimberga" des Konrad Celtis, nennen noch eine höhere Einwohnerzahl, nämlich 52 000 Einwohner. Bei dieser Zahl dürfte es sich jedoch um eine statistisch wohlwollende Übertreibung gehandelt haben. Neuere Forschungen errechnen anhand von Steuerverzeichnissen und Aufstellungen des Rats über den Getreideverbrauch der Bevölkerung jedenfalls übereinstimmend eine Einwohnerschaft von "nur" etwa 50 000 Personen um die Jahrhundertwende, vgl. Endres, in: Nürnberg, S. 194; s. Puchner, O.: Das Register des Gemeinen Pfennigs (1497) der Reichsstadt Nürnberg als bevölkerungsgeschichtliche Quelle, in: Zeitschr. f. bayer. Landesgeschichte 34/35 (1975), S. 909-948.

53. Auch für Frankfurt dienten die städtischen Bede- (= Steuer-)bücher als Grundlage für die Errechnung der Gesamtbevölkerungszahl, s. A. Dietz, in: Frankfurter Bürgerbücher, 1897, S. 186 ff.; Zur Gesamtproblematik bei der Ermittlung realistischer Bevölkerungsziffern in spätmittelalterlichen bzw. frühneuzeitlichen Städten s. auch Isenmann, S. 30.

54. Vgl. Jahns, in: Frankfurt, S. 152.

55. So folgt etwa die Frankfurter (Rechts-)Reformation von 1509 in vielen Teilen der Nürnberger Reformation von 1479, vgl. Köbler, S. XX. Außerdem kursierten zwischen Frankfurt und Nürnberg eine Vielzahl gelehrter juristischer Hilfsanfragen zu stadtrechtlich

Städte gehörten neben Straßburg und Ulm zu den Kommunen, die im 16. Jahrhundert zu den sog. "Städtetagen" einberiefen und somit der modernen, korporativen Städtepolitik Stärke und Einheit verliehen[57].

Trotz dieser Übereinstimmungen in vielen Bereichen wichen die Ziele, die die Politik der Reichsstädte verfolgte, stark voneinander ab. Ließ Nürnberg den Handel mit auswärtigen Kaufleuten nur insoweit zu, als das für das innerstädtische Gewerbe notwendig und nützlich war, unterstützte der Frankfurter Rat in erster Linie den Fernhandel und die Messetätigkeit[58]. Letzteres diente zwar der Kapitalbildung beim Frankfurter Patriziat; Verlierer dieser sehr einseitig orientierten Politik waren jedoch die einheimischen Handwerker.

In Frankfurt wie in Nürnberg war der überwiegende Teil der Bevölkerung handwerklich tätig[59]. Die Frankfurter Handwerker hatten aufgrund der Politik des städtischen Rates eine sehr schmale wirtschaftliche Basis. Sie besaßen häufig kein nennenswertes Vermögen, sodass sie darauf angewiesen waren, dass der Kunde ihnen das zu verarbeitende Rohmaterial zur Verfügung stellte, damit sie nicht ihrerseits in Vorlage treten mussten. Viele Handwerker waren auch auf zusätzliche Nebenverdienste in der Landwirtschaft angewiesen[60]. In dieser Situation überwiegender "Dürftigkeit"[61] weiter Teile der Bevölkerung kam erschwerend hinzu, dass das einzige Frankfurter Großgewerbe - die Wollweberei - zu Beginn des 16. Jahrhunderts durch englische und flandrische Konkurrenz vom Markt verdrängt wurde[62]. Insgesamt besaßen deshalb 43,3%

---

relevanten Themen, s. etwa die bei Janssen, Frankfurter Reichskorrespondenz Bd. 1 und 2 verzeichnete Korrespondenz.

56. Vgl. Dilcher, Bürgerbegriff, S. 68.

57. Vgl. Jahns, in: Frankfurt, S. 153.

58. Vgl. Isenmann, S. 102. Diese Ratspolitik, die sehr stark auf auswärtige Messebesucher angewiesen war, zeigt sich sehr deutlich beim Frankfurter Gastrecht. Es vermittelte den Gästen der Stadt, d. h. denjenigen Personen, an denen der Rat ein besonderes wirtschaftliches oder politisches Interesse besaß, Freundschaft, Schutz wie auch die Haftungsübernahme im Schadensfalle zu, um sie bei ihren Geschäften zu schützen und sie zur Wiederkehr zu animieren; s. insbesondere Dilcher, Bürgerbegriff, S. 80 zum Frankfurter Gastrecht.

59. Vgl. Bund, in: Frankfurt, S. 66 f.; s. Endres, in: Nürnberg, S. 197.

60. Vgl. Bund, in: Frankfurt, S. 67 f.

61. Bothe prägte diesen Ausdruck für das frühneuzeitliche Frankfurt, als er bemerkte, dass man "wenn nicht von Armut, so (...) doch von Dürftigkeit bei einem größeren Teil der Bevölkerung sprechen" müsse, vgl. Bothe, F.: Die Entwickelung der direkten Besteuerung in der Reichsstadt Frankfurt bis zur Revolution 1612-14, Leipzig 1906.

62. Vgl. Jahns, in: Frankfurt, S. 153. Die ausländische Konkurrenz arbeitete bereits überwiegend im sog. "Verlagssystem". Dem potenten Verleger war die Vorlage - "Verleger" ist gleichbedeutend mit "Vorleger" - des Rohmaterials möglich , sodass der Kunde gleich das

der Frankfurter Bevölkerung um 1500 kein besteuerbares Vermögen und beachtliche 73% gehörten zu den untersten Vermögensgruppen[63].

In Nürnberg gab es zwar auch eine nicht unerhebliche Anzahl von Handwerkern, die auf Nebenverdienste oder die Mitarbeit von Frau und Kindern angewiesen sind. Trotzdem gab es unter den Nürnberger Handwerkern eine relativ breite vermögende Mittelschicht, die das Bild der Stadt nachhaltig prägte[64]. Ermöglicht wurde dieser stabile Mittelbau nicht allein durch eine sehr differenzierte Produktionsweise, sondern auch durch eine Ratspolitik, die den Aufbau internationaler Handelbeziehungen vorantrieb und dennoch die einheimischen Gewerbetreibenden vor allzu starker auswärtiger Konkurrenz schützte.

Die ganz großen Vermögen vereinten sich jedoch in Frankfurt wie in Nürnberg - und insofern gleichen sich die beiden Städte wieder - in den Händen einiger weniger, in den Händen des Patriziats. In beiden Reichsstädten bildete es um 1500 bereits eine relativ abgeschlossene Gruppe, in die ein Aufstieg fast gar nicht, eine Einheirat nur schwer möglich war. ENDRES nennt für Nürnberg eine Zahl von 6 bis 8% der Gesamtbevölkerung, die dieser sehr reichen Oberschicht angehörten[65]. Sie war weitgehend identisch mit dem ratspolitisch führenden Patriziat[66] und den "Ehrbaren", die die aristokratische Klasse innerhalb der Bürgerschaft darstellten[67]. In Frankfurt besaßen 1495 13% der Bevölkerung mehr als 400 Gulden, davon jedoch nur 1,7% mehr als 1000 Gulden[68].

Die eher geringe Zahl reicher Stadtbewohner stand in krassem Gegensatz zu einer relativ großen Menge sozial schwacher und bedürftiger Einwohner. Der Anteil Armer, Kranker und Bedürftiger war in Frankfurt auffällig hoch[69]. Auch

---

fertige Produkt erwerben konnte. Zudem besaßen derartige Verlagswesen bessere Maschinen und mehr Personal - das sie den örtlichen Handwerkern abwarben - und waren damit im Wettbewerb bevorteilt.

63. Vgl. Bund, in: Frankfurt, S. 67 f.

64. Vgl. Endres, in: Nürnberg, S. 197.

65. Vgl. Endres, in: Nürnberg, S. 196.

66. Vgl. Dilcher, Deutsche Rechtsgeschichte, S. 723, der genauer auf die Frage eingeht, weshalb die deutschen Reichsstädte in aller Regel einen patrizischen Rat und damit eine Geschlechterherrschaft ausbildeten.

67. Die Patrizier waren also eine gesonderte Schicht innerhalb der größeren Gruppe der "Ehrbaren", vgl. Reicke, S. 99.

68. Vgl. Bund, in: Frankfurt, S. 67.

69. Vgl. Bücher, K.: Die sociale Gliederung der Frankfurter Bevölkerung im Mittelalter. Berichte des Freien deutschen Hochstifts, N. F. 3, 1887, S. 149 - 172.

Nürnberg zählte im Jahr 1520 etwa 500 ganz Arme, die dauerhaft Versorgung benötigten sowie rund 5000 Personen, die nur teilweise oder nicht immer der Unterstützung bedurften[70]. Wie groß die Belastung durch diese gewichtigen "Rand"-Gruppen gewesen sein muss, wird dann ersichtlich, wenn sich in Notzeiten die Zahl der Unterstützungsbedürftigen auf 13 000 bis 15 000 erhöhte[71]. Hilfe fanden diese Armen zunächst nur bei den kirchlichen Einrichtungen; vom 15. Jahrhundert an entwickelte sich vermehrt ein bürgerliches Fürsorgewesen und parallel hierzu begann auch der städtische Rat, öffentliche Pflege- und Versorgungsmaßnahmen aufzubauen[72].

Diese Entwicklung verdeutlicht die Abnahme der überragenden Bedeutung, die die alte Kirche noch im 13. Jahrhundert in nahezu allen Belangen des Gemeinwesens besaß und die sie in der Folgezeit zunehmend an weltliche Ordnungsträger abgeben musste. So verzeichnete Frankfurt zwar noch um 1500 etwa 300 Geistliche, die innerhalb der Stadtmauern ansässig waren und vom Mainzer Erzbischof und dem Kaiser protegiert wurden[73]. Ihr Ansehen innerhalb der Bürgerschaft war jedoch insbesondere durch die kirchliche Pfründenpolitik, die Befreiung der Geistlichkeit von Steuern und Abgaben durch das privilegium immunitatis sowie die immer lauter werdenden Vorwürfe eines unchristlichen Lebenswandels und einer Vernachlässigung der Gemeindearbeit schwer in Misskredit geraten[74]. Bei alledem darf jedoch nicht übersehen werden, dass die Geistlichkeit auch im Spätmittelalter und erst recht in den Zeiten nach der protestantischen Reformation trotz eines gewissen Machtverlustes stets eine feste Größe innerhalb der städtischen Gemeinschaft bildete.

Anders erging es den Juden, denen gegenüber das anfänglich misstrauische Beäugen seitens der Bevölkerung oft genug in blinden Hass umschlug. Frankfurt besaß die zweit-, Nürnberg die drittgrößte jüdische Gemeinde unter den deutschen Reichsstädten. Beide umfassten jeweils etwa 200 Personen[75]. Obgleich die Juden aufgrund ihrer erhöhten Besteuerung eine reiche Geldader für die Städte waren[76] und der Frankfurter Rat die Rechte der jüdischen

---

70. Vgl. Endres, in: Nürnberg, S. 199.

71. Vgl. Endres, in: Nürnberg, S. 199.

72. Vgl. dazu Bund, in: Frankfurt, S. 127 f.

73. Vgl. Jahns, in: Frankfurt, S. 157.

74. Vgl. Goertz, S. 47, der die wichtigsten Punkte spätmittelalterlicher Kirchenkritik schlagwortartig zusammenfasst.

75. Vgl. Endres, in: Nürnberg, S. 195.

76. Sowohl der Frankfurter wie auch der Nürnberger Rat erwarben im Laufe des Spätmittelalters die Rechte des Judenschutzes und der damit zusammenhängenden

Stadtbewohner sogar in den so genannten "Stättigkeiten"[77] absicherte, war das Verhältnis zwischen Juden und Christen doch seit dem Judenpogrom von 1349 nachhaltig und unrettbar zerstört. In Nürnberg führte der schwelende Hass innerhalb der Bevölkerung sogar schließlich so weit, dass der Rat 1498/99 die Juden endgültig aus der Stadt vertrieb[78] und die jüdische Gemeinde sich gänzlich auflösen musste.

In beiden Städten waren die Juden gezwungen, ihren Glauben nach außen hin für jedermann sichtbar zu dokumentieren. So mussten sich in Frankfurt die Frauen durch das Tragen von blaugestreiften Schleiern und die Männer durch das Aufnähen gelber Ringe auf ihre Ausgehröcke sowie durch das Aufsetzen platter Kappen kenntlich machen[79]. In Nürnberg galten im Spätmittelalter ganz ähnliche Bestimmungen[80]. Zu dieser äußerlichen Stigmatisierung der einheimischen Judengesellschaft kam im Spätmittelalter die zunehmend auf Abtrennung von der übrigen Stadtbevölkerung gerichtete Ghettoisierung der Juden[81]. Das jüdische Ghetto brachte, abgeschirmt von den christlichen Lebensräumen, eigene Verwaltungsstrukturen, Normgebung und Gerichtsbarkeiten hervor[82]. Abgesehen von der Hohen Gerichtsbarkeit konnten die Juden alle Streitfälle, die sie untereinander betrafen, selbst entscheiden. Insbesondere die Normierung und Sanktionierung innerhalb der rein jüdischen Geschlechterbeziehung oblag damit den jüdischen Spruchkörpern. Aber auch die Fälle, in denen ein Christ mit einem Juden stritt, sind - zumindest im Bereich der Ehe- und

---

Judenbesteuerung vom Kaiser, vgl. Isenmann, S. 100; vgl. Wolf, Gesetzgebung, S. 17; vgl. Reicke, S. 233.

77. Das waren entsprechende Verträge zwischen dem Rat und der jüdischen Gemeinde, die den Juden die Freiheit der Religionsausübung, die jüdischen Handels- und Geldleihprivilegien sowie den kaiserlichen Schutz gegen die Zahlung einer bestimmten Abgabe versicherten, vgl. Wolf, Gesetzgebung, S. 16 f.; vgl. Dilcher, Bürgerbegriff, S. 80; vgl. Isenmann, S. 101.

78. Vgl. Endres, in: Nürnberg, S. 195.

79. Vgl. Bräuer, S. 228; vgl. Bund, in: Frankfurt, S. 134, der berichtet, dass Nikolaus von Kues, der sich 1452 in Frankfurt aufhielt, beim Rat ausdrücklich beschwerte, dass die Juden sich nicht an ihre Kleiderordnung hielten.

80. Der einzige Unterschied zu den Frankfurter Verordnungen bestand darin, dass der Frauenschleier nicht blaugestreift, sondern mit himmelblauen Einfassungen zu versehen war, vgl. Reicke, S. 223.

81. Frankfurt beschloss 1460 die Umsiedlung der Juden in ein abgeschlossenes Ghetto am Wollgraben, vgl. Bund, in: Frankfurt, S. 135. Das Nürnberger Ghetto befand sich im Tal unterhalb von St. Egidien, vgl. Endres, in: Nürnberg, S. 195.

82. Vgl. Bräuer, S. 228; vgl. Isenmann, S. 100.

Sittlichkeitsdelinquenz - in Frankfurt und Nürnberg eher die Ausnahme[83]. Verantwortlich für die relativ geringe Anzahl von Normverstößen in diesen Bereich dürfte nicht nur die generelle Angst vor Bestrafung [84], sondern insbesondere auch die religiösen Vorbehalte gewesen sein, die in weiten Teilen sowohl der christlichen wie auch der jüdischen Bevölkerung gegen derartige gemischtreligiösen Beziehungen bestanden.

Im Spätmittelalter und der frühen Neuzeit waren der überwiegende Teil der städtischen Bevölkerung von der aktiven Beteiligung an der Stadtpolitik ausgeschlossen. Besaßen bis ins 14. Jahrhundert hinein zumindest die Bürger ein Wahlrecht, das ihnen die genossenschaftliche Teilhabe an der Einsetzung der Ratsherren garantierte, wurde dieses Prinzip in der Folgezeit mehr und mehr durch herrschaftliche Formen der Ratsbestellung überlappt[85]. So wurde in Nürnberg der zentrale "innere" Rat alljährlich zu Ostern durch ein Wahlmännergremium aus den Reihen des scheidenden Rates gewählt[86]. Dies führte, obgleich das Wahlmännergremium ungebunden agieren konnte, regelmäßig nur zu einer Bestätigung des bereits bestehenden Rates. Damit war die einmalige Wahl in den Nürnberger Rat, die sowieso nur den ratsfähigen Geschlechtern vorbehalten war[87], "praktisch lebenslänglich"[88]. Eine

83. Die Frankfurter Criminalia verzeichnen z. B. im Stichprobenzeitraum von 1548 bis 1649 nur einen Fall mit jüdischer Beteiligung, nämlich den des "Samuel Jud zum Elefanten", dem Unzucht vorgeworfen wird, StadtAF, Criminalia Nr. 950 (1630).

84. Der sexuelle Umgang von Juden mit christlichen Frauen war in Frankfurt unter die Strafe der Ausweisung gestellt, vgl. Bund, in: Frankfurt, S. 133.

85. Dabei verdrängte das herrschaftliche Prinzip die genossenschaftliche Tradition ratsherrlicher Bestellung jedoch nie ganz, vgl. Isenmann, S. 131.

86. Vgl. Isenmann, S. 134.

87. Diese wurden vom Rat selbst in einer entsprechenden Verordnung festgelegt. Maßgeblich für die Bestimmung als ratsfähig war das Recht, auf dem Rathaus zu tanzen und hierzu vom Rat geladen zu werden:
"Anno 1521 ist bei den Eltern Herren in der Stadt Nürnberg erklert und gemacht worden, welche Geschlecht auf dem Rathhaus von gar alters her getanzt haben und noch tanzen sollen, und ist zuvorderst verordnet, das die gar alten geschlecht, welche anno 1332 für alte Geschlecht zugelassen erkennt, auch im alten Rathsbüchlein beschriben gefunden worden sind, wie dieselben nach einander benennt:
Erste alte Geschlecht: Pfintzing die alten, Ebner, Haller, Gruntherren, Tucher, Koler, Holzschuher, Behaim, Stromair, Nützel, Muffel, Schopper, Schürstab, Mendel, Volckamer, Großen.
Andre Geschlecht, so zu den Alten zugelassen: Geuder, Grolandt, Tetzel, Derrer, Paumgartner, Pirkamer, Rummel, Pömer, Rieter, Imhof, Kressen.
Dritte Geschlecht, so hernach zugelassen: Löffelholz, Hegner, Prünstrer, Meichsner, Reichel, Zingel, Harstörfer, Hirschfogel, Zolner, Rölinger, Topler, Wolffen, Fütterer, Welser, Fürer, Schlüsselfelder.

Beteiligung der Handwerker bestand nur über die so genannten acht "Ratsfreunde" oder "Handwerksherren", die zwar gemeinsam mit dem inneren Rat auftraten und repräsentierten, aber nur sehr geringe politische Rechte besaßen[89]. Auch sie wurden durch das patrizische Wahlmännergremium eingesetzt[90], so dass selbst bei der Auswahl der Handwerksvertreter eine gewisse Konformität mit den Zielen des inneren Rates gewährleistet war.

Auch in Frankfurt lag die Wahl des Rates ausschließlich in seinen eigenen Händen. Der Frankfurter Rat teilte sich in drei "Bänke" ein, wobei die führende erste Bank sich, ohne zuvor einen Wahlgang zu durchlaufen, durch Kooptation aus den Reihen der patrizischen "Stubengesellschaften" ergänzte[91]. Die zweite - ebenfalls patrizisch besetzte - Bank sowie die dritte Ratsbank, auf der die ratsfähigen Zünfte und Handwerker[92] saßen, wurden schließlich durch den gesamten Rat gewählt. Wie in Nürnberg war auch in Frankfurt das politische Gewicht der Handwerker - die hier wie dort über die Hälfte der Stadtbevölkerung ausmachten - allein aufgrund der zahlenmäßigen Unterlegenheit gegenüber dem Patriziat[93] innerhalb des Rates sehr gering.

Die zentrale politische Instanz wurde daher in beiden Reichsstädten durch das oligarchische Stadtregiment der meist lebenslänglich ihr Amt versehenden patrizischen Ratsherren gebildet. Sie nahmen als die führende Ratsschicht rechtsprechende wie normgebende und verwaltende Aufgaben wahr und überwachten als oberste Instanz deren Durchführung und Vollziehung. Ihre übergeordnete Stellung betrachteten sie dabei vom Ende des 15. Jahrhunderts

---

Diese neben verzeichnete Geschlecht, so dem Rath und gemeiner Stadt dienen, sollen vor andern den Vorgang haben und geehrt werden solcher gestalt, daß sie und ihre nachkumen dieser alten wohlhergebrachten ehren sich gebrauchen mögen.", Tanzstatut aus dem Jahr 1521, abgedruckt bei Reicke, S. 103.

88. Hofmann, S. 51.

89. Sie nahmen in gleichem Gewand wie der innere Rat an den Plenar- und Wahlsitzungen sowie am peinlichen Gericht teil und hatten ein Beratungsrecht bei Rechtsfragen der Gesamtbürgerschaft; vgl. Hofmann, S. 52.

90. Vgl. Isenmann, S. 135.

91. In Frankfurt fanden die Patrizier ihre Organisation in den so genannten "Stubengesellschaften", die aus den Trinkstuben hervorgingen und unter denen die Gesellschaften Alten-Limpurg und Frauenstein die bekanntesten und einflussreichsten gewesen sein dürften, vgl. Koch, Grundzüge, S. 23.

92. In Frankfurt waren das die Wollweber, Metzger, Schmiede, Bäcker - jeweils 2 Sitze - sowie die Kürschner, Gärtner, Fischer und Lohgerber - jeweils 1 Sitz; vgl. Bund., in: Frankfurt, S. 91.

93. 28 patrizische Ratsherren plus 1 patrizischer Bürgermeister standen 14 Handwerksvertretern gegenüber; vgl. Bund, in: Frankfurt, S. 82.

zunehmend als gottgewollt , wie das Urteil des Nürnberger Ratskonsulenten Christoph SCHEURL eindrücklich zeigt. Er beschreibt die Allmacht der städtischen Obrigkeit in folgender Weise: "(...) das gemain völklein hat keinen gewalt: es steet inen auch nicht zu, diesweil aller gewalt von Gott und das wolregirn gar wenigen und allein denen so vom schöpfer aller ding und der natur mit sonderlicher weyshait begabet sein verlihen ist"[94].

Insbesondere in Frankfurt gerieten die Ratsherren ob einer ähnlich elitären Haltung zunehmend in Konflikt mit der Bürgerschaft, die den Zielen dieser Politik schutzlos ausgesetzt war[95]. Zu stark waren die Interessen des Patriziats auf die - patrizisches Kapital bildende - Förderung des freien Marktverkehrs und des Fernhandels gerichtet, um die städtischen Handwerker noch ausreichend gegenüber auswärtiger Konkurrenz schützen zu können. Ergebnis hiervon waren immer wiederkehrende Bürgerunruhen, die darauf abzielten, das Herrschaftsmonopol des patrizischen Rates zu brechen[96]. Diesen Ansätzen war jedoch - von

---

94. Urteil des Nürnberger Ratskonsulenten Christoph Scheurl aus dem Jahr 1516, abgedruckt bei Isenmann, S. 132, der in diesem Zusammenhang sogar von einem "ratsherrlichen Gottesgnadentum" spricht; vgl. hierzu auch Naujoks, S. 30, der für die Stadt Ulm zu ähnlichen Erkenntnissen kommt.

95. Aber auch in Nürnberg begehrte die Bevölkerung auf, wie das eindrucksvolle Beispiel des Handwerkeraufstands von 1348/49 zeigt, bei dem die Handwerker unter Führung eines gewissen Rudel Geisbart die Ratsherren absetzten und die freien Ratssitze mit Handwerkern und Ehrbaren belegten; vgl. Schultheiß, in: Nürnberg, S. 73. Vgl. zudem Willoweit, Art. "Obrigkeit", Sp. 1172, der kompensatorisch feststellt, dass die Ausweitung der ratsherrlichen Gebotsbefugnisse zu einer Zurückdrängung der Zunftautonomie geführt habe.

96. Da die Inhalte der Unruhen - bis auf die 1525 festgelegten 46 Beschwerdeartikel - nicht in direktem Zusammenhang mit dem Untersuchungsgegenstand stehen, sondern allesamt die politische Verfassung betrafen, sollen hier nur stichwortartig die wichtigsten Eckdaten Erwähnung finden:
Die früheste größere Auseinandersetzung zwischen Rat und Bürgerschaft dürfte auf die Jahre 1355-68 datiert werden. Sie erreichte im Jahr 1366 die Aufnahme der Zünfte in den Rat und die Errichtung einer dritten Ratsbank. 1525 kam es dann im Zuge der religiösen Reformationsbestrebungen zu einer weiteren größeren Unruhe, bei der die Bürgerschaft schließlich in den bereits oben erwähnten 46 Artikeln ihre Forderungen, die sich im wesentlichen gegen Geklüngel und Bestechlichkeit im Rat richteten, niederlegten. Knapp ein Jahrhundert später wandten die Bürger und ein Teil der Zünfte sich wieder gegen die willkürliche Politik des Rates, die zu einer finanziellen Krise geführt hatte. Unter der Leitung von Vincenz Fettmilch wurde der so genannte "Fettmilch-Aufstand" (1612 - 16) zu einem der spektakulärsten Bürgerbewegungen in der Frankfurter Geschichte. Unter seinem Einfluss entstand um die Jahreswende 1612/13 der "Bürgervertrag" zwischen Rat und Bürgerschaft, der ein Jahrhundert lang grundlegend für die Machtverteilung im städtischen Regiment wurde. Er stellte die Zünfte unter die Aufsicht des Rates und verschaffte dem Patriziat hierdurch einen Machtgewinn. Einen Verlust erlitten die patrizischen Ratsherren jedoch insoweit, als durch den Bürgervertrag dem Geschlechterklüngel Einhalt geboten wurde.
Vgl. zu alledem Koch, Grundzüge, S. 23-25

kurzfristigen Ausnahmen abgesehen - im hier untersuchten Zeitraum wenig Erfolg beschieden. Erst im 18. Jahrhundert gelang es in Frankfurt schließlich, die Allmacht des Patriziats schrittweise zurückzudrängen.

Kurz vor dem für die Entwicklung beider Städte so wichtigen Wechsel zum protestantischen Glauben, der gleichzeitig auch den Übertritt in ein neues Zeitalter markierte, herrschte also keineswegs die viel beschworene "Ruhe vor dem Sturm". Das Misstrauen gegenüber einer sich der eigentlichen kirchlichen Aufgaben immer weiter entfremdenden Geistlichkeit wuchs zusehends. Als Normgeber des Gemeinwesens gerierte sich eine kleine politische Führungsschicht, das finanziell potente, alteingesessene Patriziat. Demgegenüber war der überwiegende Teil der städtischen Bevölkerung faktisch politisch rechtlos. Als bloße Normadressaten waren sie zur Äußerung ihrer Meinung auf die für sie persönlich gefährlichen Bürgerunruhen und Tumulte angewiesen. Zudem lebte - insbesondere in Frankfurt - der größte Teil der Stadtbewohner dauerhaft an der Grenze zum Existenzminimum. Männliche Kinder aus diesen Gesellschaftsschichten waren häufig nicht in der Lage, einen angesehenen Beruf zu erlernen und einen eigenen Hausstand zu gründen. Da Letzteres jedoch als Grundvoraussetzung einer Heirat galt, blieb vielen nur der Weg in eine uneheliche Geschlechterbeziehung mit den nachfolgenden rechtlichen Konsequenzen.

Schließlich begünstigte auch das fluktuative Moment, das beiden Städten - Frankfurt mit seiner Politik der Messe- und Handelsorientierung sowie Nürnberg mit seiner hohen Bevölkerungsdichte - anhaftete, das normabweichende Geschlechterverhalten. Die hohe Fluktuation ermöglichte es verstärkt auch den Randgruppen und den asozialen Elementen, in die Städte zu drängen und dort zu verweilen. Gerade in Frankfurt finden sich mannigfache Beschreibungen über die an Reichstagen und zu Messezeiten blühende Gauklerei, das Bettelwesen und die Prostitution[97]. Nürnberg wiederum besaß gegen Ende des 15. Jahrhunderts die höchste Anzahl ortsansässiger Prostituierter im gesamten süddeutschen Raum[98]. Es ist deshalb nicht weiter verwunderlich, dass in beiden Städten die Unzucht zahlenmäßig die erste Stelle unter den Ehe- und Sittlichkeitsdelikten einnimmt. So waren es also nicht zuletzt die spezifischen Lebens- und Arbeitssituationen in dem modernen, pulsierenden und schnell wachsenden Gemeinwesen Stadt, die die mannigfachen Norm-

---

97. Vgl. dazu etwa die Darstellungen von Bothe, S. 97, die das mit solcherlei Tagen einhergehende Problem des vermehrten Einzugs krimineller Elemente eindrücklich beschreiben. Ganz ähnlich auch die Schilderungen bei Bund, in: Frankfurt, S. 129.

98. Vgl. Schuster, Das Frauenhaus, S. 59 und 122, der eine Zahl von 26 Frauen im und ca. 65 bis 71 Prostituierte außerhalb des Nürnberger Frauenhauses angibt und damit Nürnberg in dieser Hinsicht an Rang 1 der süddeutschen Städte hebt.

abweichungen innerhalb der Geschlechterbeziehungen begründeten und die die zahlreichen Versuche des Normgebers, diesem Verhalten durch Policeyordnungen entgegenzusteuern, hervorriefen.

2. Soziale Kontrolle, obrigkeitliche Aufsicht und ihre Organe

Die Wege der Normvermittlung in der Stadt des 15. bis 17. Jahrhunderts waren vielfältig, mussten sie sich doch, um möglichst viele Menschen zu erreichen, den örtlichen Gegebenheiten anpassen. So war es etwa in Frankfurt wie auch in Nürnberg üblich, dass der jeweilige Verordnungstext auf ein größeres Stück Papier gedruckt wurde[99]. Hierdurch entstand eine Art Plakat, das an Orten mit einer hohen Frequentierung - z. B. den Stadttoren und den Rathauseingängen - angebracht wurde. Diese Art der Verbreitung konnte jedoch nur einen bestimmten Teil der Bevölkerung erreichen, da von einer durchgehenden Alphabetisierung der breiten Schichten trotz einer Zunahme des Unterrichts in Lesen und Schreiben im 16. Jahrhundert nicht ausgegangen werden darf[100]. Der Verbreitung kam aber zugute, dass die einblättrigen Verordnungen aufgrund ihrer Form[101] und ihres geringen Gewichts gut transportiert werden konnten. Regelmäßig wurden deshalb die neu erlassenen Verordnungen in zusammengerollter Form einem Stadtknecht übergeben, der dann die Aufgabe hatte, diese an zentralen Plätzen der Stadt auszurollen und zu verlesen. Auf diesem Wege erreichte der Verordnungstext also auch diejenigen, die des Lesens nicht mächtig waren[102].

Ebenso üblich war die Verbreitung - gerade von Ehe- oder Sittenordnungen - über die Kirchenkanzel[103]. Die städtischen Pfarrer wurden somit genauso wie

99. Vgl. z. B. die Frankfurter Gedruckten Rollen und Verordnungen, StadtAF oder die Nürnberger Mandatbücher, StadtAN.

100. So konnten sich nur wohlhabende Personen die teuren Bücher leisten und auch nur in diesen Kreisen war auch der Briefwechsel mit Freunden und Verwandten üblich. Für die Bevölkerungsmehrheit dürfte dagegen das Urteil von Münch, S. 487, zutreffen, das besagt, dass die "Alphabetisierung breiter Bevölkerungsschichten (...) seit dem 16. Jahrhundert langsam, seit dem ausgehenden 18. Jahrhundert rascher erfolgte (...)".

101. Die gedruckten Verordnungen, die ich gesehen habe, hatten allesamt ein Format, das dem heutigen Din A 3-Format ähnlich ist, B. G.

102. Vgl. zur Bedeutung des öffentlichen Vorlesens für die Vermittlung der Ordnungsinhalte Weber, Schlesische Polizei- und Landesordnungen, S. 164 ff.

103. "Nachdem ein Edler / Ehrnvester / Weiser Rath diser Statt Nürmberg / bishero mit grossem mißfallen erfahren / das ongeachtet irer Herrlichkeiten hiebevorn zu mehrmalen offentlich Publicirten und angeschlagenen Mandaten und Verbotten: Auch darneben der

die Stadtknechte zu zentralen Organen der Exekutive. Die herausragende Stellung, die sie innerhalb der vom Rat beauftragten Organe einnahmen, zeigt sich auch an ihrer Aufgabe selbst. Pfarrer wie Stadtknechte waren nicht allein mit der Verbreitung und Vermittlung der Verordnungen betraut, sondern sie überwachten gleichzeitig auch ihre Einhaltung. Die Kontrolle fand durch die Beobachtung der städtischen bzw. kirchlichen Gemeinschaft - in aller Regel bestand unter diesen weitgehende Identität - und das anschließende Aufzeigen der Missstände an den Rat statt.

Die Tatsache, dass die Geistlichen hinsichtlich der Übermittlung und Kontrolle obrigkeitlicher Ehe- und Sittenordnungsmaßnahmen eine feste Größe darstellten, wurde dadurch verstärkt, dass die Pfarrer seit der Reformation in strenger Abhängigkeit zum reichsstädtischen Rat standen. Besonders schwer wog dabei der Umstand, dass sowohl in Frankfurt als auch in Nürnberg die Ratsherren trotz stetiger Bemühungen seitens der Geistlichkeit nicht mehr zuließen, dass diese die durchschlagendsten kirchlichen Zwangsmittel - nämlich Bann und Interdikt - eigenständig handhabten. So beschwerte sich der Zusammenschluss der Frankfurter Prädikanten, das sog. "Predigerministerium", am 26. Mai 1631 bei den Ratsherren über die "greuliche Unzucht und ehbruch", der sie quasi machtlos gegenüber standen. Sie beklagten sich, es ginge soweit, "daß mancher delinquent aus der Straff, als welche über weib und kinder mehr als ihn selbsten geht, noch das gespött, wie wißlich, machen darff". Diesem Verhalten seien sie jedoch, solange ihnen der Rat nicht die geeigneten Strafmittel an die Hand gäbe, wehrlos ausgesetzt: "Es ist und Zwar hiebevor angedeutet worden, wie von E. G. auch E. E. F. W. ein decret gemacht, daß die verbrecher des Sechsten gebotts dem ministerio notificirt werden solten, damitt sie Zu erkäntnis ihrer Sünden und beßerung des lebens Sonderlich vor die communion angehalten werden, aber nicht exequirt worden. Köndte unsers einfeltigen ermeßens diesen sehr einreißenden lastern beßer nicht begegnet werden als wenn die Kirchenbuß, So uff den benachbarten Dörffern, wie billich üblich ist, auch alhie angestellet würde (...)"[104].

Fast genau 10 Jahre später baten die Prädikanten die Ratsherren "als von Gott verordnete Pfleger der Kirchen" erneut, "sich des Ministerii wider deßelben Verächter gebührlich anzunehmen, ihm in Erhaltung notwendiger guter Kirchen disciplin und Abwendung allerhand Aergernus die Hand zu bieten und die

Herrn Predicanten täglichen abmahnungen und starcken warnungen auß Gottes Wort / dannoch das Unchristliche sündtliche Laster der Unzucht / nicht vermidden werden will (...)", PO v. 11. März 1619, StadtAN, Rep. A6/I; vgl. auch: PO v. 12. Nov. 1582, StaatsAN, Rep. 63Ic, Mandatbuch E; PO v. 8. Dez. 1649, StadtAN, Rep. A6/I.

104. Eingabe des Predigerministeriums an den Frankfurter Rat vom 26. Mai 1631, abgedruckt bei Grabau, S. 328 f.

großg. Verfügung (= die Überlassung von Binde- und Lösegewalt) zu thun, damit es das Strafamt des heil. Geistes ohne einige Hinderung und Verachtung führen möge"[105]. Als Begründung für dieses Ansinnen führen die Prediger die geringe Beachtung an, die die städtische Bevölkerung den geistlichen Zuchtmaßnahmen infolge der nicht durchschlagkräftigen Zuchtmittel zukommen ließ. "(...) wenn wir lasterhaffte Persohnen für und fordern, bilden sie Ihnen ein, es stehe bey Ihnen, sie mögten erscheinen oder nicht, wie wir Uns dann nicht wißen zu erinnern, daß ein einiger solcher Verachtung halb mit einer geringen straff wäre angesehen worden"[106].

All den Bitten und Klagen zum Trotz blieb der protestantische Rat in der Frage der Strafautonomie unerbittlich und verwehrte den städtischen Geistlichen eigenständige Zuchtmaßnahmen[107]. Vielmehr setzte er die Prediger für seine eigenen Zwecke ein und verstärkte so die instanzielle Abhängigkeit der protestantischen Glaubenslehrer von der reichsstädtischen Obrigkeit[108]. So wählten die Ratsherren bei der Besetzung der Pfarrstellen nur ratskonforme Geistliche aus und schrieben diesen anschließend Predigtinhalte und Sakramentsmodalitäten in den obrigkeitlich erlassenen Kirchenordnungen vor. Darüber hinaus war es jedoch in beiden Reichsstädten nicht üblich, die Arbeit der stadteigenen Pfarrer anhand von Visitationen und Zusatzexaminierungen zu überprüfen. Das ab dem Glaubenswechsel so probate Mittel der Kirchenvisitation beschränkte sich ausschließlich auf die ländlichen Gebiete[109]; innerhalb der Stadtgrenze war die Bindung der Geistlichkeit an den Rat eng genug, um derartige visitationelle Zwischenschaltungen überflüssig zu machen.

Eine weitere organschaftliche Schlüsselfunktion nahmen die von weltlichem Herkommen geprägten Stadtknechte ein. Ursprünglich dienten sie hauptsächlich der Vollstreckung gerichtlicher Titel[110]. Im Zeitraum der vorliegenden

---

105. Eingabe des Predigerministeriums vom 27. Juni 1641, abgedr. bei Grabau, S. 502.

106. Grabau, ebenda.

107. Vgl. dazu auch Roper, Das fromme Haus, S. 65, die für Augsburg zu ähnlichen Ergebnissen kommt.

108. Hierbei machte sich die protestantische Obrigkeit die Strukturen und Topoi althergebrachter Kirchenzucht zunutze. Vgl. auch Brecht, S. 47, der sich sehr differenziert mit den Interaktionen zwischen Kirche, christlichem Staat und christlicher Gesellschaft auseinandersetzt.

109. Vgl. hierzu das Beispiel der brandenburgisch-nürnbergischen Visitation, bei der die Kontrollaktionen innerhalb des nürnbergischen Landgebiets ausdrücklich durch die Flüsse Schwabach, Schwarzach und Regnitz begrenzt waren, vgl. Petsch, S. 11. S. auch die anschaulichen Beschreibungen der Visitationsmaßnahmen bei Reicke, S. 843 ff.

110. Vgl. Isenmann, S. 146; vgl. auch Eylbär, S. 20, der als Aufgabe der Nürnberger Stadtknechte zusätzlich den Schutz des "hohen Rates" hervorhebt.

Untersuchung hatte sich ihr Arbeitsgebiet jedoch bereits auf die Wahrnehmung der meisten Aufgaben zur Wahrung der öffentlichen Sicherheit und Ordnung innerhalb der Stadt erweitert[111]. Informationen über Missstände erhielten die Stadtknechte dabei regelmäßig auf ihren Rundgängen durch die Stadt, bei denen sie deliktisches Handeln beobachteten und Täter in flagranti ergriffen oder ihnen Klagen und Beschwerden aus der Bevölkerung angetragen wurden[112].

Ebenfalls zuträglich bei der Aufdeckung von Ehe- und Sittlichkeitsdelikten waren die örtlichen Hebammen. Als Berufsstand bildeten sie - im Gegensatz etwa zu den Handwerkern - keine starken Vereinigungen. Vielmehr waren sie sowohl in Frankfurt als auch in Nürnberg Angestellte des Rates, die aus öffentlichen Mitteln bezahlt wurden[113]. Der Rat hatte sie primär unter dem Gesichtspunkt der Fürsorgeverpflichtung gegenüber armen schwangeren Frauen und deren noch ungeborenen Kindern eingestellt. Die Nürnberger Ratsherren ließen ihre Hebammen deshalb einen Eid schwören, in dem sie versprechen mussten, jeder Frau, die sie rief, "nach irer pesten vernunfft und verstenndnus" zu helfen[114]. Darüber hinaus nutzte der städtische Rat die besonderen Informations- und Kontrollmöglichkeiten, die der Hebammenberuf bot, um Unzuchts- und Ehebruchsdelikte sowie verbotene uneheliche Niederkunften ans Licht zu bringen. So wies der Nürnberger Rat in der Hebammenordnung von 1579 die ihm unterstellten Hebammen an:

"Demnach sich eine Zeit hero böse Fäll zugetragen, daß diejenigen Weiber, so in sonderlichem Leben, oder im Ehebruch, uneheliche Kinder getragen, dieselben in der geburt, auch davor, durch Einnehmeung böser treibender Materie, oder in andere Wege sträfflicher, muthwilliger weis um das Leben gebracht, daßß ein solches an die Obrigkeit nicht kommen, und derowegen

---

111. Eine Sonderrolle nahmen hierbei in Nürnberg die sog. "Stadtschützen" ein. Knapp bezeichnet sie als "Stadtknechte mindern Grades", Knapp, Nürnberger Kriminalverfahren, S. 268. Sie nahmen im wesentlichen die gleichen Aufgaben wie die Stadtknechte wahr und mußten dabei insbesondere auch auf Ordnung und Sicherheit im Nürnberger Frauenhaus achten, vgl. ebenda, S. 269.

112. Vgl. Eylbär, S. 20.

113. Vgl. Baruch, S. 9; vgl. Bothe, Brauch und Sitte, S. 114.

114. Vgl. Nürnberger Hebammenordnung von 1579, abgedruckt bei Baruch, S. 35 ff.:
"Der Frawen so zu geperenden Weibern verordnet sein Ayde.
Es soll eine jede hebamm ir trew geben vnnd darauff schweren dass sie einer jeden geberenden frauen sei sie reich oder arm, zw der sie gefordert wirrt inn iren notten getreulich pflegen vnnd vor sein wolle, nach irer pesten vernunfft vnnd verstenndnus, vnnd zw welicher sie am ersten berufft wurdt, zw der solle sie sich alßbald on widerreden verfugen vnnd sich keineswegs entschuldigen noch verlaugnen lassen wie bishero offtmals bescheen, sonndern das peste vnnd getreulichst bey ir thun vnnd fudern, auch kein frauen vor der rechten zeit vbereylen noch anstrengen, sonndern bey ir die gepurliche zeit verharren und außwarten.".

gebührende Straff, nicht erfolgen können, Ob welchen dann ein HochEdler Rath, ein Oberherrliches ernstliches Missfallen trägt, auch von wegen ihres von Gott befohlenen tragenden Amts, einem solchen länger nicht zusehen können, derowegen haben Sie den Befehl gethan, der Geschworenen Heb-Ammen Pflicht beyzuthun, und Sie Jährlich zur Gehorsam darauff schwören lassen, da Ihr eine hinfüro zu dergleichen kreissenden Frauen, die unehrliche Kinder tragen, in Kinds-Nöthen erfordert werden, daß Sie schuldig seyn solle, mit Fleiß und Grund zu erfragen, wie die Kinds-Mutter heisse, und wer des Kinds Vatter seye, und sobald sie das Kind auf die Welt gebracht, soll sie bey ihren Amts Pflichten alsbald dem Herrn Burgermeister ob das Kind lebendig oder todt, und wer dessen Vatter, und Mutter seye, auch wo die Kind Betterin im Kind Bett liegt, anzeigen, auch kein todtes unehrliches Kind mehr zu Grabe tragen, es seye dann Sach, daß Sie zuvor ihren Befehl gegen den Herrn Burgermeister außgerichtet habe, und daß auch zum wenigsten, drey oder vier unverdächtige Weibs-Persohnen mit dem Kind zu Grabe gehen, Dann da der Hebammen eine oder mehr hierwider handeln, und deme nicht nachkommen würde, wie hieobenvermeldt ist, die will Ein HochEdler Rath als Mainaydtig am Leib straffen, Darnach sollen sie sich endlich wissen zu richten."[115].

Dennoch scheint die Arbeit der Hebammen nicht immer reibungslos vonstatten gegangen zu sein. Sowohl in Frankfurt als auch in Nürnberg entschied man sich daher sehr bald, eine zweite Überwachungsinstanz zu schaffen. Zur Beaufsichtigung der Hebammen wurden sog. "Ehrbare Frauen" eingesetzt. Hierbei handelte es sich um ehrenamtlich tätige, zumeist aus Patrizierkreisen stammende Frauen, die die Hebammen sowohl hinsichtlich ihrer Arbeitsmoral aber auch bezüglich ihrer Denunziationsfunktion überwachten[116]. Sie waren verpflichtet, alle Unregelmäßigkeiten gegenüber dem Rat anzuzeigen. In Nürnberg stieg ihre Zahl von zwei im Jahr 1463 auf 23 im Jahr 1560[117]. Damit überwog die Zahl der "Ehrbaren Frauen" teilweise sogar die Anzahl der städtischen Hebammen[118]. Doch auch dies erwies sich als für den Nürnberger Rat nicht ausreichend. Ihm war die ordnungsgemäße Durchführung der Hebammentätigkeit in jeder Hinsicht so wichtig, daß er von der Mitte des 16. Jahrhunderts an zusätzlich die sog. "Geschworenen Weiber" zur Überwachung der Hebammen einsetzte[119].

---

[115]. Nürnberger Hebammenordnung von 1579, Nachweis bei Baruch, S. 35 ff.

[116]. Vgl. Bastian, S. 48; vgl. Bothe, Brauch und Sitte, S. 114.

[117]. Vgl. Baruch, S. 12.

[118]. Vgl. Bastian, S. 48.

[119]. Vgl. Baruch, S. 14.

Eine Sonderstellung im städtischen Kontrollsystem nahmen die Zünfte ein. Von vornherein rückt dabei ausschließlich die Frankfurter Handwerkerschaft in den Blickpunkt, denn nur diese war zunftmäßig organisiert. Der Nürnberger Rat hingegen wusste einen derartigen stärkenden Zusammenschluss der Handwerker untereinander stets zu unterbinden. Die Frankfurter Zünfte besaßen in ihren Zunftordnungen strenge Sitten- und Ehevorschriften, die sie durch eigene zünftige Gerichte abzuurteilen versuchte[120]. Trotz dieser eigenständigen Rechtsprechungskompetenzen bestand im Untersuchungszeitraum keine gerichtliche Autonomie der Zünfte. So durften schwerwiegendere Verbrechen nur vor den Frankfurter Ratsherren verhandelt werden[121]. Und schon 1355 ließ die Satzung der Frankfurter Bäcker auf Druck des Rats zu, dass auch in Bagatell- und kleineren Beleidigungsfällen jeder Zunftangehörige sein Recht suchen konnte, wo er wolle[122]. Die Zünfte bemühten sich jedoch, ein derartiges Abdriften zu den - häufig weniger strengen - ratsherrlichen Gerichten zu verhindern[123]. Tatsächlich scheint ihnen dabei ein gewisser Erfolg beschieden gewesen zu sein[124]. Das Frankfurter Strafenbuch verzeichnet etwa von 1561 bis 1588 37 Eintragungen leichterer Kriminalfälle. Davon wurden nur ganze fünf von zünftig organisierten Handwerkern oder deren Angehörigen begangen. Es muss deshalb davon ausgegangen werden, dass die Frankfurter Handwerker wegen leichterer Verstöße zu einem nicht unerheblichen Teil von eigenen Organen außerhalb der ratsherrlichen Gewalt kontrolliert und sanktioniert wurden.

Nach alledem kann also festgehalten werden, dass die spätmittelalterliche bzw. frühneuzeitliche Stadt eine beachtliche Anzahl von Kontrollorganen kannte, die die Durchführung von Ehe- und Sittlichkeitsverordnungen überwachten. Trotz der vielfältigen Formen der Kontrolle zeigt sich aber bei näherem Hinsehen, dass die zur Verfügung stehenden Organe regelmäßig nur recht spärlich besetzt waren - vergleicht man sie mit der Gesamtbevölkerungszahl. So beschäftigte die

---

120. Meist wurde die zünftige Gerichtsbarkeit durch den Zunftmeister, Teile des Zunftvorstandes oder die Zunftversammlung ausgeübt, vgl. Wissell II, S. 191 und 201 ff.

121. Das waren in erster Linie die Vergehen und Verbrechen wider "Hals und Hand", vgl. Wissell II, S. 188.

122. Vgl. die Satzung der Frankfurter Bäcker von 1355 (erneuert 1377), abgedruckt in Frankfurter Zunfturkunden Bd. I, hg. von B. Schmidt, S. 20 und 27.

123. Vgl. hierzu auch Wissell II, S. 202, der bemerkt, dass die Zünfte "im allgemeinen (...) eine Anfechtung ihrer Entscheidungen beim Rat oder bei einem (anderen) Gericht sehr ungern" sahen.

124. Vgl. Schwerhoff, Köln im Kreuzverhör, S. 70, der für Köln zu anderen Ergebnissen kommt; vgl. aber Wissell II, S. 190, der ausdrücklich darauf hinweist, daß keinesfalls davon ausgegangen werden dürfe, dass der Umfang der zunftgerichtlichen Befugnisse überall gleich gewesen sei.

spätmittelalterliche "Großstadt" Nürnberg mit ihren rund 50000 Einwohnern ganze 8 Stadtknechte[125]. Vom Jahr 1502 an sind es dann immerhin 16 Personen, die in der Reichsstadt für Sicherheit und Ordnung sorgen sollten.

Trotzdem erscheint in der Gesamtschau die Anzahl der städtischen Kontrollorgane im Vergleich mit der Bevölkerungsdichte sehr gering. Hieraus geradewegs auf eine mangelnde Effizienz bei der Überwachung der Durchführung städtischer Verordnungen zu schließen, wäre indes übereilt. Denn es ist anzunehmen, dass die soziale Kontrolle der Stadtbewohner untereinander in weitaus stärkerem Maße Berücksichtigung finden muss, als das etwa in heutiger Zeit der Fall wäre[126]. Diese Vermutung findet zum Teil auch anhand von Gerichtsprotokollen Bestätigung. Zwar ergibt sich nicht aus jeder Akte, auf wessen Initiative das Verfahren eingeleitet wurde. Häufig wird stattdessen nur der Vorwurf aufgezeigt, der Denunziant bzw. das denunzierende Ereignis bleibt hingegen unerwähnt. So kann vielfach nur gemutmaßt werden, dass eine Vielzahl von Anzeigen aus dem engsten sozialen Umfeld der potentiellen Straftäter stammen muss, da die zahlenmäßig geringen städtischen Kontrollorgane kaum Einblick in jeden Haushalt und in jede Geschlechterbeziehung gehabt haben dürften. Der Verdacht liegt deshalb nahe, dass viele Hinweise aus der Nachbarschaft der Delinquenten an den Rat oder dessen Exekutivorgane herangetragen wurden[127] - ein Beweis hierfür fand sich jedoch in keiner der untersuchten Akten[128].

Gleichwohl gibt es in gewissem Umfang Akten und Protokolle, die die Quelle des Anklagevorwurfs zu erkennen geben und damit den Rückschluss auf weitere

---

125. Vgl. Knapp, Nürnberger Kriminalverfahren, S. 267.

126. Vgl. dazu Holenstein, Die Ordnung, S. 260 ff., der die Bedeutung des Untertaneneides für die Begründung einer Anzeige- und Rügepflicht des Bürgers und der Untertanen gegenüber der Obrigkeit hervorhebt sowie Weber, "Anzeige" und "Denunziation", S. 606 ff., der aber auch auf die möglichen "Defizite der Anzeige- und Denunziationsverpflichtung" (S. 606) eingeht.

127. Zur Funktion der Nachbarschaft als Institution sozialer Kontrolle vgl. ausführlich Roeck, Neighbourhoods, S. 193 ff. sowie Hoffmann, S. 187 ff.

128. Eine Ausnahme bildet insofern der - nicht in Frankfurt spielende - Fall des Hans Georg Lachs, eines böhmischen Bauernknechts aus Dortelweil, dessen angebliche sodomitische Handlung durch eine Anzeige des "Schultheißen, (des) Balthasar Berker, Nachbar zu Dürkelweill, (und des) Gemein Feldschütz" ins förmliche landesherrliche Verfahren kam. Mit diesem Fall mussten sich die Frankfurter Advokaten jedoch nur im Rahmen ihrer gutachterlichen Tätigkeit beschäftigen; deshalb geriet er auch unter die Frankfurter Strafakten, vgl. StadtAF, Criminalia Nr. 1123 (1651). Vgl. bestätigend zu dieser These auch die Untersuchung von Gleixner, S. 191 f., die als Anzeigende neben Obrigkeit und Pfarrer die Betroffenen und deren Familien sowie Anzeigen aufgrund von Gerüchten innerhalb der dörflichen Gemeinschaft nennt.

Kontrollorgane städtischen Lebens zulassen. So wird etwa am 1. Juli 1610 die Nürnbergerin Dorthea Schöberin von ihrem Mann vor dem Rat angeklagt, sie habe sich nicht allein von ihm getrennt, sondern sich darüber hinaus mit einem Bauersknecht zusammengetan und erwarte von diesem nun ein Kind[129]. Im August desselben Jahres wird Georg Hofmann von Anna Pellin beschuldigt, sie "zu Fall gebracht", geschwängert und ihr die Ehe versprochen zu haben[130]. Aufgrund dieses Vorwurfs wird ein ratsherrliches Verfahren in Gang gesetzt. Auch das Frankfurter Ratsprotokoll vom 21. Mai 1579 lässt die Initiatorin des ursprünglichen Verfahrens eindeutig erkennen: "Als verleßen was Gertraud Schifferin, uber Johann Schals von Dampach welcher sie geschwengert haben soll supplicirt und gepetten Ine daryn anzuhalten, das er ihr das Jhenig Er ihr verheißen halte oder Ihr das Geldts sie Ime geben widerstelle, unnd ist darneben angehort, was Er Johann Schals uff selich supplication zur Antwort gegebenn. Soll mann sie bede haißen hinweg zihenn."

All diesen Anzeigen ist gemeinsam, dass der jeweils ungünstig Betroffene das Verfahren einleitet. Dies wird besonders bei nicht eingehaltenen Eheversprechungen der Fall gewesen sein, Hierbei kam es häufig vor, dass die Frau im Hinblick auf das Eheversprechen bereits den Beischlaf mit ihrem präsumtiven Mann vollzogen hatte und nun durch eine entsprechende Anzeige die Heirat erzwingen und so die Schmach der unehelichen Niederkunft abzuwenden versuchte. Aber auch Fälle wie der der Dorothea Schöberin sind beispielhaft für die Notwendigkeit einer Anzeige durch den Betroffenen. Wollte ihr betrogener Ehemann später nicht für das Kind des Bauernknechts zahlen, musste er von sich aus die Sache vor den Rat bringen und wurde damit - nolens volens - zum Kontrollorgan ratsherrlicher Ordnungsgebung.

Doch nicht nur die Betroffenen selbst, auch deren Familie und Verwandte bringen gerichtliche Verfahren in Gang. Im Bereich von Ehe und Sittlichkeit sind es häufig Eltern, die um das Wohl bzw. die Mitgift ihrer Kinder fürchten und durch eine Anzeige quasi auf Hilfe "von oben" hoffen. Exemplarisch hierfür ist der Fall eines Nürnberger Handwerksgesellen, dessen Eltern versuchten, ihn durch ihre Aussage an der Eheschließung mit einer ihnen nicht genehmen Frau zu hindern.

"Hanns Ochs Hefftleinmachers Gesell und hiesegs Burgers Kindt ist auff seiner Elltern gethane Aussag, das er wider Iren willen sich mit einet leichtfertigen Dirn Anna Hofmeisterin genant, die vorhin 2 uneheliche Kinder getragen, in Ehegelübdt eingelassen, In die Eysen geführt worden, darin er die Verlübdnüs

---

129. StaatsAN, Rep. 52b, Nr. 200 fol. 31.

130. StaatsAN, Rep. 52b, Nr. 200 fol. 31.

gestanden, mit vermelden, das er durch Ire der Hoffmeisterin Schmaichelwort und Verheißen sie wolt sich hinfort wol und eingezogen halten und vleißig arbeiten, dartzu bewegt worden dieweil aber die Hoffmeisterin außgewichen hat man Ine wider von statten kommen lassen, doch auf zuvor gelaiste Urphed, Bezahlung der Atzung und einer sträflichen Red, darzu dann seinem Vattern zu erfordern und Inen beeden anzuzaigen bevolhen, sie solten die Sach der Ehe halben am Stattgericht anbringen die außgewichen Hoffmeisterin dar zu citirn lassen und daruff Beschaidts gewarten da neben auch dem Schaffer bey St. Sebald anzuzaigen mit der Verkündung biß zu Außtrag der Sachen Inn zuhalten, Actum 22 Novembris Anno 1609"[131].

Abschließend bleibt deshalb festzuhalten, dass die untersuchten Reichsstädte bereits ein recht umfangreiches Netz der Kontrolle aufgebaut hatten, um Normverstöße aufzudecken. Im Bereich von Ehe und Sittlichkeit wurden insbesondere auch die Pfarrer als Kontrollorgane herangezogen. Dabei mussten sie ihren in vorreformatorischen Zeiten kirchlichen Überwachungsauftrag nach der Wende zum protestantischen Glauben in den Dienst der christlichen Obrigkeit, des städtischen Rates, stellen. Dank den hierfür bereits im kirchlichen Auftrag entwickelten Instrumentarien, wurden die Pfarrer im Hinblick auf die Ehe- und die Sittenzucht zu einem der wichtigsten exekutiven Organe des Rate.

---

131. StaatsAN, Rep. 52b, Nr. 200 fol. 82.

B. Typisierung und Analyse: Der theoretische Entwurf des reichsstädtischen Sittenlebens durch die Policeyordnungen des Rates

Da zwischen dem Wortlaut der Policeyordnungen und der Praxis der Rechtsprechung und des Strafvollzugs Diskrepanzen bestehen, soll im folgenden das theoretische Konzept einer reichsstädtischen Sittenzucht, wie es sich anhand der Policeyordnungen zeigt, entwickelt werden. Dieses Vorgehen ermöglicht, einen systematischen Überblick darüber herzustellen, welche Vorstellungen zur Regelung dieser Materie bestanden. Es kommt hierbei darauf an herauszustellen, welche sittlichen Vergehen die städtischen Verordnungsgeber überhaupt für regelungsbedürftig hielten. Dabei müssen sowohl der Wortlaut und der Inhalt der jeweiligen Regelung als auch der diesen Straftaten zugrundeliegende Lebenshintergrund in die Darstellung einbezogen werden, da eine einseitige Betrachtung kein ausgewogenes Ergebnis erlaubt. Gerade bei häufig wiederkehrenden Polizeimaterien weisen die Ordnungen im Laufe der Zeit teilweise erstaunliche inhaltliche Veränderungen auf. Eine Verbindung von Norminhalt und der dem deliktischen Verhalten zugrundeliegenden Alltagssituationen und Mentalitäten erlaubt es am besten, diesen Zusammenhang darzustellen.

I. Zum Begriff "Sittlichkeitsdelikte"

Die städtischen Policeyordnungen stellen ein ungeordnetes Bündel von Einzelmaterien dar, das keine Überschriften oder Randtexte besitzt. Wenn also von "Sittlichkeitsdelikten" die Rede ist, so wird mit einem äußerst unkonkreten Begriff gearbeitet. In der Literatur heißt es dazu meist, hierunter seien "alle Straftaten gegen geltende Moralvorstellungen" gesammelt[132]. Inwieweit hierunter aber nur sexuelle Handlungen fallen[133] oder ob darunter auch andere, ethisch motivierte Normgesetzlichkeiten zu fassen sind, bleibt letzthin ungeklärt.

Die Auseinandersetzung mit solchen definitorischen Schwierigkeiten ist jedoch nicht Gegenstand der vorliegenden Untersuchung. Im Rahmen dieser Arbeit soll vielmehr eine Begrenzung der Sittlichkeitsstraftaten auf den Bereich der Sexual- und Ehezucht stattfinden. Bereiche, wie z. B. Gotteslästerung, Schimpfen oder Fluchen bleiben unberücksichtigt. Auch finden Hochzeits- und Kindtaufordnungen als Standesordnungen keinen Eingang. Genauso werden die gerade in

---

132. So Müller, Art. "Sittlichkeitsverbrechen", Sp. 1672 stellvertretend für eine Vielzahl gleich oder ähnlich lautender Definitionsansätze.
133. So z. B. Quanter, S. 2; Harster, S. 178 ff.

Nürnberg in regelmäßigen Abständen erneuerten Ordnungen hinsichtlich des Verbots von so genannten "Zahlhochzeiten" behandelt: Hier ging es ausschließlich darum, junge Eheleute oder deren Angehörige in wirtschaftlich schlechten Zeiten vor Überschuldung zu schützen. Einen ethisch-moralischen Grund zur Reglementierung dieser Hochzeiten gab es jedoch nicht, was diese Ordnungen außerhalb des oben abgegrenzten Arbeitsbereichs stellt.

Schließlich muss man auch hinsichtlich der in den jeweiligen Policeyordnungen verwendeten Begrifflichkeit differenzieren: Nicht immer deuten die Worte "Leichtfertigkeit" oder "Üppigkeit" auf sexuelle Verfehlungen hin, denn dieser Begriff findet sehr vielschichtig Verwendung. Ein besonderes Beispiel gibt dabei der Terminus "Unzucht", der, außer im heutigen Sinne als "fleischliche Unzucht", mit vielfältigem Bedeutungsinhalt auftaucht: So regeln Verordnungen bezüglich Unzucht auf den Kirchhöfen und bei Predigten nicht nur sexuelle Übergriffe in heiligen Räumen, sondern weisen auf das ebenso verpönte Zechen, Handeln und Kartenspielen in diesem Rahmen hin.

II. Entstehung und Inhalt der ausgewählten städtischen Quellen

1. Die Beseitigung sittlicher Unordnung im allgemeinen

Ein erster großer Komplex der Policeyordnungen im Bereich der Sittlichkeitsdelikte befasst sich mit der Beseitigung dessen, was gesellschaftlich als "unordentlich" galt. So stellt die "Unzucht" einen Hauptordnungspunkt dar, und die am häufigsten in Frankfurter Ratsprotokollen des 15. Jahrhunderts thematisierten Problemkreise betreffen "uneheliche Leute", "unredliche Ehen", "Ehebruch und Hurerei" sowie die "ungebührlichen Händel der Buhlerinnen"[134].

Dabei erfuhr die außereheliche Geschlechtsbeziehung gerade im Spätmittelalter nicht automatisch eine derartige Pönalisierung, wie wir sie aus den nachfolgenden Jahrhunderten kennen. So war z. B. das Konkubinat eine bis ins 16. Jahrhundert hinein häufig anzutreffende Erscheinung, die in ihrem gesellschaftlichen Stellenwert keinesfalls mit der Prostitution vergleichbar war[135]. Es stellte für viele Stadtbewohner eine Notwendigkeit dar, betrachtet

134. Vgl. Kriegk, Deutsches Bürgerthum II, S. 267.

135. Vgl. Elias, Zivilisation I, S. 251; vgl. Kriegk, Deutsches Bürgerthum II, S. 277; s. Borst, O., S. 401. Da der unehelichen Geschlechtsbeziehung noch im Spätmittelalter nicht notwendig der Hauch des Unmoralischen anhaftetete, bestand häufig kein Grund, sie quellenmäßig zu erfassen. Dies stellt eines der Hauptprobleme dar, will man den Bereich der

man nur den "Frauenüberschuss", der z. B. in Frankfurt am Main im 15. Jahrhundert bestand[136]. Auf diese Überzahl von Frauen trafen im Gegenzug in den mittleren und unteren Gesellschaftsschichten eine beträchtliche Anzahl Männer, die von Berufs wegen zölibatär leben mussten: So durften manche Handwerker erst mit Erlangung des Meistertitels heiraten[137]. Zudem stellte insbesondere für die jungen Männer die voreheliche Sexualbetätigung kein Tabu dar: Meist vergnügten sie sich dabei mit Dirnen oder Frauen niederen Standes, da ehrbare Mädchen durch eine Beziehung vor der Ehe regelmäßig ihre Heiratschancen vernichteten[138]. Gerade in Knechts- und Gesellenkreisen diente die Schwängerung einer Dienstmagd oder einer Prostituierten häufig als Beweis männlicher Potenz und wurde als solcher geduldet und gerechtfertigt[139]. Und bei den Studenten gehörte - neben dem Zechen und dem nächtlichen "gassatim" gehen - das Liebesabenteuer durchaus zum guten Ton[140].

"allgemeinen" Unzucht - d. h. die Unzuchtsdelikte, die nicht an Qualifizierungen wie z. B. Ehebruch, Kuppelei, Kindsmord, Bigamie oder Winkelehen gekoppelt sind - sozialhistorisch erfassen. S. dazu auch Roeck, Außenseiter, S. 119, der ebenfalls zu dem Ergebnis kommt, die Quellen seien in diesem Bereich "nicht übermäßig redselig".

136. S. Bothe, S. 89.

137. Vgl. Ellrichshausen, S. 22 ff.

138. Vgl. Schröter, S. 159 und 167, der als Ziel einer wohlerzogenen Frau die Vermeidung von Sexualhandlungen vor der Eheschließung angibt. So auch die leider nicht genannte Autorin, in: Journal Geschichte 1, S. 30, die beschreibt, dass zu dieser Zeit "die Ehre der Frau (...) sehr eng an ihren Körper gebunden (war), die Ehre des Mannes hingegen (...) Sache des Handelns" gewesen ist. Anders hingegen Burghartz, Rechte Jungfrauen oder unverschämte Töchter?, S. 42, die für die zeitgenössische Beurteilung sexueller Handlungen stärker auf den sozialen Kontext abstellt, in dem diese spielen: "Jungfräulichkeit war eine sozial definierte Tatsache, kein ausschließlich medizinisch-physiologisch bestimmter Zustand". Dem kann wohl nur insoweit zugestimmt werden, als eine junge Frau, die durch Umgang mit Männern in den Ruf geraten war, bereits defloriert zu sein, nur schwerlich etwas zu ihrer Rehabilitierung beitragen konnte. Sie war daher im Vorfeld gezwungen, ihre "Reinheit" durch keusches Verhalten zu demonstrieren. Hatte im umgekehrten Falle tatsächlich eine Entjungferung stattgefunden, und war diese durch äußere Zeichen verifizierbar - etwa durch Augenzeugen, glaubhafte Berichte oder gar durch eine Schwangerschaft - so galt die Frau als "entehrt" und konnte von Glück reden, wenn der Mann sie doch noch heiratete.

139. Vgl. Bastian, S. 91 m. w. N.

140. S. dazu das Beispiel des Altdorfer "Studiosus Theologiae wie wol deß nahmens gantz Vnwürdig Johannes Nicolaus Bennichius von Tonder auß Holstein bürtig" mit dessen Fall sich sogar ein Mandat des Nürnberger Rats aus dem Jahr 1647 befaßt. Dieser Student hatte "vnter dem schein / seine anderer orthen angefangene Studia zu continuiren / eingefunden / aber die wenige Tage seines hiesigen vffenthalts mit fressen / sauffen vnnd nächtlichen tumultiren zugebracht / sich auch nicht geschewet Eine hiesige Weibs Person mit geldt zur vngebühr zu Sollicitiren / vnnd als sie keines wegs darein willigen wollen / gewalt anzulegen vnterstanden". "Seiner verbrechen halber" wurde er arrestiert. Er konnte jedoch entkommen, was den Nürnberger Rat sehr erzürnte; vgl. zu alledem Mandat vom 30. August 1647, StadtAN Rep. A6/I.

Doch auch in den höheren Gesellschaftsschichten war das Zuhalten einer Konkubine weit verbreitet. Insbesondere die Geistlichkeit umging dadurch das Gebot des Zölibats, das von den Kirchenreformen des 11. Jahrhunderts an verstärkt durchgesetzt werden sollte[141]. Ab diesem Zeitpunkt war das Konkubinat der höheren Geistlichen der Unzucht gleichgestellt. In der Praxis glückte die Umsetzung jedoch nicht[142]: Zum einen stellte das Konkubinat mit einem Priester für viele Frauen niederen Standes eine gute Versorgungsmöglichkeit dar, weil die kirchliche Ausstattung ein gesichertes Leben versprach[143]. Zum anderen zwang die Bürgerschaft die Priester häufig regelrecht, eine feste Verbindung einzugehen, um dadurch ihre eigenen Frauen vor sexuellen Übergriffen zu schützen[144]. Außerdem war sich die Geistlichkeit aufgrund der jahrhundertelang bestehenden Gewohnheit meist keiner Schuld bewusst[145]. So schien im 15. Jahrhundert diese Lebensform derartige Ausmaße angenommen zu haben, dass der Frankfurter Rat sich nicht scheute, "Paffen, paffenmede, horen, bubenknechte, beckynen"[146] in einem Atemzug zu nennen und damit Geistliche und Prostituierte auf eine Stufe zu stellen. Demzufolge wird in den Frankfurter Verordnungen erst ab dem Jahre 1529 - dann aber kontinuierlich - das "zur onehe sitzen" und die "oneheliche beywohnung", also das Konkubinat, bestraft[147] und zwischen "Hurerei" und "Ehebruch" unterschieden. Die erste Frankfurter Polizeiordnung, die sich mit der Sittlichkeit innerhalb der Geschlechterbeziehung befasst und die aus dem Jahr 1452 datiert, bezeichnet als Kuppler nur denjenigen, der Ehebrüchige "hust oder haldet"[148]. Diese ausdrückliche Beschränkung auf bestimmte Tatumstände weist darauf hin, dass der Geschlechtsverkehr von ledigen Personen zu diesem Zeitpunkt noch keinen Deliktscharakter hatte. Erst mit dem 16. Jahrhundert setzt eine kontinuierliche Regelung von "Hurerei" und "Unzucht" ein, wobei beide Begriffe synonym verwendet werden. So definiert z. B. eine Frankfurter Polizeiordnung aus dem Jahr 1579 die "gemaine Unzucht, so ledige Personen miteinander treiben" als "Hurerei"[149].

---

141. Vgl. Schimpf, S. 2.
142. S. Postel, S. 221, der von einem "krassen Mißverhältnis von Keuschheitsgelübde und täglicher Praxis" spricht.
143. Vgl. Schimmelpfennig, S. 37.
144. Ebenda, S. 29.
145. So etwa Postel, S. 224 f.
146. BB von 1463, StadtAF.
147. Edikt v. 10. Okt. 1598, Edikte Ffm; Edikt vom 30. Mai 1529; PO von 1530, Nachweis bei Beyerbach, S. 550 ff.; PO vom 23. Mai 1579, Geschr. R/O, Kasten 3.
148. PO vom 31. Okt. 1452, Nachweis bei Wolf, Nr. 255.
149. PO vom 23. Mai 1579, Geschr. R/O, Kasten 3.

Die für derartige Unzuchtsdelikte mittels der Ordnung angedrohten Strafen waren vielfältig und lagen "je nach Gstalt der Sachen und Übertrettung"[150] im Ermessen der sie beurteilenden Instanz. Dabei erfolgte im 15. und 16. Jahrhundert eine Bestrafung häufig nur dann, wenn dem als misslich empfundenen Zustand nicht abgeholfen wurde[151], während im 17. Jahrhundert die Strafandrohung aufgrund der Übertretung einer bereits als bekannt vorausgesetzten Vorschrift erging[152]. Die Möglichkeiten der Bestrafung reichten dabei von der Verhängung einer Geldbuße - die im gesamten betrachteten Zeitraum in Frankfurt am Main 10 Gulden betrug - über die Turmstrafe bis hin zur Stadtverweisung. Darüber hinaus wurde im 17. Jahrhundert teilweise differenziert, ob die ledigen Personen, die miteinander Unzucht getrieben hatten, heiraten wollten oder nicht[153]. Auch mit der Enthebung aus "Ehren und christlichen Ampten" wurde regelmäßig gedroht und man "steupte" die straffällig gewordenen Personen[154]. Sehr häufig wurde gerade bei Sittlichkeitsdelikten in Frankfurt auf diese Form der Leibesstrafe erkannt, bei der man die betreffende Person mit Rutenbündeln schlug[155]. Oft war damit auch die Stadtverweisung verbunden, indem man die Delinquenten durch die Gassen der Stadt bis zur Stadtgrenze hinausprügelte[156]. Bei alledem betraf die Strafandrohung in den Policeyordnungen des 15. bis 17. Jahrhunderts von Frankfurt gleichermaßen Männer und Frauen. Hier zeigt sich damit eine Abkehr von der ursprünglich germanischen Rechtsvorstellung, wonach nur der Mann eines Un-

---

150. Edikt vom 30. Mai 1529.

151. S. die Strafandrohungen des Edikts von 1498; Edikt vom 30. Mai 1529; PO von 1530 Nachweis bei Beyerbach, S. 550 ff.; PO vom 23. Mai 1579, Geschr. R/O, Kasten 3.

152. Vgl. Strafandrohung der PO vom 14. Nov. 1620, Gedr. O: "Wir der Rat dieser des hl. Reiches Stadt Frankfurt am Main / fügen hiermit männigklich zu wissen / demnach unsere gottseligen Vorfahren in verschiedenen Jahren / wegen der Laster des Ehebruchs / Hurerey / und Unzucht / sonderbare Strafen verordnet / und dadurch denselben nach Möglichkeit zu begegnen verhoffet / Solche Strafen auch mehrerteils bis dahero im Brauch gewesen / und gegen die Delinquenten fürgenommen worden / Aber nun ein zeithero sich befunden / und die Erfahrung bezeuget hat und noch / daß vorangeregte abscheuliche / verdammliche / und hochärgerliche Laster des Ehebruchs / Hurerey / und Unzucht / onerachtet sowohl der Strafen als auch deren in den Predigten und in Gottes Wort fast täglich fürgehenden Vermahnungen und Warnungen / je länger je mehr einreißen und überhand nehmen / Auch einer und der andere sich damit zu beflecken dahero um so viel weniger scheuet / weil solche Laster bishero etwas gering / und teils mit geringer Thurn- und Geld- teils mit anderen gelinden Strafen gebüßt und abgestraft worden : (...)"; s. auch PO vom 14. Nov. 1629, Nachweis bei Beyerbach, S. 553 ff.: "Demnach E. E. Rath aus der täglichen erfahrung vernimmt, welcher gestalt die von dessen Gottseligen vorfahren, wegen der Hurerey und Ehbruch verordnete straffen gering geachtet werden, (...)".

153. PO vom 14. Nov. 1629, Nachweis bei Beyerbach, S. 553 ff.

154. Vgl. z. B. PO vom 14. Nov. 1629, Nachweis bei Beyerbach, S. 553 ff.

155. S. Rau, S. 186 ff.

156. Vgl. Rau, S. 160 f.

zuchtsdelikts schuldig sein könne, da er sich mit der unzüchtigen Handlung gegen die Sippengewalt über die Frau vergehe[157].

2. Der Schutz des Instituts Ehe

Großes Augenmerk muss im Rahmen der Sittlichkeitsdelikte und ihrer Bekämpfung auch auf die Mechanismen gelegt werden, anhand derer das Institut der Ehe geschützt werden sollte. Im Mittelpunkt stehen dabei Policeyordnungen zur Bekämpfung des Ehebruchs. Besonders in Frankfurt machten sie den Großteil der Eheschutzordnung aus[158]. In diesen Ordnungen findet man bis ins 17. Jahrhundert hinein Eheauffassungen germanischen und kanonisch-rechtlichen Ursprungs: So z. B. in einer Frankfurter Polizeiordnung von 1629, die es als "einfachen" Ehebruch bezeichnet, wenn ein Ehemann mit einer ledigen Frau sexuell verkehrt, hingegen eine Unrechtserhöhung im Sinne einer Qualifikation annimmt, wenn ein Mann mit einer Ehefrau schläft und dies den "doppellten oder groben Ehebruch" nennt[159]. In dem Umstand, dass sowohl der abtrünnig gewordene Ehemann als auch die untreue Ehefrau gleichermaßen gestraft werden[160], erkennt man den christlichen Gedanken der gegenseitigen Treue, die sich die beiden Ehepartner aufgrund des zwischen ihnen bestehenden Ehekonsenses schulden[161]. Die Qualifikation hingegen ist dem germanischen Eheverständnis zuzuschreiben, da danach der Straftabestand des Ehebruchs nur dann erfüllt war, wenn die Ehefrau mit einem anderen Mann verkehrte; seitens des Ehemannes war ein Ehebruch jedoch nicht möglich[162]. Der Grund hierfür ist im germanischen Prinzip der Muntehe zu sehen, nach dem die Frau mit ihrer Hochzeit in die Munt, d. h. die Gewalt der Sippe ihres Ehemannes eintrat. Die

157. So z. B. für andere Stadtrechte His, Strafrecht II, S. 147.

158. Frankfurt geht in 8 von 12 Verordnungen zum Schutz des Instituts der Ehe gegen den Ehebruch vor.

159. PO vom 14. Nov. 1629, Nachweis bei Beyerbach, S. 553 ff.

160. Selbst in der expliziten Qualifikationsbestimmung vom 14. Nov. 1629 in Frankfurt besteht hinsichtlich der Strafandrohung für den Grundtatbestand und die Qualifikation kein Unterschied; beidesmal wird mit Geldstrafe, Gefängnisstrafe und Entrichtung des sog. "Schmähguldens" gedroht; s. PO vom 14. Nov. 1629, Nachweis bei Beyerbach, S. 553 ff.: "Wie und wo der Schmähgulden zu erlegen Die jenige Mann unnd Weibsperson, so zu erlegung des Schmähgüldens condemniert worden, soll mann zu einer gewissen stund vor die fordern Römerthür bescheiden, unnd dann durch den Stöcker mit einem Trommelschlag über den berg zu dem springenden Brunnen führen, daselbsten dem scharpfrichter einen Gulden an lauter uff der Tromm offentlich dar zahlen lassen".

161. Vgl. Th. von Aquin, S. th. suppl. q 65 a 4 ad 4, Nachweis bei Hödl, Art. "Ehebruch", in: Lexikon des Mittelalters Bd. III, Sp. 1650.

162. Vgl. Sellert, Art. "Ehebruch", in: Lexikon des Mittelalters Bd. III, Sp. 1655.

Ehe war somit nicht auf das Einverständnis der beiden Eheleute untereinander gegründet, sondern war vielmehr als eine Art "Vertrag" zwischen den Sippen der beiden Brautleute anzusehen. Infolgedessen verging der Ehebruchsdelinquent sich mit seiner Handlung gegen die sippenherrlichen Rechte des betrogenen Ehemannes[163].

Die Gründe für einen Ehebruch waren vielfältig: Die zahlreich eingegangenen Konvenienzehen führten insbesondere in Patrizierkreisen mitunter zum Ehebruch[164]. Auch die oft erheblichen Altersunterschiede zwischen den Eheleuten mögen zur Abwendung vom Partner beigetragen haben, ebenso wie die im Mittelalter weit verbreitete Auffassung der Unvereinbarkeit von Ehe und Liebe[165]. Auffällig ist zudem die immer laxer werdende Abstrafung von Ehebruchsdelikten gegen Ende des 14. Jahrhunderts bis zu den Anfängen des 15. Jahrhunderts[166]. Diese Milderung im Vollzug ist dabei zum großen Teil als ein Problem der wechselnden Zuständigkeiten anzusehen: War im Mittelalter die Kompetenz zur Abstrafung in Ehesachen noch fest in der Hand der Kirche, so geht sie vom 14. Jahrhundert an in weiten Teilen zunehmend auf die weltliche Obrigkeit über[167]. Zugleich aber verminderte sich die Mitwirkung der Geistlichkeit auf ein Minimum[168]. Dadurch stieg die Zahl der nun vom Rat abzustrafenden Ehebruchsdelikte im 15. Jahrhundert gewaltig an, sodass der Frankfurter Rat 1462 sogar einen besonderen Ausschuss von drei Ratsmitgliedern bestimmen musste, der nur Ehebrecher abstrafte[169]. Eine Tendenz zur Strafverschärfung beim Ehebruch vom Ende des 15. zum 17. Jahrhundert lässt sich auch anhand der Strafandrohungen durch die Policeyordnungen erkennen: Wird im 15. und 16. Jahrhundert nur mit Geldstrafe von 10 Gulden bzw. Turmstrafe (Nürnberg kennt keine Geldstrafe bei Ehebruchsdelikten), Leibesstrafe, Amtsenthebung und - in härteren Fällen - mit

---

163. S. Dilcher, Die Ordnung der Ungleichheit, S. 71; s. His Strafrechtsgeschichte II, S. 147; vgl. Sellert, Art. "Ehebruch", in: Lexikon des Mittelalters Bd. III, Sp. 1655.
164. S. Roth, Art. "Ehebruch", in: Lexikon des Mittelalters Bd. III, Sp. 1658 f.; vgl. Kriegk, Deutsches Bürgerthum II, S. 289, der einen Fall aus dem Jahr 1456 beschreibt, wo die Stadt Frankfurt einigen jungen Patriziern - Kriegk nennt welche "vom Geschlechte derer von Marburg, Weiß von Limburg u. A." - die straffreie Rückkehr aufgrund von Ehebruchsdelikten verweigerte "obgleich zwei derselben Söhne von Rathsgliedern waren". Vgl. auch Irsigler/Lasotta, S. 202, die darauf hinweisen, dass uneheliche Kinder an sich auch nichts ehrenrühriges waren - für die Väter.
165. Vgl. Roth, Art. "Ehebruch", in: Lexikon des Mittelalters Bd. III, Sp. 1658 f.
166. S. Graf, S. 287 f.
167. S. Graf, S. 288. Vgl. Bund, in: Frankfurt, S. 104 f.
168. Im 15. Jahrhundert verzeichnet das Frankfurter Bürgermeisterbuch eine geistliche Mitwirkung bei der Ahndung dieses Delikts nur in vier Fällen, s. Nachweis bei Kriegk, Deutsches Bürgerthum II, S. 228.
169. S. Kriegk, Deutsches Bürgerthum, S. 289.

Stadtverweisung gedroht[170], so differenziert Frankfurt ab dem 17. Jahrhundert zwischen dem ersten und dem zweiten Mal der Tatbegehung nach Begnadigung und setzt demzufolge erhöhte Strafen fest[171]. Eine weitergehende Strafverschärfung liegt zudem in der "Anrichtung eines offentlichen Spott und Narrenhäußleins"[172]. Dabei soll "Zur bestraffung der gemeinen Hurerey und Unzucht (...) ein offentliches durchsichtig gefängnüß angerichtet (werden), unnd die delinquenten nach der personen qualitäten unnd umbständen darinnen etliche Stunden eingesperret und öffentlich verschimpfft (werden), oder aber von wohlhäbigen und ehrlicher leut Kindern solche offentliche verschimpffung mit einer gewissen geldsumma abgekauft werden"[173]. Der Rat von Nürnberg droht für den Wiederholungsfall außer mit dem Einzug der Güter des Delinquenten sogar mit der Todesstrafe[174].

Die hohe ethisch-moralische Bedeutung, die dem Institut der Ehe im Hinblick auf eine sittliche Geschlechterbeziehung zukam, lässt sich auch an anderen Regelungsinhalten erkennen. "Entehrte" man die Ehe, z. B. indem man vor der Hochzeit sexuell miteinander verkehrte, so sollte dies auch für die Trauungshandlung öffentlich sichtbare, für jedermann erkenntliche und die unzüchtigen Brautleute als solche offenbarende Konsequenzen haben. Infolgedessen musste in Nürnberg - Frankfurt regelt diesen Tatbestand nicht explicit - die so "entehrte" Braut verschleiert zur Kirche gehen und ihr zukünftiger Ehemann mußte sein Haupt bedecken[175]. Auch durften beide nicht die sonst üblichen Ehekränze tragen und die Eheschließung musste, damit die Schande auch hinreichend bekannt wurde, beim Tagamt statt in der Frühmesse stattfinden[176]. Darüber hinaus war die Zahl der Hochzeitsgäste auf sechs weibliche wie männliche Personen begrenzt und es durften nicht die üblichen Hochzeitsfeierlichkeiten durchgeführt werden[177]. Zusätzlich wanderte der Bräutigam nach der Hochzeit für 14 Tage bei Wasser und Brot in den Turm. Seine frisch angetraute Ehefrau verbrachte dieselbe Zeit in Bank und Eisen.

170. PO v. 31. Okt. 1452, Nachweis bei Wolf, Gesetze, S. 344; PO v. 20. März 1468, Nachweis bei Wolf, Gesetze, S. 358; Alte PO von 1489, StadtAF, Geschr. R/O, Kasten 1 (1329-1500).
171. PO v. 14. Nov. 1629, Nachweis bei Beyerbach, S. 553.
172. Ebenda.
173. PO vom 14. Nov. 1629, Nachweis bei Beyerbach, S. 553 ff.
174. PO v. 30. Mai 1623, StadtAN, Rep. A6/I.
175. S. PO vom 12. Nov. 1582, StaatsAN, Rep. 63Ic, Mandatbuch E; PO vom 11. März 1619, StadtAN, Rep. A6/I.
176. Ebenda.
177. "Es sollen auch solche vergriffene Eheleut / an solchem ihrem Hochzeitstag / nach verrichtem Kirchgang / bey der Malzeit nicht mehr dann nur einem Tisch mit Leuten / und darbey weder Tantzen / noch einig freudenspil haben (...)", PO v. 11. März 1619, StadtAN, Rep. A6/I.

Wurde der Beischlaf erst nach der Hochzeit bekannt, so mussten sie außerdem eine Geldstrafe von 10 bzw. 25 Gulden leisten[178]. Auch wurde im 17. Jahrhundert mit Leibesstrafe und Stadtverweisung gedroht[179].

Ein weiteres wichtiges Ziel im Hinblick auf den Schutz der ehelichen Gemeinschaft stellten die Verordnungen zur Bekämpfung von Winkelehen und heimlichen Verlöbnissen dar. Allgemein verstand man in Nürnberg wie in Frankfurt unter Winkelehen Ehen, die quasi "im Winkel", also heimlich, geschlossen wurden. Hier liegt das Hauptaugenmerk auf der Verordnungsgebung von Nürnberg, die bis 1572 diesbezüglich besonders reichhaltig war. Frankfurt hingegen regelt den Tatbestand der Winkelehe nur ein einziges Mal, nämlich im Rahmen der Frankfurter Reformation von 1578, während er in den Frankfurter Policeyordnungen keine Beachtung findet. In Nürnberg kann man indessen die auffällige Beobachtung machen, dass die Reichsstadt bis zum Jahr 1571 ausschließlich die Winkelehen regelt bzw. Formvorschriften bezüglich der Eheschließung erlässt. 1572 erscheint dann die "Verneute Polizeiordnung", die die Regelung von Winkelehen und Ehebruchsdelikt nebeneinander vornimmt. Nach diesem Zeitpunkt findet man in Nürnberg dann nur noch den Ehebruch geregelt, ein Verbot von Winkelehen erscheint gar nicht mehr in den Ordnungen.

Der Tatbestand der Winkelehe setzte eine nicht-öffentliche Eheschließung voraus. Dabei mussten die Ehegatten unter 25 Jahren - bzw. in Nürnberg musste der Sohn unter 25, die Tochter unter 22 Jahre alt sein - und es durfte keine Einwilligung seitens der Eltern oder Vormünder vorliegen[180]. Solche Ehen waren grundsätzlich nicht rechtskräftig und mussten geschieden werden[181]. Klärung darüber verschaffte das Stadtgericht. Weiterhin sollten Eltern bzw. Vormünder, die eine Winkelehe ihrer Kinder nicht öffentlich widerriefen oder anfochten, nur das auszusteuern verpflichtet sein, was die Reformation von Nürnberg bestimmte[182]. Außerdem erging ein striktes

---

178. PO vom 12. Nov. 1582, StaatsAN, Rep. 63Ic, Mandatbuch E; PO vom 11. März 1619, StadtAN, Rep. A6/I.
179. S. PO vom 11. März 1619, StadtAN, Rep. A6/I.
180. S. dazu z. B. PO vom 3. Juni 1534; vgl. Jegel, S. 264.
181. So etwa PO v. 3. Juni 1534.
182. "Welche Gesetz und Ordnung auch hiemit nit auffgehaben / sunder in iren wirden bestendig und krefftig bleyben sollen", s. PO v. 3. Juni 1534, StadtAN, Rep. A6/I. Die Wechselwirkung, die gerade beim Tatbestand der Winkelehe zwischen Polizeiordnungen und Reformationen besteht, wird auch an anderer Stelle deutlich: So findet sich in der Nürnberger Reformation von 1564 ein Verweis auf ergänzende Ratsverordnungen: "Wie es dann sonst inn fellen, da sich haimliche Eeverlöbnisse zutragen, mit rechtlichem Entscheid und Erkenntnis gehalten werden soll, das leßt ain Rath bey iren Ordnungen, dem Gericht gegeben, pleiben", s.

Verbot an Pfarrer und Kirchendiener, diese Ehen einzuläuten[183]. Hinzu kam, dass von 1572 an in Nürnberg Winkelehen der Obrigkeit oder dem Stadtgericht angezeigt werden sollten[184]. Ebenfalls ab diesem Zeitpunkt konnten im Gegenzug Kinder, deren Eltern die Zustimmung zur Hochzeit grundlos verweigerten, beim obersten Vormundherrn oder beim Stadtgericht Beschwerde einlegen[185].

Ziel des strengen Vorgehens gegen die heimliche Eheschließung war nicht nur, für die Familie wie für das Gemeinwesen möglicherweise wirtschaftlich ruinöse eheliche Verbindungen zu verhindern. Der städtische Rat war vielmehr außerdem bestrebt, mehrfache Eheschließungen zu vermeiden. Letztere kamen gerade unter den fahrenden Kaufleuten nicht selten vor[186]. Zudem erschwerten die Landfluchtbewegungen des 12./13. Jahrhunderts und ein damit einhergehendes Anwachsen der Stadtbevölkerung die Kontrolle der Eheschließungen[187].

Dennoch wurde der Tatbestand der Bigamie in Frankfurter Policeyordnungen niemals erwähnt und erst mit Beginn des 16. Jahrhunderts strenger bestraft[188]. Und selbst wenn für ein Bigamieverbrechen auf die Todesstrafe erkannt wurde, so bestand sie in der - vergleichsweise "milderen" - Ausführung des Ertränkens[189]. In Nürnberg hingegen ist eine andere Entwicklung zu beobachten: Sollte man einen mehrfach Verehelichten im 13./14. Jahrhundert noch "in den sack stozzen und ze tode ertrencken"[190], so stand im 16. Jahrhundert im Rahmen der Policeyordnungen nicht die Abstrafung im Vordergrund, sondern die Erforschung der Wirksamkeit des Eheversprechens: Dieses konnte dann unwirksam sein, wenn es bei "unbedachtem gemüte / auß trünckenheyt oder an-

---

"Der Stat Nürmberg erneute Reformation 1564, 28. Tit., 9. Gesetz: Vom haimlichen Heyraten der Kinder.

183. S. PO v. 3. Juni 1534, StadtAN, Rep. A6/I.

184. PO v. 8. Okt. 1572, StadtAN, Rep. A6/I.

185. Ebenda.

186. Vgl. His, Strafrecht II, S. 172; vgl. Frensdorf, S. 27.

187. Vgl. Schröter, S. 363, der auf die damit einsetzende verminderte Kontrolle durch althergebrachte "Kontrollmechanismen" wie Familie, Herrschaft und Verwandtschaft hinweist.

188. S. Kriegk, Deutsches Bürgerthum II, S. 290, der als Datum dafür das Jahr 1506 angibt.

189. Im Gegensatz zum "härteren" Rädern oder Hängen, vgl. BB 1505 zu fol. 119, Nachweis bei Rau, S. 61 Fn. 212.

190. S. PO aus dem 13. oder 14. Jahrhundert - genaues Datum unbekannt - Nachweis bei Baader, S. 21 f.

dem billichen verhinderlichen ursachen" abgegeben wurde[191]. Die Entscheidung darüber fällte das Stadtgericht zu Nürnberg in seiner Funktion als Ehegericht. Hinsichtlich der Strafandrohung gegenüber dem Bigamisten wurde auf göttliches Recht und gemeines Reichsrecht verwiesen[192].

Weiterhin findet man in beiden Städten das Verbot von Eheschließungen innerhalb bestimmter Verwandtschaftsgrade geregelt. So durfte unter Bezugnahme auf "Göttliche und Keyserliche Rechte" weder innerhalb der auf- und absteigenden Verwandtschaft noch innerhalb des 1. bis 3. Grades verwandtschaftlicher Beziehungen geheiratet werden. Der Nürnberger Rat schrieb seinen Pfarrern sogar ausdrücklich vor, die Brautleute diesbezüglich zu befragen, da ansonsten weder Aufgebot noch Einsegnung stattfinden konnte: "(...) Zum Dritten Seit ir nit mit plütfreüntschafft einander zugehörig. (...) Ich frag, ob ir nit von Vater und Muter her miteinander gefreünt seit, als ob ir geschwister kindt, oder sonst aneinander zugehörig wärt"[193]. Ein Vormund durfte seine Pflegetochter, mit der er verwandtschaftlich nicht verbunden war, nur dann ehelichen, wenn sie über 25 Jahre alt war[194]. Bei verbotenen Ehen durfte weder Aufgebot noch Einsegnung durch den Pfarrer stattfinden; zudem wurde den verbotenerweise Verbundenen mit Strafe an Leib und Leben gedroht[195]. Kinder aus solchen Ehen sollten "für unehelich, und verdampter Geburt, gehalten werden"[196].

Auch die Heirat von Bürgern bzw. Bürgerkindern mit Fremden unterlag strikter Reglementierung. Ein auswärtiger Heiratskandidat konnte keineswegs bereits dann die Ehe mit einem Bürgerkind eingehen, wenn sonstige Eheausschließungs- oder –hinderungsgründe, etwa Bigamie oder ein bestehendes Eheverbot nicht vorlagen. Er musste sich zudem dem Gemeinwesen stellen und sich vom städtischen Rat nach Stand, Herkommen und Vermögen befragen lassen[197]. Erst wenn diese Inquisition positiv verlaufen war - d. h. wenn der Auswärtige nicht arm, "ohnvermöglich", "liederlich" oder "untüchtig"[198] war - gab der Rat seine Zustimmung zur Hochzeit. Ansonsten durfte das Paar nicht aufgeboten und

---

191. S. PO v. 3. Juni 1534, StadtAN, Rep. A6/I und PO vom 18, Juni 1571, StadtAN, Rep. A6/I, die vom Wortlaut her bezüglich der Bigamievorschriften exakt übereinstimmen.
192. S. PO v. 3. Juni 1534, StadtAN, Rep. A6/I; PO v. 18. Juni 1571, StadtAN, Rep. A6/I.
193. S. Nürnberger Brautexamen von 1537, StadtAN, Rep. A6/I.
194. Frankfurter Reformation von 1578, S. 368.
195. Ebenda.
196. Ebenda.
197. S. PO v. 4. März 1604, Ffm Geschr. R/O, Kasten 4 (1600-1752); PO v. 23. Juni 1614, Ffm Geschr. R/O, Kasten 4 (1600-1752), fol.1; Nürnberger PO aus dem 15. Jahrhundert - genaues Datum unbekannt -, Nachweis bei Baader, S. 26 f.
198. S. PO v. 4. März 1604, Ffm Geschr. R/O, Kasten 4 (1600-1752).

eingesegnet werden; teilweise drohte dem Bürger auch der Verlust des Bürgerrechts und eine Verweisung aus der Stadt[199]. Grundsätzlich war die städtische Obrigkeit darauf bedacht, dass der fremde Heiratskandidat das Bürgerrecht der Stadt erwarb. Teilweise war dies bereits Voraussetzung für eine erfolgreiches Heiratsgesuch an den Rat[200], teilweise gab man dem Auswärtigen eine gewisse Bedenkzeit, nach Ablauf derer er das Bürgerrecht erwerben oder die Stadt verlassen musste[201].

Eine ähnlich geartete Form der obrigkeitlichen Aufsicht über das Heiraten findet man hinsichtlich der Personen, die sich nach dem Tod ihres Ehegenossen erneut verehelichen wollten. Dabei war in Frankfurt einer Witwe die Wiederverheiratung vor Ablauf von 6 Monaten nach dem Ableben ihres früheren Ehemannes verboten, einem Witwer jedoch nur 3 Monate nach dem Tod seiner früheren Ehefrau, um eine geordnete Weiterführung des Haushaltes zu gewährleisten[202]. In Nürnberg hingegen galt für Wittfrauen wie für Witwer gleichermaßen eine Karenzzeit von 3 Monaten[203]. Als Begründung dafür, dass auch der Mann einer derartigen Wartezeit unterworfen wurde, geben die Bestimmungen beider Städte die damit bezweckte Ehrung des "von Gott eingesetzten Ehestandts / unnd schuldiger gedechtnüs des verstorbenen Ehegenossen" an[204]. Bei Nichtbeachtung der jeweiligen Verordnung drohte in Frankfurt der Verlust des Bürgerrechts und die Stadtverweisung, in Nürnberg hingegen der Verlust der Güter aus erster Ehe.

---

199. S. PO v. 23. Juni 1614, Ffm Geschr. R/O, Kasten 4 (1600-1752), fol.1.
200. S. PO v. 23. Juni 1614, Ffm Geschr. R/O, Kasten 4 (1600-1752), fol.1: "(...) daß nemlich hinfüro keine Wittib, oder BürgersTochter (...) an eine Fremde Ausländische Person sich verheurathen, viel weniger aufbieten, oder einsegnen lassen solle, es seye dann, daß derselbe vorher des Bürgerrechtens halber, bey uns dem Rath ordentlicherweis angesucht (...)".
201. S. Nürnberger PO aus dem 15. Jahrhundert - genaues Datum unbekannt -, Nachweis bei Baader, S. 27: "(...) Ob sich auch yemandt von außwertigen personen zu ainichen unserem burger, burgerin oder iren kynden herein inn die statt verheyraten wurde, der sol das erst viertayl jars des burgerrechtens unbeschwert sein; ob er aber nach außgang desselben ersten viertail jars sein wesen lennger hie haben wölte, der soll darnach in vierzehn tagen den nehsten burger werden oder sein wesen an anndere end keren (...)".
202. S. Frankfurter Reformation von 1578, S. 371 ff.
203. Vgl. PO v. 12. Feb. 1563, StaatsAN, Rep. 63Ic, Mandatbuch c, fol. 47.
204. Frankfurter Reformation v. 1578, S. 372; vgl. auch PO v. 12. Feb. 1563, StaatsAN, Rep. 63Ic, Mandatbuch C, fol. 47.

3. Der Schutz der weiblichen Ehre

Der spezielle Tatbestand der Ehrenschändung, der im Umfeld der Sittlichkeitsdelikte eine eigenständige Stellung einnimmt, ist nur in der Frankfurter Reformation von 1578 geregelt. Danach sollten "solche leichtfertige und verwegene Ehrenschänder (...) so sich / daß sie bey eines andern Eheweib / oder Wittib / oder einer Jungfruwen / geschlafen haben / bößlich rühmen" und "dardurch ehrliche Frauwen und Jungfrauwen an ihren Ehren unschuldiglich" verletzten, mit dem Turm gestraft, der Stadt verwiesen oder "mit Ruthen aushauwen (...) werden"[205]. Auffällig ist hierbei, dass die Strafandrohung nicht auf eine tatsächliche unzüchtige Handlung gerichtet war, sondern dass allein die abstrakte Verletzung der Ehre durch Vorgabe einer unehrenhaften Handlung ausreichte, um den Tatbestand zu erfüllen. Daran wird ersichtlich, welch hohen Stellenwert und welch großes Schutzgut die Ehre im Bereich des städtischen Rechtsgüterschutzes einnahm. Auf das Phänomen des Rechtsgutes Ehre und seinen Stellenwert im Rahmen der sittlichkeitsnormierenden Policeyordnungen des städtischen Rates wird noch näher einzugehen sein.

4. Verhaltens- und Kleidervorschriften zum Schutz der Sittlichkeit

Um die Sittlichkeit innerhalb des Gemeinwesens zu bessern, ging die städtische Obrigkeit nicht nur gegen die konkreten Unzuchts- und Ehebruchshandlungen vor, sondern versuchte auch in deren Vorfeld, die Lebensführung der Bürger als solche zu verändern. Infolgedessen beschäftigte sich eine stattliche Anzahl von Policeyordnungen mit sittlichem Verhalten und züchtiger bzw. "ziemlicher" Kleidung. Das allgemeine Verständnis, dass der Rat auch in diesem "privaten" Bereich zur Regelung befugt sei, erfuhr eine Verstärkung infolge der religiösen Reformationsbewegung. So gab es z. B. in Nürnberg eine Häufung von Ordnungen innerhalb dieses Themenkreises speziell in den Jahren von ca. 1530 bis etwa 1600.

Hier findet man eine Reihe von Policeyordnungen, in denen die städtische Obrigkeit ihre Bürger und Einwohner - aber auch fremde Personen und Durchreisende - allgemein zu einer "gottgefälligeren" und "züchtigeren" Lebensweise ermahnte[206]. Darüber hinaus erließ der Rat jedoch auch eine

205. Frankfurter Reformation von 1578, S. 621.
206. Z. B. PO um 1550, StadtAN, Rep. A6/I; PO v. 19. März 1579, StaatsAN, Rep. 63II, 228; PO v. 20. Nov. 1596, StadtAN, Rep. A6/I; PO v. 3. April 1619, Edikte Ffm.

Vielzahl von Ordnungen, die konkrete Verhaltensvorschriften zum Inhalt haben. Dabei bildeten die Verordnungen, die sich mit dem Feiern befassen, einen Hauptkomplex. Feste verkörperten in einer Zeit, "in der die geistigen Genussmittel noch wenig verbreitet und zugänglich sind" (HUIZINGA)[207] einen wichtigen Aspekt der Freizeitgestaltung und der Entspannung. Stellten die Feierlichkeiten damit eine "wesentliche Funktion des gesellschaftlichen Lebens" im Spätmittelalter und der frühen Neuzeit dar, so war das Tanzen hierbei die wohl beliebteste Form des Zeitvertreibs[208]. So gab es überall öffentliche Tanzplätze, die sog. "Tanzpläne"[209], darüber hinaus dienten die Zunftstuben als Tanzstätten und es gab in Frankfurt auf dem Main verankerte Schiffe, auf denen zum Tanz aufgespielt wurde[210]. Dem Tanzen wurde viel Zeit und Aufmerksamkeit gewidmet und speziell unter den jungen Leuten entwickelten sich regelrechte Tanzsitten und -gebräuche. So gab es etwa den Brauch des sog. "Mailehens", bei dem am Ostermontag die Jungfrauen an junge Männer "versteigert" wurden. Diese durften dann ein Jahr lang mit der "Ersteigerten" tanzen[211].

Die Kirche versuchte schon im späten Mittelalter, diese als unziemlich empfundenen Vergnügungen zu verhindern. So untersagte das Bistum Mainz den ihnen unterstehenden Frankfurter Geistlichen im 13. Jahrhundert bereits das bloße Zusehen bei öffentlichen Tänzen[212]. Im Gegensatz dazu duldete der städtische Rat das Treiben zunächst "aus guten ursachen und dem jungen Volck zu ergetzlichait"[213]. Doch mit dem Aufkommen derber und "unziemlicher neuer" Tanzformen, bei denen die Tänzer einander "halsen oder umbfahen"[214], "herumbschwingen unnd verdreen"[215] schritt der Rat ein und verbot diese. In Frankfurt gab es auf Druck der Prädikanten ab 1604 gar ein gänzliches Tanzverbot[216]. Zudem drohte den Spielleuten, die dennoch aufspielten, die Turmstrafe[217]. Ausnahmen wurden nur für die Tänze an Hochzeiten gemacht,

---

207. Huizinga, S. 368.
208. S. v. Dülmen, Kultur und Alltag II, S. 126 und 129.
209. So z. B. in Frankfurt den Tanzplan an der Allerheiligengasse und in Sachsenhausen an der Ecke Paradies-/Rittergasse, vgl. Kriegk, Deutsches Bürgerthum I, S. 416.
210. Ebenda.
211. Vgl. Kriegk, Deutsches Bürgerthum I, S. 420.
212. Vgl. Provincialstatut von 1233, Nachweis bei Kriegk, Deutsches Bürgerthum I, S. 420.
213. PO aus 1530 (Datum nicht sicher), StadtAN, Rep. A6/I, fol. 260, 261.
214. PO aus dem 15. Jahrhundert, Nachweis bei Baader, S. 92 ff.
215. PO um 1567, StadtAN, WBF, fol. 141.
216. S. Kirchner, Geschichte Frankfurts II, S. 507.
217. RatsVO v. 1604, Nachweis bei Kirchner II, S. 507.

doch auch diese mussten in "züchtiger unnd bescheydener weyß"[218] vonstatten gehen.

Einzig zulässige Tanzart war damit eine Art gehendes Hin- und Herschwingen, bei dem sich die Tänzer - wenn überhaupt - nur an den Händen berührten[219]. Gerade die jungen Leute tanzten aber gerne mit Schwüngen und Sprüngen, wobei die Frauen häufig in die Luft gehoben wurden und es durchaus zu stärkerem Körperkontakt kam. Bezeichnend hierfür ist ein Tanz mit dem Namen "Was hat sie, was kann sie!", den der Nürnberger Rat mehrmals ausdrücklich verbietet: "Und nachdem eine unordentliche, böse, fürwitzige leichtfertigkeit an den erbern tenzen auferstanden ist durch das wort: 'Was kann sie?' mit halsen und leichtfertiger ubung, Sol ein iglicher der oberkait seinen töchtern und sunen, auch ein gut Freund dem andern sagen, seine kind zu warnen, do vor sein und solichs nit zu uben, auch die jungfrauen und frauen sich also zu halsen nit gestatten, damit solichs abgestellt werde"[220].

Besonders auf den Dörfern waren die Formen paarweisen Tanzens sehr beliebt, was gerade an Feiertagen und zu Kirchweihfesten zu wahren "Fluchtbewegungen" der jugendlichen Städter geführt haben muss[221]. Damit entzogen sie sich der städtischen Aufsicht und der Rat konnte die jungen Leute dann häufig nur noch anmahnen, sie sollten "denselben Däntzen in andere Oberkeit nit nachlauffen"[222]. Genauso wurden die Bürger immer wieder aufgefordert, auf ihre Töchter, Söhne und Ehalten aufzupassen, damit diese nicht anderweitig tanzen gingen[223]. Schließlich bemühte man sich, den Besuch von Kirchweihen auf dem Land und in den Dörfern gänzlich zu untersagen[224].

Auch die Bekleidung der Tänzer gab der städtischen Obrigkeit und den Predigern oft Grund zum Klagen: Insbesondere die Sitte der Männer, ohne Rock

---

218. PO v. 2. Okt. 1545, StadtAN, Rep. A6/I.
219. Vgl. dazu die Beschreibungen bei Kriegk, Deutsches Bürgerthum I, S. 421 und bei Jegel, S. 260. Vgl. auch Bothe, Geschichte Frankfurts I, S. 209: "Ein menuettartiges, graziöses Hin- und Herschreiten, ein Gleiten und Wiegen der Leiber bildete den Tanz, während der Mann das Weib sittsam an den Händen gefaßt hielt (...)".
220. Ratsverlaß v. 1496, Nachweis bei Reicke, S. 679. S. auch RatsVO v. 7./28. Juni und 1. Juli 1550, Nachweis bei Jegel, S. 260.
221. S. PO v. 4. Sept. 1620, StadtAN, Rep. A6/I, die aufgrund dessen die Tänze an solchen Feiertagen vollständig abstellen will. Auch die Frankfurter Patrizier wandten sich vehement gegen diese Gewohnheit, s. Archiv f. Frankfurter Geschichte, NF III, S. 147; Kriegk, Deutsches Bürgerthum I, S. 422.
222. PO v. 26. Aug. 1566, StadtAN, Rep. A6/I.
223. Z. B. PO v. 4. Sept. 1620, StadtAN, Rep. A6/I.
224. Etwa die PO v. 8. Mai 1446, Nachweis bei Wolf, Nr. 245; PO v. 23. Aug. 1530, StaatsAN, Rep. 63II, 21; PO v. 29. Sept. 1571, StadtAN, Rep. A6/I.

und Kappe, nur in den - als Unterkleider dienenden - Hosen und ihrem Wams zu tanzen, erregte starken Anstoß[225]. Des weiteren gab es Bestrebungen, die Tanzfeste in Jungfrauhöfen und in Rockenstuben zu unterbinden. In den so bezeichneten gemeinschaftlichen Arbeitsstuben trafen sich an Winterabenden die Mädchen und unverheirateten Frauen der Stadt; ursprünglich, um zu spinnen und zu stricken. Dabei waren häufig auch junge Männer anwesend und es wurde gesungen, gespielt, getrunken und getanzt[226]. Diese Arten von abgeschlossenen Tanzvergnügungen lagen normalerweise in der Hand der "jungen Gesellen"; jemand außerhalb dieser Gruppe musste für die Anwesenheit von mindestens drei bis vier ehrbaren Frauen sorgen und durfte zum Tanz "allain ain stilles Instrument" verwenden[227]. Der städtischen Obrigkeit waren diese Tanzvergnügen ein Dorn im Auge, weil hierbei viel "Leichtfertigkeit/Hurerey/Unzucht und Gottslestern fürgeht"[228].

Das Problem der Sittlichkeit bei Festen und Tänzen war ein spezifisches Problem der jungen Generation, bei dem die älteren Stadtbürger höchstens Randfiguren waren. Hingegen betraf das Problem der Maskierung und Vermummung einen größeren Teil der Bürgerschaft. Die Sitte, sich zu vermummen war im späten Mittelalter und der frühen Neuzeit bei nahezu allen Altersschichten verbreitet. Sie diente dabei nicht allein dem närrischen Umtrieb an Karneval, sondern war auch üblich, wenn jemand nicht erkannt werden wollte. Infolgedessen war eine Maskierung zu Fastnacht für bestimmte Gruppen auch geduldet, während eine "Mummerey" an sich verboten war. So untersagte der Nürnberger Rat im Jahr 1649 ausdrücklich das Tragen von wollenen oder leinernen Regentüchern an Tagen, an denen es nicht regnete[229]. Hintergrund dieser Regelung war der Umstand, dass viele Prostitutierte auf diese Art und Weise unerkannt durch die Straßen gehen und ihre Geschäfte abwickeln konnten[230]. Aber auch Bürgersfrauen verbargen sich unter diesen Hüllen, wenn sie unerkannt aus dem Haus gehen wollten. Man sollte derartig "getarnten" Frauen, wenn man sie tagsüber antraf, das Regentuch abreißen und sie öffentlich

225. S. PO um 1567, StadtAN, WBF, fol. 141; PO aus 1530 (Datum nicht sicher), StadtAn, Rep. A6/I, fol. 260, 261.
226. S. v. Dülmen, Kultur und Alltag I, S. 126.
227. PO v. 9. April 1568, StadtAN, WBF, fol. 189; PO v. 25. Juli 1570, StadtAN, WBF, fol. 187, 188.
228. So der Nürnberger Rat in einer PO v. 4. Sept. 1620, StadtAN, Rep. A6/I.
229. S. PO v. 8. Dez. 1649, StadtAN, Rep. A6/I.
230. Vgl. PO v. 8. Dez. 1649, StadtAN, Rep. A6/I: "unter denenselben etliche unzüchtige Dirnen vielen Mannspersonen / sonderlich frembden / frey ungescheucht / zur Unzucht Anlaß geben / und begehen".

ausschimpfen. Wurden sie dagegen nachts vermummt angetroffen, drohte ihnen eine Gefängnisstrafe[231].

Eine Ausnahme vom Verhüllungsverbot machte der Rat zum Teil für die Fastnachtszeit und in Frankfurt auch für die Messezeit[232]. In Nürnberg gab es bereits frühzeitig einen obrigkeitlichen Dispens für die Teilnehmer des sog. "Schembartslaufes"[233]. Dieser Lauf stellte seit 1349 eine Art Fastnachtsumzug der Nürnberger Metzger dar[234]. Diese hatten seit dem Jahr 1348, in dessen Aufruhr sie dem alten Nürnberger Rat treu blieben, "für alle Zeiten" die Erlaubnis, an Fastnacht maskiert durch die Straßen zu ziehen[235]. Zunächst duldete die Kirche das Faschingstreiben in gewissem Umfange und wollte nur nicht, daß es ausartete. So sollten etwa nur "gewöhnliche" Tänze getanzt werden[236]. Doch ab 1468/69 zeichneten mehrere kurz aufeinander folgende Ratsverlässe den Beginn einer verschärften Reglementierung des Fastnachtsspiels durch den Rat ab[237]. Weitere Einschränkungen kamen mit der religiösen Reformation. Rat und Kirche kritisierten zunehmend das Karnevalstreiben und begegneten ihm mit immer restriktiveren Gesetzen. In Nürnberg verbot der städtische Rat den traditionellen Schembartslauf 1539 auf Druck des Predigers Osiander, der sich beim Umzug verulkt sah, sogar gänzlich[238].

Speziell die protestantische Geistlichkeit verdammte von der Kanzel herab die Fastnacht als ein katholisches Überbleibsel und bedrängte den Rat, die neuen sittlich-moralischen Vorstellungen in neuen Verordnungen zu manifestieren[239].

---

231. Vgl. PO v. 8. Dez. 1649, StadtAN, Rep. A6/I.
232. S. z. B. PO v. 2. Okt. 1382, Nachweis bei Wolf, Gesetze, Nr. 23.
233. S. PO v. 9. Jan. 1469, Nachweis bei Baader, S. 92 ff.: "zu beschützung ires gewonlichen vassnachttanz". der Begriff "Schembart" oder "Scheinpot" geht auf die deutschen Fassungen des Etymachie-Traktates zurück und bedeutet soviel wie "Sendboten des Teufels, die dem Laster den Weg bahnten", vgl. Kühnel, S. 120.
234. Vgl. Kühnel, S. 120.
235. "Doch hierinnen (vom Verbot der Maskierung, B. G.) ausgenommen die knecht, die den fleischhackern zu beschützung ires gewonlichen vassnachttantz durch unns erlawbt, und andere, den das in sunderheit von uns vergont wirdt.2 PO v. 9. Jan. 1469, Nachweis bei Baader, S. 92 ff.
236. Vgl. Kühnel, S. 124.
237. S. Bastian, S. 50.
238. Als am 17./18. Feb. 1539 in Nürnberg nach 15jähriger Pause erstmals wieder ein Schembartslauf stattfand, sah sich Osiander - als schärfster Kritiker des Karnevals - prompt auf einem Narrenschiff verulkt: Das Schiff stellte die Hölle dar, in der ein Priester - der Osiander darstellen sollte - zwischen einem Doktor und einem Narren saß und statt des Messbuchs ein Brettspiel in den Hand hatte. Daraufhin wandte Osiander sich wegen seiner Verunglimpfung an den Rat und dieser verbat den Schembartslauf gänzlich, s. Reicke, S. 259.
239. Z. B. Osiander, der immer wieder von der Kanzel herab den Nürnberger Schembart verdammte, vgl. Reicke, S. 258 f.; vgl. auch v. Dülmen, Kultur und Alltag II, S. 156 f.

Sie fand hier ein ergiebiges Angriffsfeld, denn der Karneval war seinem Wesen nach ein Fest der Maßlosigkeiten mit Ventilfunktion[240], insbesondere auch in sexueller Hinsicht. Durch die Umkehrung der sonst üblichen Zustände an Karneval[241] wurde es dem Stadtbürger möglich, aus dem Bereich der obrigkeitlichen Reglementierung, aber auch aus zünftigen Ordnungen auszubrechen[242]. Es war zum einen das traditionelle Fest der jungen Handwerksgesellen, die von Berufs wegen häufig für lange Zeit zu einer - zumindest nach außen hin[243] - "zölibatären" Lebensführung verurteilt waren und für diese Zeit der Sittenzucht ihres Meisters unterstanden[244]. Sie konnten am Faschingsfest, dessen "verkehrte Welt" ein Verhalten jenseits obrigkeitlicher Regeln duldete, ihre Empfindungen und Wünsche und auch ihre Sexualität ungehemmter als sonst zum Ausdruck bringen[245]. Zum anderen wurde die Fastnacht aber auch in den patrizischen Häusern - etwa denen in Frankfurt - derart ausgedehnt, dass man insgesamt neun Tage und Nächte lang durchzechte und auch noch die Zeit nach dem Aschermittwoch hinzunahm[246].

Auch in den Fastnachtsspielen und -reimen, die insbesondere in Nürnberg mit den Versen von Hans Folz und Rosenplüt reichlich Nahrung fanden, gab es ein Übermaß an sexuellen Anspielungen und Zoten[247]. Da half es nicht viel, dass der Nürnberger Rat 1468 alle diese "Spiele und Reime, meist unkeuscher und

---

240. Kühnel, S. 114.
241. Für diese Umkehrung prägte Scribner, Reformation, Carnival, S. 260, den Ausdruck "verkehrte Welt".
242. Vgl. dazu Lenk, S. 22 f.: "Durch den Rollentausch (Bürger verkleidet sich an Fastnacht als Bauer, B.G.) befreit sich der Bürger aus der Gebundenheit, die ihm die Nürnberger städtische Organisation und die Polizeiordnung in der amtlichen Regelung aller seiner Lebensäußerungen bis ins Private hinein auferlegten. Er äfft den Bauern nach, um den Bürger los zu sein. Das Bäuerliche war dem standesbewussten Bürger etwas, was außerhalb der 'Stadtzucht', außerhalb städtischer Gesittung lag, war ein sozialer Bezirk ohne die Reglementierung, der er sich täglich unterwerfen mußte, war ein Reich der Narrenfreiheit."
243. Vgl. Bastian, S. 47, der darauf hinweist, daß das angebliche "Zölibat" der Gesellen, Knechte und Mägde eher in einer guten Kenntnis von empfängnisverhütenden und - in noch größerem Maße - abtreibenden Substanzen bestand.
244. Vgl. Kühnel, S. 117; vgl. Bastian, S. 13; s. Bothe, Geschichte Frankfurts I, S. 181.
245. S. Scribner, Reformation, Carnival, S. 244 ff. (254), der die spezifische Rolle der Jugendlichen im Karneval beschreibt und ihr fast "autonom" anmutendes Recht, die Obrigkeit mittels ihrer Umzüge und Maskierungen zu kritisieren; vgl. Bastian, S. 11.
246. Vgl. Kriegk, Deutsches Bürgerthum I, S. 456. Vgl. die Schilderung des Frankfurter Patriziers Bernhard Rohrbach über die Fastnacht, die im Jahr 1466 von Sonntag, 16. Februar, bis Montag, 24. Februar, ununterbrochen gefeiert wurde, s. Frankfurter Chroniken, hg. von Froning, S. 212.
247. S. v. Dülmen, Kultur und Alltag II, S. 155; vgl. Reicke, S. 679; vgl. Bastian, S. 16 ff. mit zahlreichen Beispielen aus den Nürnberger Fastnachtsspielen.

unzymlicher wort und unordentlicher gepeerde" verbot[248]. Auch dass er sich den Inhalt der Fastnachtsspiele zur Genehmigung vorlegen ließ[249] und dass schließlich die Fastnachtsspiele eines Hans Sachs die erotisch-geschlechtliche Metaphorik stark einschränkten[250] brachte wenig Änderung: In vielen Städten ging jedes Jahr der Fastnachtsmonat Februar als Höhepunkt der jahreszeitlichen Empfängnis in die Geburtenstatistik ein[251].

Aber auch außerhalb der Faschingszeit kämpften Rat und Kirche vom Spätmittelalter an verstärkt gegen das als unsittlich und zu freizügig empfundene Gebaren der Stadtbürger in Verhalten und Kleidung. Hiermit reagierte man auf das Phänomen Mode, das in Deutschland vom 14. Jahrhundert an eine Rolle zu spielen begann[252]. So gab es in Nürnberg Bestrebungen, den Männern das Tragen von modisch kurzen Röcken zu verbieten. Röcke und Mäntel sollten "forderlich zwen zwerch finger über den latz und scham raychen und treffen (...) damit es nyt unzüchtig erfunden werde"[253]. Dennoch verkürzte sich der Rock der Männer im 14. und 15. Jahrhundert immer mehr, bis sich daraus schließlich körperbetonende "Beinlinge" - eben die heutige Hose - entwickelten. Diese wurden durch einen kapselförmig vergrößerten Hosenlatz betont[254]. Ebenso

248. Reicke, S. 741. S. auch PO v. 9. Jan. 1469, Nachweis bei Baader, S. 92 ff., die bereits gegen alle unzüchtigen Reime wettert: "Nachdem zu vergangngen vasnachten etlich personen spil- und reymensweise vil leichtvertiger, üppiger, unkewscher und unzimlicher wort und geperde nit allein in den hewsern, sonder auch sunst bey tag und nacht wider und für gepraucht haben, das dann süntlich, ergerlich und schenntlich und vor erbern lewten und zuvoran vor junckfrawen und frawn ze hanndlen und ze üben unzimlich ist, solichs zu fürkomen so gebieten unnser herren vom rathe ernnstlich und vestigclich, das hinfür zu einicher zeit, und sunderlich zu der zeit der vasnacht nyemantz, weder manns- oder frawenbild, jung oder alt, wer der oder die sein, soliche unzüchtige und unzimliche wort oder geperde reymens oder in ander weise üben oder gebrauchen sol in einich weise, auch sich nicht allein in besuchung der hewser, sonnder sust allenthalben erbercklich, züchtigclich und zimlich halten".

249. So erlaubte der Rat z. B. 1495 einigen Gesellen, ein "vasnachtsspil mit reimen von einem gericht" aufzuführen, S. Hampe, Theaterwesen, S. 33.

250. Vgl. Bastian, S.112.

251. S. v. Dülmen, Kultur und Alltag II, S. 156. S. Kühnel, S. 123, der auf die "kommunikative Wirkung" des Faschingsfestes hinweist, die zahlreiche Eheschließungen zur Folge hatte.

252. Vgl. Eisenbart, S. 88.

253. PO vor 1480 (Datum nicht sicher), Nachweis bei Eisenbart, S. 95.

254. Über diese Tendenzen der modischen Entwicklung entrüstete sich der Straßburger Stadtschreiber Sebastian Brant in seinem 1509 erschienen und in ganz Deutschland rezipierten Gedicht wie folgt: "Vil nüwerung ist in allen land / Kurtz, schäntlich und beschrotten röck / Das eyner kum den nabel bdöck. / Pfuch schand der tutschen nacion! / Das man das blöszt, und sehen lat; Dar umb es leyder übel gat, / Und wurt bald han eyn bösern stand. / We dem der ursach gibt zuo schand! / das er nit hofft.", Brant, Narrenschiff.

stellte die Sitte, den Hosenlatz nicht zu schließen ein ständiges Ärgernis für die Obrigkeit dar[255]. Im 16. Jahrhundert galt dann der Kampf der städtischen Räte von Frankfurt und Nürnberg hauptsächlich dem sog. "Hosenteufel"[256]. Hiermit bezeichnete man die Mode, die Hosenlätze der Männer künstlich auszustopfen, um damit das Geschlechtsorgan zu betonen[257]. Man sah darin allgemein die Gefahr "böser anraitzung / der armen unwissende un unschuldige Meidlein", da aus derart gestopften und zerschnittenen Hosen "die Teufel auf allen seyten also rauß gugken"[258]. Dies zu unterbinden stellte der Nürnberger Rat im Januar 1560 erstmals die Frage, "was zur abstellung der schenndtlichen grossen plüderhosen furzunehmen unnd zustatuieren sein möchte"[259]. Daraufhin erließ er eine Kleiderordnung, die derartige Pluderhosen verbot[260]. Zudem durften die Nürnberger Schneider Pluderhosen nur noch für Nicht-Ortsansässige Personen fertigen[261].

---

255. S. Nürnberger Ratsedikt aus dem 16. Jahrhundert, in dem es heißt: "Wann auch von ettlichen mannspersonen eyn unzüchtige schanndbare übung und gewonhait entstanden ist, also daß sie ire letz an den hosen one notturfft größen lassen und dieselben an tentzen und anderhalben vor erbarn frowen und junckfrowen unverschambt ploß und unbedeckt tragen, das dann nit alleyn Got, sonder auch erberkeyt und manlicher zucht wider und unzymlich ist, demnach ist eyn erber rat daran komen, vestigclich gebiettende, daß hinfüro eyn ydes mannspilde, burger oder inwoner dieser statt, seinen latz an den hosen nyt bloß, unbedeckt, offenn oder sichtigclich tragen, sonnder alle seine cleyder der maßen machen lassen und geprawchen soll, damit sein scham und latz der hosen wol bedeckt unnd nit ploß gesehen werde. Dann wellicher sich also damit entploßet und deßhalb gerügt oder fürbracht wurde, und sich des mit seinem rechten nit benemen möcht, der solle darumb von eyner yden überfaren fardt eynes yden tags oder nachts gemayner statt zu puß verfallen sein und geben drey guldin". Nachweis bei Baader, S. 105.

256. Vgl. dazu Eisenbart, die eindrücklich darstellt, dass es von der Mitte des 16. Jahrhunderts an kein einhellig moralisch bedenkliches Kleidungsstück mehr gab und die Kleiderordnungen ab diesem Zeitpunkt nur gegen unstandesgemäße Bekleidung vorgingen. Als Ausnahme hiervon bezeichnet sie lediglich das Tragen von modischen Pluderhosen, das im 16. Jahrhundert eine Welle allgemeiner moralischer Entrüstung entfachte, s. Eisenbart, S. 98 f.

Die Bezeichung "Hosenteufel" verwendet erstmals die 1555 erschienene gleichnamige Schrift des Predigers Andreas Musculus. Sie führte eine Flut von "Teufelsbüchern" an, von denen allein auf der Frankfurter Herbstmesse 1568 1220 Stück verkauft wurden. "Spitzenreiter" war dabei das Werk von Andreas Musculus - "Vom Hosen Teuffel" -, von dem zehn Nachdrucke erstellt wurden, vgl. Zander-Seidel, Der Teufel in Pluderhosen, S. 60.

257. S. Reicke, S. 672 f.; s. Bothe, S. 125; vgl. Zander-Seidel, S. 189. Um das Jahr 1560 herum erreichten die Schleifenverzeirungen an den Pluderhosen - in Form der sog. "Braguette" - ihre größte Ausdehnung, so Eisenbart, S. 101.

258. Musculus, fol. Ciiijr.

259. StaatsAN, RV Nr. 1178, 27.01.1560, fol. 38r.

260. StaatsAN, Gemeinakten SIL, Rep. 40a, Nr. 17, fol. 3v-4r.

261. Vgl. StaatsAN, RV 1569 Nr. 1299, fol. IIr.

Aber auch in Bezug auf die Kleidung der Frauen achtete der Rat streng darauf, dass nicht etwa ein zu tiefer Ausschnitt Sitte und Moral demontierte und für Aufruhr in der Stadt sorgte. So befahl der Nürnberger Rat seinen Bürgerinnen, dass ihre Kleider vorn am "Goller" (d. h. am Hals) nicht weiter als "aynes zwerchenfingers prayt unndter dem knörlein am hals" und hinten nicht länger als eine Viertelelle ausgeschnitten sein sollte[262].

Als ähnlich anstößig wurde die Gewohnheit der Frankfurter Bürger empfunden, nackt im Main zu baden[263]: Im Jahr 1548 nahm der "Brauch" schließlich derartige Ausmaße an, dass der Rat anordnete, die Frankfurter Handwerksgesellen sollten nur noch in Beinkleidern im Fluss baden - "hinfurter ir niedercleider anziehen"[264] -, da ansonsten zu viel Unzucht getrieben werde[265].

Die Strafandrohungen für die Verfehlungen in Verhalten und Kleidung waren - abgesehen von wenigen Ausnahmen[266] - wesentlich weniger dezidiert als z. B. die für Unzuchts- oder Ehebruchsdelikte. Hauptsächlich wurde im Bereich der Verhaltens- und Bekleidungsgebote mit Verhängung einer Geldstrafe gedroht. Teilweise wurde zur Maßnahme des "Öffentlichmachens" gegriffen: So etwa, wenn vermummten Frauen ihr Regentuch heruntergerissen und sie öffentlich verschimpft werden sollten[267], aber auch dann, wenn eine Pluderhose abgeschnitten und ihr Träger öffentlich angeprangert wurde[268].

---

262. S. Nachweis bei Reicke, S. 674.

263. So wurden z. B. 1541 acht Leute, die nackt im Main schwammen, vier Wochen bei Wasser und Brot eingesperrt, s. den ausführlichen Bericht hierzu bei Kriegk, Deutsches Bürgerthum II, Fn. 2.

264. BB v. 1548, fol. 33.

265. Vgl. BB v. 1550, fol. 23: "Die handtwercksgesellen unnd andere, so in dem Mein zu baden pflegen, sol man uf allen zunfften, auch in der Nuwenstat und zu Sachsenhusen verwarnen lassen, das sy gedeckt und zuchtig baden, und so sich imants ungepurlich erzaigen wurd, dieselben straffen oder zu hafft ziehen."

266. Z. B. dem öffentlichen Verschimpfen, wenn Frauen sich mit Regentüchern verhüllten, PO v. 8. Dez. 1649, StadtAn, Rep. A6/I, und bei der Haft- oder Leibesstrafe, die für einen nicht gottgefälligen Lebenswandel angedroht war - z. B. PO v. 19. März 1579, StaatsAN, Rep. 63II, 228. Derartige Strafandrohungen erwuchsen wohl aus reinen Praktikabilitätserwägungen: Die "verhüllten" Frauen waren zumeist Prostituierte, die eine Geldstrafe vielleicht gar nicht hätten zahlen können. Ebenso erging es den Nicht-Ortsansässigen, denen in erster Linie das Gebot der "gottgefälligeren" Verhaltensweise galt - s. PO v. 3. April 1619, Edikte Ffm; s. PO v. 19. März 1579, StaatsAN, Rep. 63II, 228, die den Anschlag "in allen Herbergen und Wirtshäusern allhie" anordnete, damit sich kein Zugereister der Unwissenheit entschuldigen konnte -, die sich einer bloßen Geldstrafe leicht durch eine Abreise hätten entziehen können.

267. S. PO v. 8. Dez. 1649, StadtAN, Rep. A6/I.

268. Vgl. Zander-Seidel, Der Teufel in Pluderhosen, S. 56.

5. Gewerbliche Unzucht

Im Gegensatz zu den bisher behandelten Regelungen trifft man mit den städtischen Bestimmungen zur gewerblichen Unzucht auf einen Ordnungskreis mit anders gelagerter Zielsetzung. Ordnungsabsicht war hierbei über eine lange Periode nicht das Verbot der unsittlichen Handlung an sich, sondern vielmehr deren obrigkeitliche Reglementierung und Steuerung zum Wohl des Gemeinwesens.

Dabei stößt man auf verschiedene Formen der gewerblichen Unzucht. So ist bekannt, dass die Hilfsmägde der weit verbreiteten öffentlichen Bade- und Säuberungsanstalten - der sog. Badehäuser - vielfach als Gelegenheitsdirnen fungierten[269]. Diese Form der gewerblichen Unzucht scheint jedoch in keiner der beiden Reichsstädte einen so großen Anstoß erregt zu haben, dass hierdurch ein öffentliches Ordnungsinteresse hervorgerufen worden wäre. Jedenfalls findet man weder in Frankfurt noch in Nürnberg diesbezügliche Regelungen innerhalb der Policeyordnungen.

Anders ist dies im Falle der zunächst seitens des Rats geduldeten, vielfach sogar protegierten öffentlichen Freudenhäuser, "Frauenhäuser" genannt, die sich vom 14. Jahrhundert an in den Städten etablierten. Hiermit wurde die Prostitution - bisher ein "freies Gewerbe" - unter obrigkeitliche Kontrolle gestellt und ghettoisiert[270]. Zudem verschafften die Frauenhäuser weltlichen wie geistlichen Herren eine zusätzliche Einnahmequelle: So zahlte z. B. der Rat der Stadt Frankfurt von dem ihm gehörenden Bordell an der Mainzer Pforte einen Grundzins an das Leonardsstift[271].

Die gesellschaftliche Toleranz gegenüber den örtlichen Frauenhäusern und deren Insassen sowie allgemein gegenüber der Prostitution war relativ groß[272]. Außer Handwerksgesellen, Knechten, Soldaten und Reisenden - die wohl zu jeder Zeit derartige Institutionen am häufigsten frequentierten[273] - galt gerade im Spätmittelalter auch für die oberen Schichten ein Besuch im Frauenhaus als durchaus üblich. So ließ der Frankfurter Rat die öffentlichen Häuser beim Be-

---

269. S. Kriegk, Deutsches Bürgerthum II, S. 34. Vgl. mit Belegen für die Zustände der Bäder in deutschen Städten im Mittelalter Kochendörffer, S. 495 f. S. Irsigler/Lasotta, S. 103 und 105, die auf die "Sonderleistungen" des Baders und seines Personals "auf sexuellem Gebiet" hinweisen und Badstuben eindeutig als "Kontakthöfe für Gelegenheits- und Berufsdirnen" bezeichnen.
270. Vgl. Schuster, Hinaus oder ins Frauenhaus, S. 18.
271. Vgl. Rudeck, S. 27.
272. S. Schmelzeisen, Die Rechtsstellung der Frau, S. 25 f.
273. Vgl. Irsigler/Lassotta, S. 190; vgl. v. Dülmen, Kultur und Alltag I, S. 193.

such eines Königs bzw. Kaisers schmücken[274]. Ebenso liefen die dort ansässigen Dirnen den hohen Herren beim Empfang entgegen, wofür sie vom Stadrat mit Wein oder Bier entlohnt wurden[275]. Auch wurden die gemeinen Frauen in Frankfurt im 15. Jahrhundert zum alljährlichen "Betriebsfest" des Rats, dem sog. "Hirschessen", geladen[276] und in Nürnberg wurden sie zu den Tänzen auf dem Rathaus und dem Plärrer zugelassen, bei denen ehrbare Leute feierten[277]. Beides wurde dann im 16. Jahrhundert abgeschafft, wobei der Frankfurter Rat seinen Prostituierten das Essen und die Getränke jedoch noch eine geraume Zeit "ins Haus" schicken ließ[278]. Das Nürnberger Frauenhaus wird als eine "besichtigungswürdige Einrichtung"[279] geschildert, und aus dem Jahr 1470 ist die Anekdote überliefert, dass Friedrich III. sich mehrmals von den dort ansässigen Frauen bei einem Rundgang durch die Stadt spielerisch fangen ließ und sich dann schließlich mit einem Gulden freikaufte[280]. Auch in Frankfurt scheute sich 1446 ein Abgesandter des städtischen Rates nicht, als einen Teil seiner Ausgaben bei einer Dienstreise nach Köln die Kosten für den Besuch des dortigen Frauenhauses anzugeben[281]. So kann man für das Spätmittelalter durchaus von einer relativen gesellschaftlichen Akzeptanz des Frauenhauses seitens der Bürgerschaft und der Obrigkeit ausgehen. Die Prostitution wurde nach den Lehren des Augustinus als "unvermeidbares Übel"[282] angesehen, das half, die Zahl der Ehebrüche zu mindern und damit die Ehre der Ehefrauen zu bewahren[283].

Das in sich geschlossene und damit besser kontrollierbare öffentliche Frauenhaus war dabei eindeutig die vom Rat bevorzugte Form der städtischen Prostitution[284]. So lassen sich z. B. anhand der Nürnberger Frauenhausordnung von 1470[285] die Bemühungen der Obrigkeit erkennen, das städtische Bordell zu unterstützen und die dort befindlichen Dirnen bei Laune zu halten. Diese Regelung sollte den Frauen Schutz gegen Übergriffe und Knebelungen des Frau-

---

274. S. dazu Kriegk, Deutsches Bürgerthum II, S. 262.
275. Ebenda, S. 264.
276. Vgl. Rudeck, S. 34.
277. S. Reicke, S. 684 f.
278. Vgl. Kriegk, Deutsches Bürgerthum II, S. 327.
279. Irsigler/Lassotta, S. 185.
280. S. Chroniken der deutschen Städte IV, S. 328.
281. Vgl. Kriegk, Deutsches Bürgerthum II, S. 274; ebenfalls Rudeck, S. 36 mit Quellenzitat.
282. Vgl. Borst, O., S. 405; s. Irsigler/Lassotta, S. 179.
283. S. v. Dülmen, Kultur und Alltag I, S. 193.
284. Vgl. auch Bastian, S. 141 Fn. 232; s. Kappl, S. 29 und 54.
285. PO v. 1470, Nachweis bei Baader, S. 117 ff.

enwirts bzw. der Frauenwirtin[286] gewähren. Sie gab eine umfassende Ordnung aller Vorgänge innerhalb des Frauenhauses und der dort ansässigen Frauen und setzte als obersten Grundsatz fest, daß der Frauenwirt seine Frauen nicht "kauffen, verpfenden noch darauff leyhen" solle, da der "mensch auch ledig und frey beschaffen" sei[287]. Die Prostituierten hatten ferner Anspruch auf "kammer, petgewanndt und zimlicher speyse" und "alle wochen zum minsten ein bade"[288]. Außerdem sollte der Frauenwirt ihnen sowohl den Kirchgang wie auch den Stadtgang gestatten[289]. Dafür mussten die gemeinen Frauen dem Wirt Kostgeld leisten, sowie pro Freier eine bestimmte Summe abführen[290]. Die Wirte durften keine Frauen aufnehmen, die "eynen eeman" haben oder die "hie burgers kindt" sind; auch sollten sie weder Priester noch Ehemänner beherbergen[291]. Die Frauenhausordnung gewährte den Frauen besonderen Schutz in den Zeiten "so sie schwanger oder mit iren weiblichen rechten beladen" waren[292]. Zudem baute die Ordnung den Frauen, die das Haus verlassen und heiraten wollten, ein Brücke: Sie wies den Frauenwirt an, diese Frau, "so sy des begert, unverhindert faren und von inne kumen (zu) lassen"[293]. Auf der anderen Seite sollten die Prostituierten, solange sie sich im Frauenhaus befanden, sich in erster Linie ihrer Arbeit widmen und nicht ihre eigenen Freunde - die sog. "lieben menner" - den Freiern vorziehen[294]. Für ein derartiges Vergehen konnte die Dirne vor das Fünfergericht oder den Rat zitiert werden, ebenso wie der Frauenwirt: Ihn bedrohten Geld- und sogar Leibesstrafen, wenn er seine Frauen nicht ordentlich behandelte[295].

Die an der Nürnberger Frauenhausordnung von 1470 ersichtliche Protektion des öffentlichen Frauenhauses durch die städtische Obrigkeit manifestiert sich auch in anderer Weise. So führte eine Beschwerde der Frauen aus dem "gemeinen

---

286. Der Berufsstand des Leiters der öffentlichen Frauenhäuser war in Deutschland sowohl von Frauen als auch von Männern besetzt, obgleich in den hier untersuchten Städten Männer als Leiter der ortsansässigen Frauenhäuser dominiert haben dürften, vgl. Schuster, S. 102.

287. PO v. 1470, Nachweis bei Baader, S. 118.

288. Ebenda, S. 118 f.

289. Im Gegenzug durfte sich der Wirt jedoch den Frauen gegenüber, die noch Schulden bei ihm hatten, dadurch absichern, dass er ihre persönlichen Gegenstände an sich nahm, sobald sie das Haus verließen, vgl. ebenda, S. 119.

290. Insgesamt schlüsselt die Frauenhausordnung von 1470 die dafür abzuführenden Beträge dezidiert auf, nämlich 42 Pf. Kostgeld, 7 Pf. Wochengeld und zusätzlich 1 Pf. "so offt sie mit einichem man leiplicher werck pfligt" und 3 Pf. "so einiger man über nacht bey ir in dem haus ligt und bleibt", vgl. ebenda, S.118 f.

291. Vgl. ebenda, S. 119.

292. Vgl. ebenda, S. 120.

293. Ebenda, S. 120.

294. Ebenda, S. 121.

295. Ebenda, S. 121.

Tochter-Hauß", in der diese sich beim Rat beklagten, dass ihnen zu viele Einnahmen an Winkelbordelle und heimliche Prostituierte verloren gingen, dazu, dass der Rat im Jahr 1506 den Frauen die Erlaubnis gab, diese Bordelle zu zerstören[296]. Das gleiche wiederholte sich 1538 nochmals. Auch die Reichsstadt Frankfurt versuchte, der heimlichen Prostitution Herr zu werden. So bestimmte die sog. "Alte Policeyordnung" von 1489 "by verlust zweyer Gulden" dass "alle Bullerinne in dem offenen Huse oder im Vastentail und sonst nirgent anders in der Stadt wohnen" sollten[297].

Solcherlei Ordnungsversuche dürfen jedoch nicht über die Tatsache hinwegtäuschen, dass während der ganzen hier behandelten Zeit auch außerhalb des städtischen Frauenhauses das Prostitutionsgewerbe florierte[298]. So gab es abgesehen von den heimlichen Prostituierten insbesondere einige Gewerbezweige mit recht ambivalenter Funktion, wie etwa die Badhäuser[299], aber auch Wirtshäuser und - vom 15. Jahrhundert an - die aufkommenden Textilverlage. Bei ihnen verband sich häufig der eigentliche Arbeitsbereich mit dem der Verkupplung weiblicher Angestellter zu gewerblichen Zwecken[300]. Darüber hinaus waren auch sich heimlich prostituierende Ehe- und sonstige ehrbare Frauen bekannt, die großen Zulauf insbesondere von Herren höherer Kreise hatten[301]. Hinzu kam eine nicht unbeträchtliche Anzahl fahrender Dirnen, die übers Land zu Jahrmärkten, Reichstagen, Messen und Kirchweihen zogen. So wurde der 1394 in Frankfurt abgehaltene Reichstag von über 800 auswärtigen Prostituierten besucht[302]. Und auch die Messen animierten alljährlich Scharen von "leichtfertigen und unzüchtige(n) Weibspersonen", in die Stadt zu kommen[303].

Diesen Ansturm versuchte die städtische Obrigkeit durch Erlass von Policeyordnungen zu mäßigen. So erlässt der Frankfurter Rat 1658 eine Ordnung "Wie sich auff vorigen Wahl; Krönung= und Reichstagen die Bürger

---

296. Vgl. eine derartige Beschwerde der Frauen von 1492, StadtAN, Rep. A6/I und die sehr plastische Beschreibung der prompten Umsetzung der ratsherrlichen Erlaubnis im Jahr 1506 bei Reicke, S. 684. S. auch Irsigler/Lassotta, S. 189.
297. Vgl. PO v. 1489, Geschr. R/O, Kasten 1 (1329-1500).
298. S. dazu auch Rossiaud, S. 11 ff., der für französische Städte zum selben Ergebnis kommt.
299. S. dazu die Ausführungen oben, S. 60.
300. Vgl. Irsigler/Lassotta, S. 201 und 204; s. v. Dülmen, Kultur und Alltag I, S. 193.
301. S. Achts-, Verbots- und Fehdebücher Nürnbergs Nr. 626 und 628.
302. Vgl. Kriegk, Deutsches Bürgerthum II, S. 261.
303. S. PO v. 7. April 1608, Concepta Edictorum, Tom. IV, fol. 21; vgl. ebenfalls die Beschreibungen bei Bothe, S. 127 f.

gegen die Frembden und Frembde gegen die Bürger verhalten haben"[304]. Darin bestimmte er, daß zu solchen Zeiten "Item die jenige / welche kein Handwerck / oder sonsten andere ehrliche Handthierung treiben (darunter insonderheit / unzüchtige Weibes Personen ...) sich auß der Stadt verfügen" sollten[305]. Die von derartigen Prostituierten gewählten Orte der sexuellen Handlungen waren vielfältig und entbehrten häufig - dem Zeitalter durchaus entsprechend[306], für die heutige Zeit eher schwer nachvollziehbar - einer gewissen Intimsphäre. So dienten dunkle Gassen und Kreuzgänge ebenso als Orte der sexuellen Begegnung wie Hauseingänge und kirchliche Immunitätsbereiche mit ihrem besonderen Schutz[307]. In Nürnberg verbot man deshalb bereits im 15. Jahrhundert die Prostitution auf öffentlichen Plätzen und Straßen in- und außerhalb der Stadt. Eine Ausnahme machte man nur bei dem "Grund auff dem Judenpühel, und dartzu den anger oder wißen, zwischen dem wilbolzbrunnen und der staynen Prucken, das von alters her der plerrer genannt ist"[308]. Damit sollte verhindert werden, "daß sonderlich bey nächtlicher Weil auf den Gassen und Winckeln allerley Ungebühr getrieben wird"[309].

Abgesehen von diesen Ansätzen einer "Strichbildung" versuchte man auch in anderer Hinsicht, die Prostitutierten als "unehrliche Personen" zu stigmatisieren, um damit eine Kontrolle zu erleichtern. So war in vielen Städten gelb die vorgeschriebene Farbe der Dirnenkleidung[310] und in Frankfurt durften die "offentliche Bullerinne" keine "gulden oder vergoldte Kotten" und auch keinen "Teutsch Atlas oder Damast" tragen[311].

304. PO v. 1658, Edikte Ffm.
305. Ebenda.
306. Vgl. Elias, Zivilisation I, S. 239 f.
307. Vgl. Irsigler/Lassotta, S. 208, der für Letzteres als Beispiel den Kölner Dom und die davor gelegene Domtreppe anführt, die ein äußerst beliebter Kontaktplatz gewesen sein müssen.
Ebenfalls aus Köln stammt das Beispiel einer jungen Frau, der Tochter eines angesehenen Gewaltrichters, die sich ihrem Freund im familieneigenen Betstuhl in der Kirche hingab; vgl. Schwerhoff, Köln im Kreuzverhör, S. 383.
308. PO v. 1480, Nachweis bei Reicke, S. 683. Die Prostitution sollte sich in Nürnberg auf dem Gostenhof, den Sundersbühl, die Hallerwiese, die Galgenhöfe, den Judenbühl, den Plärrer, den Wilbolzbrunnen und das Gebiet um die Steinerne Brücke beschränken, vgl. Bastian, S. 141 Fn. 232.
309. PO v. 8. Dez. 1649, StadtAN Rep. A6/I.
310. Vgl. die bei Schuster, Das Frauenhaus, S. 147 ff. sehr ausführlich zusammengestellten Kleiderordnungen, wie sie für Prostituierte in deutschen Städten des 14. bis 16. Jahrhunderts galten.
311. S. PO v. 1489, Geschr. R/O, Kasten 1 (1329-1500).

Auf der anderen Seite sind aber immer wieder Bemühungen der städtischen Obrigkeit erkennbar, die Dirnen wieder in die Gesellschaft einzugliedern[312]. So wurde etwa in Nürnberg im 16. Jahrhundert fremden Frauen, die im Frauenhaus tätig gewesen waren - quasi als Belohnung - das Bürgerrecht verliehen[313]. Ebenfalls in Nürnberg ist eine von Bürgern errichtete Stiftung für die Ausstattung "zu Ehren gekehrter" Prostituierter bekannt[314]. Wieder zu Ehren gelangen konnte eine gemeine Frau jedoch nur dann, wenn sie sich verehelichte oder ins Kloster ging[315]. Somit war es für eine allein stehende Dirne unmöglich, ehrenhaft zu werden; sie benötigte dazu einen ehrenwerten Mann oder den Schleier als Zeichen der besonderen Verbindung zu Gott. Um nicht an diesen Grundvoraussetzungen die Wiedereingliederung "reuiger" Frauen scheitern zu lassen, errichtete man spezielle Klöster, in denen derart "gefallene" Mädchen Aufnahme fanden. Die Stadt Nürnberg steuerte denjenigen, der eine Prostituierte heiratete, mit 12 Gulden aus und schuf damit einen zusätzlichen Anreiz zur Heirat[316]. Auch dies betont wiederum die relative gesellschaftliche Akzeptanz der Prostituierten im Spätmittelalter. Ihre Stellung innerhalb der Gesellschaft war zwar "niedrig und verachtet", aber sie besaßen immerhin eine gewisse soziale Position und diese war wiederum "öffentlich und nicht mit Heimlichkeit umgeben"[317].

Diese feste gesellschaftliche Nische wurde mit dem Aufkommen der reformatorischen Lehre immer stärker infrage gestellt. So überlegte der Frankfurter Rat im Jahr 1557, ob er anlässlich des Fürstentags das Frauenhaus "zu Verhutung allerlei gezennks und nachrede" geschlossen halten solle[318]: Verborgen werden sollten hier die gleichen Frauen, die noch wenige Jahrzehnte zuvor die hohen Herren als erste hatten begrüßen dürfen. Und ab 1564 beschloss der Frankfurter Rat, die "gemeinen metzen" künftig auf des "wasenmeisters kaule"[319] zu verscharren wie Verbrecher und Hochverräter, statt sie auf dem Friedhof beizusetzen[320]. Hieran erkennt man erste Reaktionen auf die Lehren der Reformatoren, die zwar - wie Luther - zu bedenken gaben, es sei besser, daß die Bürger Frauenhäuser besuchten, "dan ehlich und iunpfraw personen / odder

312. Vgl. zur Ausdehnung des städtischen Friedens auf randständige Dirnen und dem hierin zutage tretenden Bekehrungsgedanken der christlichen Obrigkeit Schuster, Wer gehört ins Frauenhaus?, S. 192 f.
313. Vgl. Nürnberger Ratsbeschluss von 1529, Nachweis bei Rudeck, S. 36.
314. S. Schmelzeisen, Die Rechtsstellung der Frau, S. 26.
315. Vgl. Schuster, Hinaus oder ins Frauenhaus, S. 29.
316. S. dazu Schmelzeisen, Die Rechtsstellung der Frau, S. 26.
317. Elias, Zivilisation I, S. 242.
318. Ratsbeschluss von 1557.
319. Gemeint ist der Schindanger.
320. Vgl. Irsigler/Lassotta, S. 188.

noch ehrlicher zuschanden machen"[321]. Letztendlich lief ihr Bestreben jedoch nicht - wie etwa bei AUGUSTIN[322] - auf ein Dulden der öffentlichen Frauen hinaus, sondern darauf, daß "weltlich und Christlich regimat (...) nit mit solcher heydnischer weyß mocht furkummen"[323]. Denn: "Hat das volck von Israel mugen bestehen / on solchen unfug / wie solt das Christen volck nit mugen auch ßoviel thun?"[324]. Das Ziel der Reformatoren war folglich die Abschaffung der gewerblichen Unzucht. Diese Bestrebung wurde zum einen durch die Frauenhausschließungen realisiert, die in ganz Deutschland in der Mitte des 16. Jahrhunderts einsetzten. So schloss das Frankfurter Haus 1560 seine Pforten und zwei Jahre später durfte auch das im Mittelalter so beliebte Nürnberger Frauenhaus aufgrund eines Gutachtens der ersten drei Prediger und sechs Rechtsgelehrter nicht mehr öffnen[325].

Die Bekämpfung der hiermit verstärkt einsetzenden heimlichen Prostitution[326] wurde in der städtischen Verordnungsgebung des 17. Jahrhunderts manifest. So bestimmte eine Frankfurter Polizeiordnung von 1608, daß die Bürger weder außer- noch innerhalb der Messezeiten "leichtfertige und unzüchtige Weibspersonen" bei sich zu Hause wohnen lassen sollten, da sie "sowohl Jung als betagte MannsPersonen, Bürgern und Fremde zu Sünde und Laster anlaitung und groß ärgerniß gebe"[327]. Auch die Strafandrohungen für derartige Prostituierte, die sich ordnungswidrig in der Stadt aufhielten, war - gemessen an denen der vorreformatorischen Zeit[328] - verschärft worden: Den Dirnen wurde mit dem Verlust ihres Bürgerrechts, sowie ihrer gesamten Habe und der Stadtverweisung gedroht[329]. Die gewerbliche Unzucht scheint stellenweise als ein derartiges Problem angesehen worden zu sein, dass der Frankfurter Rat sogar auf Anweisung des Kaisers gegen sie vorging. So wurde 1619 eine Polizeiordnung erlassen, nach der auf Befehl und im Namen Ferdinands II.

---

321. Luther, Werke, "An den christlichen Adel deutscher Nation", S. 419 Z. 18 f.
322. S. oben S. 65.
323. Luther, Werke, "An den christlichen Adel deutscher Nation", S. 419 Z. 19 f.
324. Ebenda, Z. 21 f.
325. Vgl. Reicke, S. 685; vgl. Rudeck, S. 36.
326. S. Reicke, S. 685, der diese Situation für Nürnberg ausdrücklich erwähnt und betont. Insbesondere fand eine Verlagerung der heimlichen Prostitution in die Vorstädte - in Frankfurt nach Bornheim, in Nürnberg nach Neuenwald - statt, vgl. Schuster, Wer gehört ins Frauenhaus?, S. 196 f.
327. PO v. 7. April 1608, Concepta Edictorum, Tom. IV, fol. 21.
328. Hier war regelmäßig eine Geldbuße angedroht, etwa wenn Prostituerte sich in anderen Stadtteilen als in den für sie vorgesehenen aufhielten, vgl. z. B. PO v. 1489, Geschr. R/O, Kasten 1 (1329-1500).
329. S. PO v. 7. April 1608, Concepta Edictorum, Tom. IV, fol. 21.

"unzüchtige Weiber" bei Wahl- und Krönungstagen aus der Stadt verwiesen werden sollten[330].

6. Bestimmungen zum Schutz unehelicher Kinder

Zu dem für die Arbeit abgegrenzten Bereich der Sexual- und Ehezucht gehören auch die schwächsten Opfer außerehelicher "unsittlicher" Geschlechterbeziehungen: Die unehelich gezeugten Kinder. Zu ihrem Schutz setzte vom späten 16. Jahrhundert an die Bekämpfung des Kindsmords durch obrigkeitliche Policeyordnungen ein[331]. Während Kindstötungen im Mittelalter nicht in größerem Ausmaß verzeichnet sind, fand hier mit den strikteren Moralvorstellungen der frühen Neuzeit eine Wende statt[332]. So gab es z. B. in Frankfurt in den Jahren von 1611 bis 1649 allein fünfzehn abgestrafte Fälle von Kindstötung und zwei, in denen Neugeborene ausgesetzt wurden. Damit lag dieses Delikt an der Spitze der Sittlichkeitsverbrechen dieser Zeit[333]. Bestraft wurde die Tötung eines neugeborenen, aber auch eines älteren Kindes durch seine Mutter[334]. Als problematisch erwies sich dabei die Beweisführung: Immer wieder versuchten die Mütter sich zu verteidigen, indem sie behaupteten, das Kind sei bereits tot geboren oder Opfer eines Unglücksfalls vor oder während der Schwangerschaft geworden[335]. Ebenfalls gab es eine Reihe von Frauen, die vorbrachten, sie hätten die Schwangerschaft gar nicht bemerkt[336]. An alledem erkennt man, wie wichtig es den Frauen war, sich vom Schuldvorwurf zu reinigen, um den drakonischen Strafen zu entgehen. Gerade im 16. und 17. Jahrhundert strafte die Obrigkeit die ständig zunehmenden Fälle von Kindsmord nämlich mit nahezu unerbittlicher Härte.

---

330. Vgl. PO v. 28. August 1619, Edikte Ffm. Diese Ordnung wurde mit gleichem Inhalt 1658 nochmals publiziert.
331. Vgl. v. Dülmen, Frauen vor Gericht, S. 24. Vorher lagen die Delikte Abtreibung und Kindsmord fast ausschließlich in Händen der geistlichen Gerichtsbarkeit, vgl. Leibrock-Plehn, S. 69; s. Rudeck, S. 181; s. Blanke, S. 21.
332. Vgl. Jerouschek, S. 61.
333. In Frankfurt nur noch übertroffen vom Ehebruch, mit achtzehn abgestraften Fällen im Zeitraum von 1611 bis 1649.
334. Hier irrt Blanke, S. 27 - zumindest für Frankfurt und Nürnberg -, wenn er das Delikt ausschließlich auf Neugeborene begrenzen will. Zu diesem Schluss kommt auch Bode, S. 432.
335. Vgl. Ulbricht, S. 64 ff. und 75 ff.
336. Ebenda, S. 69 ff.

Die Gründe für die Zunahme der Kindstötungsfälle waren vielschichtig: Zum einen herrschte - bedingt durch Kriege, Seuchen und damit einhergehende Armut - eine große Angst vor dem Verlust der Arbeitsstelle. Die hauptsächlich aus den Reihen des Dienstpersonals stammenden Frauen, die wegen Kindsmords vor Gericht standen, hatten vielfach kaum eine andere Wahl, wollten sie sich und das ungeborene Leben nicht von Anfang an dem Bettel aussetzen[337]. Zudem schufen die strengeren Moralvorstellungen seit der Reformationszeit ein innerstädtisches Klima, in dem eine uneheliche Niederkunft auf alle Fälle einen Ehrverlust mit sich brachte[338]. Anders als noch im Mittelalter bedeutete in der frühen Neuzeit ein nichtehelich geborenes Kind grundsätzlich eine Schande und die Heiratschancen der ledigen Kindesmutter sanken und waren z. T. auch gar nicht mehr vorhanden[339]. Die Entehrung manifestierte sich nach außen hin für jedermann sichtbar: So durften unehelich Schwangere, wenn sie heiraten wollten, keinen Kranz tragen, sie durften nur zu bestimmten Tageszeiten heiraten und das Hochzeitsfest wurde derart reglementiert, dass es am Ende mehr einem Trauerspiel glich[340]. Eine andere Form der Schandstrafe für uneheliche Mütter bestand darin, dass man sie sonntags bis zum Ende der Predigt vor die Sutte stellte, ihnen danach ihr Kind auf den Arm gab und sie von Stadtknechten durch die Stadt führen ließ[341].

Diese Entwicklung wurde eingeleitet durch die rigiden Sittlichkeitsvorstellungen innerhalb der Zünfte und Gilden. So schlossen in Frankfurt einzelne Handwerkerbünde bereits von der Mitte des 14. Jahrhunderts an unehelich Geborene aus ihren Reihen aus[342]. Dennoch unterstützte der städtische Rat arme schwangere Frauen und stellte Hebammen an, die aus dem Almosenkasten bezahlt wurden[343]. Dabei darf jedoch nicht übersehen werden, dass diese Hilfe auch gleichzeitig eine Kontrollmaßnahme darstellte, denn die Hebammen

---

337. Vgl. v. Dülmen, Frauen vor Gericht, S. 77 und 88. S. Ulbricht, S. 59, der für Norddeutschland zum gleichen Ergebnis kommt; vgl. Knefelkamp, S. 212; s. Leibrock-Plehn, S. 73.
338. S. ebenda, S. 91.
339. Vgl. Kriegk, Deutsches Bürgerthum II, S. 277.
340. S. oben S. 47.
341. S. etwa einen Fall vom Januar 1601, als zwei uneheliche Mütter dies in Nürnberg über sich ergehen lassen mussten und zudem der Stadt verwiesen wurden, StadtAN, Rep. D2/II, Nr. 266, fol. 4 r.
342. Die Zunftordnung der Schuhmacher bestimmte, dass ein Meister "keynen baschard unser hantwerk" lehren solle. Bei Steindeckern und Zimmerleuten gingen die Regeln dahin, daß ein Meister "kein geld, daz man heizset daz hurensones geld" nehmen dürfe, vgl. Boehmer, Nr. 642, 645 und 647.
343. Vgl. Bothe, S. 106.

mussten dem Rat über jede uneheliche Niederkunft Bericht erstatten und wurden zudem ihrerseits von "Ehrbaren Bürgersfrauen" überwacht[344].

Von der Mitte des 16. Jahrhunderts an schien dann die Situation lediger Mütter so perspektivlos gewesen zu sein, dass viele den einzigen Ausweg in der Tötung ihres Kindes sahen. So klagte die Nürnberger Polizeiordnung von 1598 über die "neugeborne todte Kindlein", die "in Bächen und Wassern gefunden worden" waren[345]. Eine andere, zum gleichen Zeitpunkt erlassene Ordnung, bezeichnete als konkreten Anlass ein Kind, das "vor dreyen Tagen in dem Vischbach beym Weissenthurn" gefunden worden war[346]. Solche Kindsmörderinnen wurden in Nürnberg seit dem Jahr 1580 enthauptet. Diese Strafe ersetzte das bis dato übliche lebendig Begraben und Ertränken. Das Haupt der Getöteten, teilweise auch ihre rechte Hand, wurde nach der Decollation auf den Galgen gesteckt: "Andern zu einem pillichen Exempel, sich vor dergleichen vbelthaten desso bass wissen zu verhüten"[347]. Vorher mussten sie auf dem offenen Wagen, der sie zur Richtstatt brachte, häufig noch die qualvolle Tortur des "Zwickens" mit glühenden Zangen über sich ergehen lassen[348]. Dennoch wurden den Kindsmörderinnen mitunter auch Gnade erwiesen: Dabei war aber die vollständige Begnadigung eher selten; zumeist handelte es sich um einen Gnadenakt, der eine Enthauptung mit dem Schwert statt des quälenderen Ertränkens vorsah[349]. Um eine absolute Ausnahme dürfte es sich hingegen beim Fall der Gertraut von Bamberg gehandelt haben, der 1525 in Nürnberg vor Gericht kam: Dort bat der Henker um Gnade für die Kindsmörderin, die er hätte ertränken sollen. Er brachte vor, daß er sie heiraten wolle, was ihm auch gewährt wurde[350].

Vom 16. Jahrhundert an findet man zudem Fälle, bei denen bereits der bloße Versuch der Kindstötung strafbar ist[351]. Weiterhin wurden aber auch diejenigen bestraft, die einer Kindsmörderin Hilfe oder Unterschlupf gewährten, und zwar "an Leib oder Gut / an der Thäterin statt"[352]. Zudem muss die Ergreifung der

344. Vgl. Bothe, Brauch und Sitte, S. 114.
345. Vgl. PO v. 14. Juli 1598 I, StadtAN, Rep. A6/I. Dabei musste das Kind nicht unbedingt neugeboren sein; z. B. für Nürnberg sind auch Fälle überliefert, bei denen Mütter ihre älteren Kinder töteten, vgl. Bode, S. 432.
346. Vgl. PO v. 14. Juli 1598 II, StadtAN, Rep. A6/I.
347. Bode, S. 274.
348. Ebenda, S. 475.
349. Vgl. Bode, S. 463; vgl. Hampe, S. 30.
350. S. Ratsbuch XII, 486.
351. Vgl. Knapp, Nürnberger Kriminalrecht, S. 189; vgl. Ratsbuch IX, 229 und Haderbuch I (1503-1516), 201.
352. PO v. 14. Juli 1598 I und II, StadtAN, Rep. A6/I. Dieser Fall ist jedoch in der Praxis nie relevant geworden, s. auch Bode, S. 449.

Mörderinnen für den städtischen Rat von größter Bedeutung gewesen sein: Da sie "derselben biß daher noch keine zur hand (haben) bringen können" wurde sogar eine Belohnung für denjenigen ausgesetzt, der half, eine Kindsmörderin zu fassen[353]. Sie bestand in 50 Gulden und der Zusicherung der Anonymität. Der ein solches Delikt Anzeigende sollte "inn geheim / verschwiegen und unvermeldt bleiben"[354]. Die sich in den hier vorgestellten Policeyordnungen andeutenden Maßnahmen hinsichtlich Verfolgung und Abstrafung von Kindsmörderinnen verschärften sich im 17. Jahrhundert. Dennoch blieb die Kindstötung bis ins späte 18. Jahrhundert hinein neben der Hexerei das Hauptdelikt der Frauen, das einzudämmen die städtische Obrigkeit trotz schärfster Verordnungen nicht in der Lage war[355].

III. Begründungen und Motive

1. Vorüberlegungen

Verlässt man nun die Ebene der Typisierung, so drängt sich neben der Frage, welche tatsächliche Bedeutung den Policeyordnungen im städtischen Rechtsleben zukam - dies soll in Teil D näher beleuchtet werden -, im wesentlichen ein Bereich als klärungsbedürftig auf: Was war die eigentliche Triebfeder, die Motivation, die der städtische Verordnungsgeber beim Erlass der Policeyordnungen verfolgte? Warum glaubten die Ratsherren, unbedingt eigene Ordnungsvorstellungen manifestieren zu müssen, obgleich Reichsrecht und gemeines Recht weiterhin als Regelungsmechanismen zur Verfügung standen? Hierbei ist zu bedenken, inwieweit der Rat sich durch die städtischen Policeyordnungen eine direkte Einflussmöglichkeit auf die Belange des Gemeinwesens versprach oder ob - ganz im Gegenteil - eine eigenständige Normgebung Ausdruck eines neuen, "modernen" ratsherrlichen Selbstverständnisses ist. Außerdem muss beachtet werden, inwieweit die städtische Normgebung auf einen rein obrigkeitlichen impetus zurückzuführen ist und inwiefern sie Belangen anderer gesellschaftlicher Gruppierungen Rechnung trägt.

---

353. Vgl. ebenda.
354. S. ebenda.
355. Vgl. v. Dülmen, Frauen vor Gericht, S. 109.

a. Ort der Motivangabe

Grundvoraussetzung für die Beantwortung all dieser Fragen ist die Möglichkeit, Motivangaben und Begründungsansätze aus den Verordnungstexten herausfiltern zu können. Bei den Normierungen modernerer Zeiten ist man dabei gewohnt, die jeweilige Regelung ohne einen anschließenden Hinweis auf das gesetzgeberische Movens veröffentlicht zu sehen. Dem Adressaten wird die Norm, der er künftig zu folgen hat, vorgeschrieben, ohne dass der Gesetzgeber sich bemüßigt fühlt, ihm mitzuteilen, weshalb er eine bestimmte Ordnung anstrebt. Angaben über Anstoß und Ordnungsdrang des Gesetzgebers sind zumeist gesondert veröffentlichten "Motiven"[356] oder den Diskussionsaufzeichnungen der gesetzentwerfenden und -beratenden Kommissionen zu entnehmen. Eine vom Normgeber als solche empfundene "Verpflichtung" zu Begründung und Rechtfertigung seines Ordnungsvorhabens vor dem Normadressaten besteht jedoch nicht.

b. Policeyordnungen ohne Begründung: Die genossenschaftliche Periode - Anfänge der ratsherrlichen Begründungstätigkeit: Beginn der obrigkeitlichen Periode

Ganz anders stellt sich uns hingegen das Regelungsverständnis des spätmittelalterlichen und erst recht das des frühneuzeitlichen städtischen Ordnungsgebers dar. Im frühen Mittelalter erfolgte Normgebung regelmäßig noch im Rahmen einer so genannten "Willküreinung", bei der die Bürgerschaft sich dem Recht und der Rechtsfolge unterwarfen, die der Rat als von ihr gewählter und legitimierter Vertreter fand. Hierbei musste der Rat seine normgebende Tätigkeit nicht begründen, denn die Ratsherren handelten im Auftrag der städtischen Genossenschaft. Der Anstoß zum Erlass einer Norm kam von allen dem Gemeinwesen Unterworfenen, man war gemeinschaftlich "ubirkommen"[357] oder hatte sich "vereynget"[358], ein bestimmtes Verhalten als gemeinschädlich und damit strafbar auszuweisen. Im 14. Jahrhundert änderte sich die Rolle des reichsstädtischen Rates zunehmend. Handelte er zuvor im Auftrag der Stadtbürgerschaft, erwuchs er nunmehr zur übergeordneten Instanz, die sich von der Masse der Bürger abhob und für diese eigenständig

356. Ein sehr bekanntes Beispiel der jüngeren Geschichte bilden hier die umfangreichen Motive zur Entstehungsgeschichte des Bürgerlichen Gesetzbuchs.
357. PO v. 23.April.1388, betr. Fischhandel, abgedr. bei Wolf, Gesetze Nr. 42; PO v. 13. Dez. 1395, betr. Gotteslästerung, abgedr. bei Wolf, Gesetze Nr. 55.
358. PO v. 30. Nov. 1426, betr. Aussätzige, abgedr. bei Wolf, Gesetze Nr. 202.

obrigkeitliche Entscheidungen traf[359]. In den Policeyordnungen erhält diese Veränderung Ausdruck, indem die Stadtoberen fortan mehr und mehr "gebuden"[360] oder "geordnen"[361]. Auch im Bereich der Ehe- und Sittlichkeitsdelikte ist diese sich allgemein abzeichnende Entwicklung zu beobachten: Im Jahr 1452 findet man in Frankfurt am Main erstmalig eine Policeyordnung, in der strikt "gebuden" wird, von ehebrecherischen Handlungen Abstand zu nehmen[362]. Für einen kurzen Übergangszeitraum ergibt sich so die Situation, dass der Rat infolge eines neuen obrigkeitlichen Selbstverständnisses aus eigener Machtfülle Verordnungen erlässt, diese jedoch aus althergebrachter Übung nicht mit einer Begründung versieht. Dieses Bild verändert sich im Bereich der Sittenverordnungen aber in der 2. Hälfte des 15. Jahrhunderts. Stellt die Angabe des Motivs bis dahin eher eine Ausnahme dar[363], so lassen sich von diesem Zeitpunkt an Ansätze einer kontinuierlichen Begründungstätigkeit erkennen.

Mit der Stärkung der obrigkeitlichen Machtposition ging eine vermehrte Verordnungstätigkeit des städtischen Rates einher[364]. Besonders augenfällig ist diese Zunahme in der Reichsstadt Nürnberg, in der im 15. Jahrhundert nur sechs, im 16. Jahrhundert dann ganze 34 ehe- und sittlichkeitsregulierende Policeyordnungen erlassen wurden. In Frankfurt hingegen scheint sich der Ordnungserlass erst im 17. Jahrhundert verstärkt zu haben: Für das Untersuchungsgebiet konnten im 15. Jahrhundert vier, im 16. Jahrhundert sogar nur drei und erst in der ersten Hälfte des 17. Jahrhunderts schließlich sieben einschlägige Verordnungen ausgemacht werden.

Gleichwohl ist in Frankfurt - ebenso wie in Nürnberg -, beginnend mit der Polizeiordnung von 1489, ein abruptes Einsetzen ausführlicher Verordnungsbegründungen erkennbar. Die umfassende Klärung, welche Gründe hierfür maßgebend waren, ist im Rahmen dieser Arbeit nicht möglich. Es ist denkbar, dass die mit dem Erstarken der städtischen Obrigkeiten aufkommenden Ordnungsbegründungen einen Ersatz für die aus dem genossenschaftlichen

---

359. Vgl. Isenmann, S. 131.
360. PO v. 7. April 1426, betr. Brandverhütung, abgedr. bei Wolf, Gesetze Nr. 199; vgl. PO aus dem 15. Jh., betr. schändliche Tänze, abgedr. bei Baader, S. 91 ff.
361. PO v. 25. April 1445 (?), betr. Währung, abgedr. bei Wolf, Gesetze Nr. 244
362. PO v. 31. Okt. 1452, betr. Ehebruch, Kuppelei, Wucher, abgedr. bei Wolf, Gesetze Nr. 255.
363. Wenn tatsächlich einmal über die Motivation berichtet wird, dann nur insoweit, als die Mißachtung bisheriger diesbezüglicher Verordnungen beklagt wird, so z. B. Polizeiordnung von vor 17. 9. 1357, betr. Maskierung, abgedruckt bei Wolf, Gesetze, Nr. A 55 und Polizeiordnung aus dem 15. Jahrhundert (ohne Datierung), betr. Mummerei, Baader, S. 92 ff.
364. Vgl. hierzu auch Naujoks, S. 28.

Schwureid folgenden Mitbestimmungsrechte darstellten[365]. Ein Indiz hierfür bildet der Umstand, dass der städtische Rat trotz der nunmehr herrschaftlichen Stellung seine Gebots- und Strafgewalt nach wie vor durch die gegenseitigen Eidesleistungen begründet sah. Nur, wenn die Bürger, Einwohner, Beisassen und Juden sich verpflichteten, dem römischen Kaiser als Stadtoberem und dem Rat treu und gehorsam zu sein, konnten die Ratsherren ihre Eidesverpflichtung in die Tat umsetzen, nämlich "das beste zu raden und fürzukeren (...) und getruwelich mit der Stede gute umbzugeende, dem rat und stadt zum besten"[366]. Eine Aufsagung des Eidesbündnisses führte unweigerlich zur Unregierbarkeit, wie die Ereignisse nach dem Frankfurter Zunftaufstand im Jahr 1525 belegen. Die Frankfurter Bürgerschaft schwor erst dann wieder den Bürgereid, als der Rat sich mit den Forderungen ihres Artikelbriefs einverstanden erklärte[367].

Die aus dem genossenschaftlichen Schwureid erwachsenden Verpflichtungen sind daher nicht gering einzuschätzen, führten sie doch nicht nur dazu, dass der Rat die ihm eidlich Verbundenen zur Mitwirkung auffordern und Gehorsam erwarten konnte. So forderte der Frankfurter Rat im Edikt vom 10. Oktober 1598 jeden Bürger und Einwohner auf, ihm diejenigen Personen, die sich des Straftatbestandes der Gotteslästerei, des Ehebruchs, der Hurerei oder des Zutrinkens verdächtig gemacht hatten, anzuzeigen, "bei seinem gethonen eydt / damit er dem heyligen Reich / und unß als Burger / alhie verwandt ist"[368]. Umgekehrt konnten die Bürger durch Verweigerung des jährlich öffentlich abzuleistenden Bürgereides - zumindest theoretisch - dem Rat die Regierungs- und Normgebungsgrundlage entziehen, oder, wie die Vorfälle beim Frankfurter Zunftaufstand von 1525 eindrücklich belegen, einigen Druck auf die ratsherrliche Politik ausüben.

Letztlich muss eine eindeutige Antwort auf die Frage, ob die enge Verflechtung obrigkeitlicher Ratsführung mit Elementen genossenschaftlicher Ratskonstituierung zur Folge hatte, dass der städtische Rat die von ihm erlassenen Policeyordnungen ab dem Ende des 15. Jahrhunderts mit einer ausführlichen Begründung versah, eingehenderen Untersuchungen vorbehalten bleiben. Nach dem Stand der vorliegenden Quellen deutet jedoch einiges darauf hin, dass der reichsstädtische Rat, je mehr er sich von der Bürgerschaft abhob, seinen genossenschaftlichen Verpflichtungen dadurch nachkam, dass er den Anstoß und die Notwendigkeit eines regelnden Eingriffs gegenüber den ihm eidlich verbundenen Normadressaten begründete.

365. Vgl. Isenmann, S. 131; s. Willoweit: Art. "Obrigkeit", Sp. 1172.
366. Eid des Frankfurter Rates, abgedruckt bei Bothe, Frankfurt, S. 54.
367. Vgl. Jahns, in: Frankfurt am Main, S. 166.
368. Edikt vom 10. Okt. 1598, StadtAF, Edikte.

2. "Umb gemeinen Nutz und Notdurfft willen" als Legitimation ratsherrlicher Ordnungsgebung

Immer wieder findet man in den Policeyordnungen die Angabe, der städtische Rat ordne um des gemeinen Nutzens willen, aus Gründen allgemeiner "Notdurft"[369], um vom Gemeinwesen "unehrliche Leichtfertigkeit und Nachrede"[370] und "groszen schaden"[371] fernzuhalten. Die Substanz, die hinter einer derartigen Besorgnis um das gemeine Wohl steht, ist leicht auszudeuten: Der Gemeinnutz als Zentralaspekt des altständischen Gemeinwesens durchzieht das gesamte Mittelalter und die frühe Neuzeit bis er schließlich durch den Rationalismus eines Macchiavelli, eines Thomas Morus und eines Thomas Hobbes abgelöst wird.

Bis zu diesem Zeitpunkt sah man den Zweck eines jeden Gemeinwesens, den Sinn einer jeden Politik auf ein oberstes gemeines Wohl gerichtet. So war der Begriff bei Thomas von Aquin mehr theologisch ausgerichtet[372]. Später erfuhr das Gemeinwohlkonzept unter dem Einfluss humanistischen Gedankenguts - etwa bei Nikolaus von Kues - eine primär säkulare Ausgestaltung[373]. Bis zum 17. Jahrhundert war dabei der Inhalt des Gemeinwohlbegriffs hauptsächlich von pax (Friede) bestimmt, der durch iustitia (Recht), also durch Recht und Gerechtigkeit, verwirklicht wurde[374]. Dabei war es Aufgabe des jeweiligen Herrschers, die Bedürfnisse des Gemeinwesens zu bestimmen und mit Hilfe von Recht und Gesetzen Frieden und damit Ordnung zu schaffen[375]. Umgekehrt band der gemeine Nutzen auch die Untertanen: Ihre Pflicht war es, das Gemeinwohl zu fördern und nichts diesem Entgegenstehendes zu tun[376]. Somit ergab sich eine - zunächst recht starre - Wechselbeziehung von Volk und Herrscher mit dem Gemeinwohl als gemeinsamem Bezugspunkt. Das gesamte Früh- und Hochmittelalter hindurch legitimierte die Vorgabe, etwas "um gemeinen Nutzens willen" zu tun, bereits den Herrscher.

369. So etwa Polizeiordnung aus dem 15. Jahrhundert (ohne Datierung), betr. Entführung Minderjähriger, abgedruckt bei Baader, S. 27 f.
370. Polizeiordnung aus dem 15. Jahrhundert (ohne Datierung), betr. schändliche Tänze, abgedruckt bei Baader.
371. Polizeiordnung vom 8. Mai 1446, betr. Kirchweihen auf dem Lande, abgedruckt bei Wolf, Gesetze, Nr. 245.
372. Für Thomas von Aquin war Gott zu seinem „bonum commune" das „summum bonum"; vgl. auch Herzog, in: Hist. Wörterbuch der Philosophie, Sp. 249.
373. S. Hibst, S. 217.
374. Vgl. Hibst, S. 207 und 188; s. Maier, S. 59 und 158; vgl. Merk, S. 51. Letzterer sieht diese Entwicklung allerdings nur bis ins 15. Jahrhundert.
375. Vgl. Eberhard, in: Zusammenhänge, S. 244; vgl. Maier, S. 158.
376. Vgl. Merk, S. 38; s. Herzog, in: Hist. Wörterbuch der Philosophie, Sp. 256.

Vom 13. Jahrhundert an ist jedoch ein Aufbrechen der Herrschergebundenheit des Gemeinwohlbegriffes zu erkennen. Mit dem Zerfall der Ständegesellschaft bildete sich die Einsicht heraus, dass ein Handeln des Herrschers auch allein aus eigennützigen Erwägungen heraus möglich wäre. Es war nunmehr denkbar, dass die Untertanen eines derartig opportunistischen Königs gegen diesen Widerstand leisteten[377]. Des weiteren konnte nicht länger jeder hoheitliche Herrscher seine Legitimation allein daraus herleiten, dass er vorgab, für das Gemeinwesen tätig zu sein.

Mit der Differenzierung nach eigennütziger und gemeinnütziger Herrschaft wurde die Verwendung der Gemeinwohlformel somit auch für andere gesellschaftliche Gruppen möglich. Im Vordergrund standen hierbei die erstarkenden genossenschaftlichen Verbände wie Kurfürsten und Landstände und nicht zuletzt auch die städtischen Räte, die mit der Vorgabe, gemeinnützig zu agieren, ihre neue Form der genossenschaftlich-obrigkeitlichen Herrschaft begründeten[378].

Das Gemeinwohlmotiv durchzog die Begründungen aller ratsherrlichen Ehe- und Sittenordnungen seit dem Ende des 15. Jahrhunderts. Die hierfür verwendeten Umschreibungen stellen sich recht facettenreich dar; so bleibt außer der direkten Angabe, "umb gemeyn nützo und nottorft willen"[379] auch der Hinweis, man habe "gemeinen Friden" wahren[380] und "groszen schaden" vom Gemeinwesen fernhalten wollen[381]. Auch findet man beschrieben, der Rat habe nicht gewollt, dass die "Bürgerliche Einigkeit" vergiftet werde und es zu "unleidlicher Zerspaltung unnd Zwitracht" komme[382]. Zudem hob der Rat immer wieder seine Besorgnis um das Wohlergehen der Allgemeinheit hervor, indem er betonte, er wolle das "groß Ärgernis", welches eine Ordnungsübertretung hervorruft, beseitigen[383]. Bei alledem fällt jedoch auf, daß die Angabe, es werde aus Sorge um das gemeine Wohl geordnet, sich während des gesamten Untersuchungszeitraums im Zusammenhang mit ehe- und sittenpoliceylichen Regelungen nur in Frankfurt findet. In Nürnberg ist dieser

377. Vgl. Eberhard, Legitimationsbegriff, S. 247 f.; vgl. ders, "Gemeiner Nutzen", S. 200.
378. S. hierzu auch Eberhard, "Gemeiner Nutzen", S. 202 f.
379. Polizeiordnung von 1489, Ffm, Geschr. R/O, Kasten 1 (1329-1500).
380. Polizeiordnung von 1530, Ffm, abgedruckt bei Beyerbach, S. 550 ff.; Edikt vom 10.Okt. 1598, Edikte Ffm.
381. So schon sehr früh: Polizeiordnung vom 8. Mai 1446, abgedruckt bei Wolf, Gesetze, Nr. 245; Polizeiordnung von 1489, Ffm, Geschr. R/O, Kasten 1 (1329-1500).
382. Polizeiordnung vom 30. Mai 1529, Edikte Ffm.
383. Edikt vom 7. April 1608, Ffm, Conc. Edictorum, Tomus IV, fol. 21; Edikt vom 10. Okt. 1598, Edikte Ffm.

Begründungsansatz hingegen nur bis etwa 1530 regelmäßig erkennbar, danach erscheint er nur noch vereinzelt in den städtischen Ehe- und Sittenordnungen.

Diese Beobachtungen korrespondieren mit den tatsächlichen Herrschaftsverhältnissen innerhalb der untersuchten Reichsstädte. Zwar kannten beide Städte trotz der obrigkeitlichen Stellung ihrer Räte nach wie vor eine Bürgerbeteiligung, die die Herrschaft der Ratsherren einschränkte, genauso wie grundsätzlich die Vorstellung bestand, dass alle Teile der Bürgerschaft politische Gestaltungsmöglichkeiten besaßen[384]. In Frankfurt wurde die überwiegend handwerklich tätige Bürgerschaft durch die 3. Ratsbank repräsentiert[385]. Die Nürnberger Stadtverfassung kannte neben dem Rat als eigentlichem Herrschaftsorgan die Genannten des Größeren Rates als Bürgervertretung und Nachfolgeorgan des ehemaligen Umstandes der Gerichtsgemeinde[386]. Dennoch blieben gerade sie bis ins 18. Jahrhundert hinein gegenüber dem in seiner Machtposition gefestigten Rat quasi bedeutungslos. Sie wurden nur in seltenen, wichtigen Fällen einberufen; dass es dabei einmal zu einer Intervention gegen die Vorschläge des kleineren Rates gekommen wäre, ist nicht bekannt[387].

Der Nürnberger Rat musste sich beim Ordnungserlass nicht mehr auf die Sorge um das gemeine Wohl als Nachweis seiner Regelungskompetenz und Legitimation seines Handels beziehen. Seine Herrschaft war stabil genug, die Rechtfertigung von Maßregeln gegenüber der Bürgerschaft als unnötig erscheinen zu lassen. Gänzlich anders gestaltete sich die Situation hingegen in Frankfurt. Der Rat der Wahl- und (späteren) Krönungsstadt war eingebunden in das Wechselspiel zwischen den Belangen des katholischen Kaisers, der überwiegend protestantischen Bevölkerung und den mächtigen Handwerksvertretungen. Der stete Streit um die Mitwirkungsrechte von Bürgerschaft bzw. Zünften bescherte Frankfurt vom 16. bis zum 18. Jahrhundert nicht weniger als drei große Aufstände[388], in deren Folge sowohl 1525 als auch 1732 die Herrschaftsrechte des Rates zugunsten der Bürgerschaft stark begrenzt

384. Vgl. v. Dülmen, Kultur und Alltag Bd. 2, S. 107.
385. Vgl. Bund, in: Frankfurt, S. 82.
386. Vgl. Hofmann, S. 52.
387. Vgl. Reicke, S. 97; vgl. Isenmann, S. 133, der allerdings vermutet, dass der kleinere Rat sich hütete, Maßregeln vorzuschlagen, die bei den Genannten auf Widerstand stoßen konnten. M. E. nach ist diese Vermutung jedoch nicht zwingend. Das ergibt sich bereits daraus, dass ein solches Verhalten eine gewisse machtvolle Stärke der Genannten vorausgesetzt hätte, die sich aber in keiner anderen Situation dokumentiert.
388. Nämlich den Zunftaufstand von 1525, den sog. Fettmilch-Aufstand von 1612 - 1614 sowie den Streit um die Kontrolle der städtischen Verfassungs- und Finanzverhältnisse in den Jahren 1708 - 1732.

wurden. Aufgrund der gefährdeten und teilweise sogar eingeschränkten Machtposition musste der Frankfurter Rat sich ausdrücklich ausweisen, wollte er die Sorge um das Gemeinwohl und die damit verbundene Ordnungsgewalt ausüben und gegenüber der Bürgerschaft rechtfertigen.

Die Formel, der städtische Rat handele aus Gründen des Gemeinen Wohls und allgemeiner Notdurft, muss daher in erster Linie als die Darlegung einer Herrschaftslegitimation durch den Rat verstanden werden. Vordringlich sollte so nicht das tatsächliche Vorliegen eines Regelungsbedarfs ausgedrückt werden, sondern vielmehr die Berechtigung der Ratsherren, in diesem Bereich obrigkeitlich ordnend einzuschreiten. Die Verwendung des Gemeinwohlbegriffs bildete damit in Zeiten nicht gefestigter Ratsherrschaft die Basis ratsherrlich-obrigkeitlichen Handelns, eine Art Eingangspforte zur Regelung spezifischer Einzelthemen. Je mehr die Etablierung einer machtvollen reichsstädtischen Obrigkeit allerdings voranschritt, umso weniger war es nötig, beim Erlass der Policeyordnungen darauf hinzuweisen, dass "unsere herren vom Rade umb gemeyn nützo und nottorft willen"[389] ordneten.

3. Durch religiös-ethische Anstöße gesteuerte Sittenzucht

Zu den Gemeinwohlerwägungen treten von den 1490er Jahren an in den städtischen Sittenordnungen zunehmend religiös-ethische Motivationsansätze hinzu. Im Gegensatz zu ersteren, die rein auf eine Legitimation des städtischen Rates als Obrigkeit abzielen und als solche in polizeilichen Regelungen aller Themengebiete nachzuweisen sind, soll bei letzteren verstärkt die ethisch-moralische Haltung der Bürger verändert und "gebessert" werden. In den frühen, religiös motivierten Policeyordnungen des ausgehenden 15. Jahrhunderts spiegelt sich bereits die Krise wider, die im Laufe des späten Mittelalters mehr und mehr die einstmals so enge Beziehung zwischen der Alten Kirche und ihren Gläubigen entzweit. Eine Vielzahl inner- wie außerkirchlicher Erneuerungsbestrebungen bereitet zu diesem Zeitpunkt den Boden für den eigentlichen Umsturz, die protestantische Reformation.

389. PO v. 1489, StadtAF, Geschr. R/O, Kasten 1 (1329-1500).

a. Die Krise der alten Kirche im Spätmittelalter und ihre Auswirkung auf städtische Ordnungsinhalte

Am "Vorabend" der Reformation erschienen denn auch in Frankfurt und Nürnberg erstmals städtische Policeyordnungen, die als Motiv für die Regelung unsittlichen Verhaltens die Wahrung christlicher Vorstellungen angaben[390]. "Got dem Allmechtygen zu lobe und zu eren" gebot der Frankfurter Rat im Jahr 1489 seine "Neuen Statuta und Ordenung"[391], in der er als Begründung für das Verbot des Ehebruchs und des unehelichen Zusammenlebens angab, "nach loblichem herkommen christlicher ordenung (...) sollen Ehrbarkeit und gute Sitten" gemehrt werden, "um Sünde und strafflich wesen bey unns zu vermeyden"[392]. In etwa dem gleichen Zeitraum gaben die Nürnberger Herren vom Rat zu bedenken, dass die "unzymbliche(n) und newe(n) tenntze" nicht nur "manigerlay unerlicher leychtfertigkait, und darzu nachrede bey frowen und mannen geperen mag", sondern dass dies auch "sünde und dem allmechtigen got on zweyfel myssvellig" wäre[393].

Anhand dieser Formulierungen wird sichtbar, dass der städtische Rat sich schon vor der "offiziellen" Einführung der neuen Lehre für das Seelenheil und die christliche Lebensweise seiner Bürger verantwortlich fühlt. Die Verantwortung für die Wahrung christlicher Werte und die Sanktionierung im Falle eines Verstoßes gegen die heilige Ordnung war damit bereits im Spätmittelalter zu großen Teilen auf den Rat übergegangen. Der Grund für diesen bedeutsamen "Zuständigkeitswechsel" ist nicht allein im Verfall kirchlicher Hierarchien zu sehen. Vielmehr zeichneten sich auch innerhalb des städtischen Rates zunehmend Bestrebungen ab, die das Ziel verfolgten, sich selbst um das christliche Seelenheil der Bürger zu kümmern und dies nicht länger allein den geistlichen Seelsorgern zu überlassen.

In Frankfurt am Main wurden derartige Bemühungen schon relativ früh sichtbar. Eine der ersten Aufgaben des neuen, eigenständigen Rates bestand Anfang des 14. Jahrhunderts in dem Versuch, das Pfarrmonopol des Bartholomäusstifts zu brechen, indem man dessen Pfarrechte zerlegen und auf andere kirchliche

---

390. So z. B. Polizeiordnung vom 20. März 1468, betr. Kleiderordnung, Ehebruch u. a., abgedr. bei Wolf, Gesetze, Nr. 274; Polizeiordnung von 1489, sog. "Alte Policeyordnung", Geschr. R/O, Kasten 1 (1329-1500); Polizeiordnungen aus dem 15. Jahrhundert (nicht genau datierbar), betr. schändliche Tänze, abgedr. bei Baader, S. 91 f., betr. unziemliches Verhalten an Fastnacht, abgedr. bei Baader, S. 92 ff.

391. Sog. "Alte Policeyordnung" von 1489, Geschr. R/O, Kasten 1 (1329-1500).

392. Ebenda.

393. Polizeiordnung aus dem 15. Jahrhundert (nicht genau datierbar), betr. schändliche Tänze, abgedr. bei Baader, S. 91.

Einrichtungen verteilen wollte. Ein erster Ansatz, bei dem 1323 Rechte zugunsten des neu gegründeten St. Leonhardtsstifts beansprucht wurden, prallte noch an der Phalanx ab, welche das Bartolomäusstift und der hinter diesem stehende Mainzer Erzbischof bildeten[394]. Erst 1452 gelang es dann schließlich Nikolaus von Kues als päpstlichem Legaten, daß sowohl der Dreikönigskapelle in Sachsenhausen als auch der Peterskirche in der Neustadt erlaubt wurde, einen Großteil der sakramentsspendenden Handlungen eigenständig durchzuführen[395].

Auch in Nürnberg ist zu erkennen, dass der Rat bald, nachdem er selbst eine mehr oder minder sichere Stellung erlangt hatte, die bedeutsame und einflussreiche Position, die der Bischof von Bamberg bezüglich der Stadtbewohner einnahm, nicht mehr länger hinzunehmen bereit war[396]. So wurde bereits 1309 ein weltlicher Kirchenpfleger für St. Sebald eingesetzt, der die Aufgabe hatte, sich um die Vermögensverwaltung der Kirche zu kümmern[397]. Hieran schienen die kirchlichen Herren jedoch keinen weiteren Anstoß zu nehmen[398]. Einen langwierigen Kampf hingegen führten sie mit dem Rat um das Residenz- und Präsentationsrecht hinsichtlich der beiden Pfarrkirchen St. Sebald und St. Lorenz. Schlussendlich setzte sich der Rat gegenüber dem Bischof von Bamberg durch, denn ab 1388 durften beide Kirchen nur noch mit Pfarrern besetzt werden, die fortwährend in der Stadt residierten[399]. Damit war der bis dahin geübten Praxis, einen in Bamberg ansässigen Oberpfarrer zeitweise zur Seelsorge nach Nürnberg einreisen zu lassen, ein Ende bereitet. Im Jahr 1402 wurde die Residenzpflicht noch durch das zusätzliche Recht des Rates, in gewissen Fällen die Pfarrstellen selbst besetzen zu dürfen, schlagkräftig ergänzt[400].

Die anhand dieser Beispiele für beide Städte ersichtlichen Bestrebungen, nach der Befreiung von der königlichen Herrschaft und Aufsicht auch die gefestigte Dominanz der erzbischöflichen Kirchenherrschaft zu brechen, wurden im Laufe des 14. und 15. Jahrhunderts durch vielfältige Faktoren gefördert. Dabei brachte die Beziehung zwischen Klerikern und Laien ein immer größer werdendes

394. Vgl. Bund, in: Frankfurt, S. 102.
395. Vgl. Bund, in: Frankfurt, S. 102. Dem Bartholomäusstift blieb jedoch auch weiterhin als einziger Frankfurter Pfarrkirche das Sakrament der Taufe vorbehalten.
396. S. hierzu auch Moeller, Reichsstadt und Reformation, S. 14, der die Gegnerschaft von Bischof und Stadtgemeinde in den Reichsstädten als "so alt wie die Stadtfreiheit selbst" bezeichnet.
397. S. Schultheiß, in: Nürnberg, S. 37.
398. So zumindest der Eindruck, den Schnellbögl, in: Nürnberg, S. 100 vermittelt.
399. Bulle Papst Urbans VI. von 1388, s. Schnellbögl, in: Nürnberg, S. 100.
400. Maßgebend war hierbei eine Entscheidung Papst Bonifaz' IX., s. Schnellbögl, in: Nürnberg, S. 100.

Streit- und Konfliktpotential hervor, das zu einer zunehmenden Verhärtung der Fronten führte. Maßgebend hierfür war nicht nur der steigende Machtanspruch der städtischen Herren, sondern auch die Kraft raubenden innerkirchlichen Machtkämpfe, die im Spätmittelalter zu einer Entfremdung des Kirchenvolks von der alten Kirche beitrugen. Heftige Konflikte gab es auch hinsichtlich der Frage nach der Zuständigkeit der geistlichen Gerichtsbarkeit. Da zunehmend weltliche Sachen auch vor geistliche Gerichte getragen wurden und dies nicht nur zu einem vermehrten Einfluss des Klerus auf die Bürger, sondern auch zu steigenden Einnahmen der Kirche durch Bußgelder und Strafen führte, strebten die Städte im Verlauf des 14. Jahrhunderts mehr und mehr nach einer Befreiung vom geistlichen Gericht.

Darüber hinaus missbilligten große Teile der Bürgerschaft die offenkundige finanzielle Vorteilnahme des Klerus. Diese offenbarte sich nicht nur anhand der Vielzahl von Bußen, Strafen, Ablässen und Diensten, welche das Seelenheil eines Menschen von dessen Zahlungskraft abhängig zu machen schienen, in Wirklichkeit jedoch das Vermögen des Weltklerus zu Lasten der Bürger in erheblichem Umfang vermehrten[401]. Ein beträchtliches Konfliktpotential barg auch das Privileg des Klerus, von städtischen Steueransprüchen freigestellt zu sein. Sowohl beim Erwerb steuerpflichtiger Güter als auch beim Betreiben von Handel und Gewerbe genossen die geistlichen Herren Steuer- und Abgabenfreiheit, die ihnen einen gewinnträchtigen Vorteil gegenüber den weltlichen Konkurrenten verschaffte[402]. Bereits seit dem Ende des 13. Jahrhunderts sind daher in Frankfurt wie in Nürnberg Bestrebungen erkennbar, die darauf abzielten, das geistige Steuerprivileg zu brechen und den Klerus finanziell zu schwächen[403]. Dort, wo dies - wie auf dem gesamten handwerklichen Sektor - nicht möglich war, beschritten die Ratsherren kurzerhand den umgekehrten Weg. Sie verboten der Stadtbürgerschaft, derartige Dienstleistungen in Anspruch zu nehmen und dort, wo "gemeiner statt nyt gantzes ungellt gefellt"[404], etwas zu erwerben.

Zu diesen Meinungsverschiedenheiten hinsichtlich weltlicher Belange trat Kritik über die Wahrnehmung der Seelsorge durch die Ortsgeistlichen hinzu. Die Klagen über die schlechte Moral der Söhne Christi, ihre Verschwendungssucht, Trunkexzesse und Habgier wurden immer lauter. Obgleich durch die Kanones des 2. Laterankonzils von 1139 dem Zölibatsgebot Nachdruck verliehen wurde,

---

401. Vgl. hierzu auch Goertz, S. 47, der ausführt: "Die Beziehungen zum Volk nahmen fiskalische Formen an (...). Die Religion war, überspitzt gesagt, käuflich geworden".
402. Vgl. Isenmann, S. 213.
403. Vgl. Bund, in: Frankfurt, S. 102 f.; vgl. Schultheiß, in: Nürnberg, S. 37; vgl. Höss, in: Nürnberg, S. 139 f.
404. Ratschlag des Nürnberger Rates, zitiert nach Reicke, Nürnberg, S. 612.

hatte sich bis ins 14. Jahrhundert hinein der Zustand innerhalb der Priesterschaft zumeist wenig verändert[405]. Es bestand nach wie vor ein "krasses Missverhältnis von Keuschheitsgelübde und täglicher Praxis", wie POSTEL dies ausdrücklich formuliert[406]. Allgemein ist davon auszugehen, dass ein Großteil der geistlichen Herren dem Zölibatsgebot trotz immer wiederkehrender Mahnungen wenig Beachtung schenkten. Dies galt durch alle Schichten des Klerus hindurch; so ist etwa auch von den damaligen Päpsten Innozenz VIII. (1482 - 1492) und Alexander VI. (1492 - 1503) bekannt, dass sie uneheliche Kinder hatten[407]. Anders als noch im 12. Jahrhundert, da die Bevölkerung die uneheliche Lebensform vieler Geistlicher noch weitgehend duldete[408], begann die bürgerliche Gemeinschaft im Spätmittelalter zunehmend offen Anstoß am unkeuschen Lebensstil ihrer Priesterschaft zu nehmen. In dieser Hinsicht unterschieden sich Frankfurt und Nürnberg nicht von anderen großen Städten, hinter deren Forderung nach einem gebotstreueren Klerus sich weitgreifende Bewusstseinsänderungen innerhalb der Gesamtbevölkerung verbargen. Dabei prallten die laxe Handhabung des Zölibatsgebots seitens der Geistlichkeit sowie das neu erwachte Bewusstsein der Bürgerschaft in Bezug auf die Einhaltung religiöser Gebote aufeinander. So drängte etwa der Frankfurter Rat im Vorfeld der Reformation auf die Abschaffung der sog. "Pfaffendirnen", wie die Konkubinen der Geistlichen gemeinhin genannt wurden[409]. Auch die Nürnberger Herren kämpften mit diesem Problem, wie sich anhand zahlreicher Prozesse gegen geistliche Würdenträger anschaulich verfolgen lässt[410]. Der

405. Vgl. Schimmelpfennig, S. 8 und 39. Eine Veränderung ist nur insoweit ersichtlich, als durch die Kirchenspaltung eine eifrigere Kontrolle der Kirchengruppen untereinander stattfand. Das führte dazu, dass von diesem Zeitpunkt an auch die Verfehlungen hinsichtlich des Zölibats wechselseitig mehr ans Licht gezogen wurden, s. hierzu auch Reicke, S. 685.
406. Postel, S. 221.
407. Vgl. die Ausführungen bei Schimmelpfennig, S. 39 ff.
408. Es gibt sogar einige Belege, die bestätigen, dass verschiedene Bürgerschaften ihre Ortsgeistlichen verpflichteten, feste Konkubinen zu nehmen, um sexuelle Übergriffe auf Bürgerfrauen und -mädchen zu verhindern, s. Schimmelpfennig, S. 29.
409. Eine andere gängige Bezeichnung lautete "Pfaffenmägde". Zu alledem Bund, in: Frankfurt am Main, S. 103, der einen Vorfall aus dem Jahre 1452 beschreibt, sowie Kriegk, Deutsches Bürgerthum II, S. 268 und 270.
410. S. die Beispiele, die von Soden, S. 280 ff., 341 ff. und 385 ff. anführt. Vgl. zudem den Fall der Prostituierten Elisabeth Straubin, die u. a. deswegen verurteilt wurde, weil sie "auch etlich mall bey dem Herrn Bischoffen von Bamberg, Herrn Johann Philippen des Geschlechts ein Gebsattel, gelegen" und "Unzucht und Huhrereyen" getrieben habe, StadtAN, Amts- und Standbücher, Rep. 200, fol. 10 (3. Juni 1609).
Diese Beispiele stammen allerdings zumeist aus der Zeit nach dem Übertritt des Rates zum protestantischen Glauben. Es wäre jedoch verfehlt, deshalb den Schluss zu ziehen, dass in Nürnberg die unehelichen Lebensformen der Geistlichen erst von diesem Zeitpunkt an die Gemüter erregten. Vielmehr ist davon auszugehen, dass erst seit der "offiziellen"

Frankfurter Rat sah im Verstoß gegen das Keuschheitsgelübde anscheinend ein derartiges Ärgernis, dass er bereits Mitte des 15. Jahrhunderts beschloss, hinsichtlich der unzölibatär lebenden Geistlichen eigenständige Sanktions- und Handlungsformen zu finden und die geistlichen Vorrechte nicht länger zu beachten. Die Frankfurter Herren einigten sich deshalb im Jahr 1449, dass im Hinblick auf Unzuchts- bzw. Ehebruchsdelikte mit geistlicher Beteiligung das Privilegium fori des Klerus nicht mehr akzeptiert werden und die weltlichen Gerichte auch in diesem Bereich tätig werden sollten. Der Erzbischof von Mainz sah diesen Bestrebungen, geistliche Kompetenzen zu untergraben, freilich nicht tatenlos zu. So kam es in der Folgezeit in mehreren Fällen gleichzeitig zu Entscheidungen sowohl des Rates als auch der geistlichen Herren[411].

Ein weiteres "Ärgernis" und Anlass zu mannigfachen Konflikten bildeten in beiden Städten zudem die Zustände innerhalb der Klöster. Hier wird von Tanzgelagen, Gastmählern und anderen vergnüglichen Versammlungen berichtet[412]. Immer wieder muss es dabei auch zu sexuellen Kontakten gekommen sein[413]. Zudem fanden die Nonnen häufig ihre Sexualpartner in den benachbarten Männerklöstern oder innerhalb der örtlichen Priesterschaft[414]. Das unkeusche Verhalten der Klosterinsassen war denn auch einer der Hauptgründe dafür, dass der Nürnberger Rat sich bereits seit dem Ende des 14. Jahrhunderts veranlasst sah, die städtischen Klöster von Grund auf zu reformieren[415]. Zu-

---

protestantischen Reformation durch den Rat diesem auch die Möglichkeiten zur Verfügung standen, um derartige Vorgehen zu sanktionieren.

411. Vgl. zu alledem Kriegk, Deutsches Bürgerthum II, S. 271 und 275 Fn. 220 sowie die dort abgedruckten Beispiele aus BB 1457, fol. 58 und BB 1489, fol. 70-72.

412. S. von Soden, S. 321 f.; vgl. Reicke, S. 685 ff.

413. Vgl. Reicke, S. 685 ff., der berichtet, dass im Jahr 1508 im Frauenkloster Engelthal anlässlich einer Visitation der Provinzial des Predigerordens zum Tanz aufspielen ließ und dort als "wilder Mönch" mit den Nonnen einhergegangen sei. Ebenfalls Reicke, S. 686, überliefert das Sprichwort "Wer sein Weib verloren hat, soll es im Schottenkloster (=Aegidienkloster, B. G.) suchen". Obgleich Reicke bei seinen Darstellungen an einigen Stellen allzusehr dramatisiert haben könnte, ist dennoch davon auszugehen, dass das Leben in vielen Klöstern nicht von religiöser Zurückgezogenheit bestimmt wurde. Dies kann aber auch nicht notwendig erwartet werden, dienten die Klöster doch in erster Linie der Versorgung unverheirateter Frauen und Männer. Zudem werden Reickes Berichte auch durch andere Quellen bestätigt und ergänzt. Das zeigt sich an einem Beispiel aus dem Jahr 1526. Damals hob man das Klarissinenkloster in Nürnberg auf, und bei dieser Gelegenheit lief ein Teil der Laienschwestern unmittelbar in das ortsansässige Frauenhaus über, vgl. Kriegk, Deutsches Bürgerthum II, S. 269.

414. Vgl. Kriegk, Deutsches Bürgerthum II, S. 270, der heraushebt, dass es unter den Frankfurter Beghinen viele Priesterkonkubinen gab.

415. Den Anfang machte dabei die Reform des Predigerklosters im Jahr 1396, danach folgte das Aegidienkloster ("Schottenkloster") in den Jahren 1411 - 1418, das Katharinenkloster

mindest in diesem Bereich war den Ratsherren auch ein großer Erfolg beschieden, denn die Nürnberger Klosterreform stellte nicht nur die religiös gebotene Ordnung in den Klöstern wieder her, sondern brachte auch zudem herausragende Prediger hervor[416].

In Nürnberg zeigten sich hier bereits Anfang des 15. Jahrhunderts die Erfolge der konsequent durchgeführten Klosterreform. In den reformierten Klöstern erneuerte sich fortan das Frömmigkeitsleben. Gleichzeitig übten sie durch ihre Prediger auch einen nicht zu unterschätzenden Einfluss auf die städtische Bevölkerung aus[417]. Zudem zog das geistig rege und innovative Denken innerhalb der Klostermauern auswärtige Prediger an. Dabei wird insbesondere vom Generalvikar des Augustinereremiterordens, Johann von Staupitz - dem Freund und Berater Luthers - berichtet, dass seine Predigten in der Augustinerkirche auf großes Interesse innerhalb der nürnbergischen Bürgerschaft stießen[418]. Er befand sich damit auf Spuren, die andere bereits vor ihm gelegt hatten. So bereiste etwa der Franziskanermönch Johannes von Capestrano als Wanderprediger schon Mitte des 15. Jahrhunderts Deutschland und predigte sowohl in Nürnberg als auch in Frankfurt am Main vor großer Kulisse wider Sündhaftigkeit, Luxus und Verschwendungssucht[419].

Die partiellen Erfolge des Nürnberger Rats auf dem Gebiet der Klosterreform können jedoch nicht darüber hinwegtäuschen, dass insgesamt in Nürnberg wie auch in Frankfurt das Verhältnis zwischen Rat und Klerus im späten Mittelalter wachsenden Spannungen ausgesetzt war. In diesem Konflikt vermischten sich machtpolitische und ökonomische Interessen mit religiös-moralischen Veränderungstendenzen[420]. Der Konflikt war schließlich so stark, der Ärger so groß, dass die Laien sich nicht allein wagten, Kritik am Verhalten der Geistliche sowie an deren seelsorgerischen Leistungen zu üben. Sie hatten nun sogar den Mut, die Daseinsberechtigung der alten Kirche als solche mehr und mehr in Frage zu stellen. Das zeigt die Stärke der neuen Strömungen, die weite Teile der

---

(1452) und schließlich das Frauenkloster Engelthal (1513), s. zu alledem sehr ausführlich Reicke, S. 685 ff.

416. So z. B. den Franziskanerprediger Stephan Fridolin, der von 1482 bis 1498 Lektor und Prediger an St. Klara war. Den Inhalt seiner mystisch-religiös beeinflussten Verkündigungen sammelte er in der 1491 erschienen Schrift "Schatzbehalter oder Schrein der wahren Reichtümer des Heils und ewiger Seligkeit", s. Höss, in: Nürnberg, S. 145. Großes Ansehen und Anerkennung fand auch die seelsorgerische Tätigkeit des Augustinermönchs Johannes Vogt, s. Reicke, S. 686, der zudem besonders dessen Verdienst um die Pflege des Predigtamts hervorhebt.

417. Vgl. Höss, in: Nürnberg, S. 142 ff.

418. Vgl. Reicke, S. 686.

419. Vgl. Bothe, S. 85; s. Höss, in: Nürnberg, S. 144.

420. So auch Eberhard, S. 356 und Goertz, S. 58.

Bevölkerung, der städtischen Bürgerschaft und auch den städtischen Rat erfasste. Sie wurden zum einen durch inner- wie außerkirchliche Neuerer gestützt, die in ihren Predigten und Flugschriften[421] scharfe Kritik an der Alten Kirche übten.

Doch nicht nur die religiösen Prediger, auch viele Laien trugen zu den Frömmigkeitsbestrebungen bei und bereiteten die protestantische Reformation auf diesem Wege vor. In Nürnberg stellten dabei vor allem die Singschulen, die sog. "Meistersinger", ihre Sing- und Dichtkunst in den Dienst des religiösen Aufbruchs. Große Teile der Bevölkerung hörten ihren Meistersang, so dass seine Inhalte starke meinungsbildende Wirkung besaßen[422]. Des weiteren trugen auch die reichsstädtischen Messen - allen voran die Frankfurter Buchmesse - zum gedanklichen Austausch über neue Frömmigkeitsbestrebungen bei und verleiteten zum Kauf populärer kirchenkritischer Schriften. Bei diesen Messen dürften die Werke von Sebastian Brant und von Geiler von Kaysersberg wohl zu den "Bestsellern" gehört haben[423].

Schließlich darf aber auch die tragende Rolle, die das "gemeine" Volk in diesem Aufbruch spielte, nicht übersehen werden[424]. Die Bürgerschaften wurden aktiv, sie äußerten ihre Kritik an der Kirche laut wie nie zuvor. Nicht nur im Karneval verspotteten sie die Geistlichen, auch außerhalb dieser Zeit wurden Predigten gestört und Priestergebote missachtet[425]. So verhinderte die Frankfurter Bürgerschaft Weihnachten 1531 und 1532 sowie Anfang des Jahres 1533 durch tumultartige Ausschreitungen, dass in der Bartholomäuskirche katholische Messen gehalten wurden[426].

Das alles umschreibt nur in Umrissen die religiösen Neuerungsbestrebungen, deren Träger die städtischen Bürgerschaften und der Rat waren. In den Reihen der Ratsherren erfuhr die spätmittelalterliche Kirchen- und Kleruskritik zudem häufig eine nochmalige Kanalisation und Verstärkung. Sowohl in Frankfurt als

---

421. Eine sehr große Rolle spielte hierbei die sog. "Bildpropaganda", mittels derer speziell auch diejenigen, die nicht des Lesens mächtig waren, für die Ziele der Neuerer gewonnen werden konnten, s. Robert W. Scribner, For the Sake of Simple Folk. Popular Propaganda for the German Reformation, Cambridge 1981.
422. Zur überaus großen Bedeutung, die der Meistersang für die Reichsstadt Nürnberg besaß und zu ihrem herausragenden Protagonisten in vorreformatorischer Zeit, Hans Sachs, vgl. Goertz, S. 55 und Brunner/Strassner, in: Nürnberg, S. 207 ff.
423. Vgl. zur Verbreitung dieser Schriften über die Frankfurter Buchmesse Bothe, S. 83 f.; s. Jahns, in: Frankfurt am Main, S. 154 f.
424. Vgl hierzu insbesondere Moeller, Reichsstadt und Reformation, S. 23, der die Anfänge der protestantischen Bewegung eindeutig im Volk sieht.
425. S. Goertz, S. 57.
426. Vgl. Jahns, in: Frankfurt, S. 173 ff.

auch in Nürnberg strebten viele patrizische Ratsherren humanistischen Bildungsidealen nach, die, gegen Ende des 15. Jahrhunderts aus Oberitalien kommend, auch die deutschen Städte erreichten. Das neue Gedankengut fand gerade unter den vornehmen Patriziern viele Anhänger und begeisterte Aufnahme. Es kam in Mode, die Söhne zur Ausbildung an die Ursprungsstätten humanistischen Geistes zu schicken und ihnen ein Studium an einer der oberitalienischen Universitäten zu ermöglichen. So erging es auch dem späteren Nürnberger Ratsherren Willibald Pirckheimer (1470 - 1530), der von seinem Vater Johann zu ausgiebigen Studien nach Italien geschickt wurde. In ihm sollte der deutsche Humanismus später einen seiner prägendsten Köpfe finden[427]. Aber auch in Frankfurt gab es mit den Patriziern Fürstenberg, Holzhausen, Stalburg, Glauburg und Neuhaus - um nur einige von ihnen zu nennen - namhafte Anhänger, die die humanistischen Ideale in den Ratskreisen verbreiteten[428]. Gemeinsam war all diesen Ratsherren, dass ihre Beschäftigung mit dem humanistischen Gedankengut sich nicht allein auf ein internes Studium beschränkte, sondern dass sie ihr Engagement für diese Geisteshaltung in dazu bestimmten Gruppen manifestierten und damit öffentlich machten. Sowohl in Frankfurt als auch in Nürnberg bildeten sich gegen Ende des 15. Jahrhunderts regelrechte humanistische Zirkel, in denen vornehme und gebildete Patrizier mit Wissenschaftlern und Geistlichen diskutierten[429]. Zu großer Bekanntheit brachte es dabei der elitäre Nürnberger Humanistenzirkel, die sog. "Sodalitas Staupitziana". In dieser versammelte der Generalvikar des Augustinereremiterordens, Johann von Staupitz, führende Ratsherren wie Ebner, Nützel, Tucher und Fürer sowie den Ratskonsulenten Scheurl und die Ratsschreiber Spengler und Dürer um sich[430]. Die Gesprächskreise und die von ihnen vertretene Ablehnung der Alten Kirche[431] öffneten sich schließlich dem neuen protestantischen Denken und verschafften Luthers Idee somit einen direkten Zugang in die Reihen des städtischen Rates[432].

---

427. Vgl. Pfanner, in: Nürnberg, S. 132 f.
428. Vgl. Bund, in: Frankfurt am Main, S. 142.
429. Vgl. Bund, in: Frankfurt am Main, S. 142; s. Höss, in: Nürnberg, S. 146.
430. S. Höss, in: Nürnberg, S. 146.
431. Vgl. Bund, in: Frankfurt am Main, S. 142, der beschreibt, dass die humanistisch gebildeten Frankfurter Patrizier als "Hasser des Klerus" bezeichnet wurden.
432. So bildete die Sodalitas Staupitziana den Kern der späteren Martinianer, der Anhänger Luthers, s. Höss, in: Nürnberg, S. 146; vgl. auch Reicke, S. 687, der beschreibt, dass Staupitz seinem Freund Luther in Nürnberg den Weg geebnet habe.

b. Die Manifestation christlich-religiöser Normbegrün-dun gen durch die Auswirkungen der protestantischen Reform bewegung

Betrachtet man nun die Policeyordnungen ab dem Zeitraum, von dem an sich die Ratsherren der Städte Nürnberg und Frankfurt offiziell dem protestantischen Glauben zuwandten, sind auf den ersten Blick keine "umstürzenden" Veränderungen erkennbar. Es scheint vielmehr zunächst, als hätten sich die im Spätmittelalter herausgebildeten religiös-ethischen Begründungsansätze in der nachfolgenden Zeit weitgehend unverändert fortgesetzt und allenfalls in ihrer Quantität verstärkt. Dass dies täuscht, ist angesichts der aufwühlenden Neuerungen, die die Menschheit durch die Lehren Luthers erfahren hat, nur allzu ersichtlich. Als nicht ganz einfach stellt sich jedoch der Nachweis dieser Veränderungen allein aufgrund der in den Policeyordnungen angeführten Motivangaben dar.

So bietet die Auswertung der rein quantitativen Entwicklung ehe- und sittenpoliceylicher Maßregeln nach der Glaubensreform für beide Reichsstädte keine einheitlichen Ergebnisse. Die Annahme, der Protestantismus habe die Regelungsdichte und -bereitschaft gerade im Hinblick auf die Ordnung der Geschlechterbeziehung erheblich forciert, wird in dieser Eindeutigkeit nur durch die Normgebung des Nürnberger Rates bestätigt. Sie stellt insoweit ein geradezu musterhaftes Indiz für die verstärkende Wirkung und den Einfluss dar, den die reformatorischen Forderungen auf den reichsstädtischen Rat möglicherweise ausübten. Der Nürnberger Rat produzierte in der Zeit von 1327 bis 1528 ganze sieben Policeyordnungen zur Normierung von Ehe- und Sittlichkeitstatbeständen. Von 1524 bis 1650 erließ er hingegen nicht weniger als 44 solcher Bestimmungen[433].

Ein völlig anderes Bild ergibt die Betrachtung der Entwicklung in Frankfurt. Vor der offiziellen Hinwendung zum protestantischen Glauben erließ der Rat sechs einschlägige policeyliche Ordnungen. Nach 1533 steigerte sich diese Anzahl nur in ganz geringem Umfang, nämlich auf sieben in der Zeit bis 1650 erlassene Policeyordnungen.

---

433. Hierbei ist immer zu bedenken, dass diese Zahlen nicht absolut gesehen werden dürfen. Es gibt für uns verlorene, weil abhanden gekommene Ordnungen (etwa durch Brand, Wasserschaden etc.) genauso wie die vielen Einzelanweisungen, die niemals einen größeren Adressatenkreis erreichten und die lediglich in den Rats- oder Bürgermeisterbüchern erschienen, s. oben S. 12 f. Doch auch die Zahlen der veröffentlichten Ordnungen sind bereits sehr aufschlussreich und aussagekräftig, stellen sie doch einen klar umrissenen und recht vollständig vorhandenen Bereich der Normgebung dar.

Was nun können die Gründe dafür sein, daß die ehe- und sittlichkeitsregulierende Normgebung in Nürnberg nach der Glaubensreform sprunghaft anstieg, während sie in Frankfurt im Vergleich zu der Entwicklung in vorreformatorischen Zeiten nahezu konstant blieb? Hatte der Frankfurter Rat die protestantischen Forderungen mangels Interesse schlichtweg nicht umgesetzt, so daß der nur geringfügige Zuwachs mit der zunehmenden Verschriftlichung städtischer Verwaltungsarbeit in der frühen Neuzeit erklärt werden kann? Sind innerhalb der beiden Reichsstädte tatsächlich so gravierende Unterschiede im Umgang mit der neuen Lehre zu erkennen, die eine Auswirkung auf den Erlass von Policeyordnungen erklären könnten?

Blickt man auf die religiöse Ausrichtung führender städtischer Gruppen, so gilt Nürnberg als Beispiel idealtypischer Umsetzung protestantischer Vorstellungen innerhalb einer städtischen Obrigkeit[434]. Die Voraussetzung für eine "Veralltäglichung"[435] kirchendogmatischer Neuerungen waren geradezu perfekt, gab es doch innerhalb des Nürnberger Rates sowie in dessen unmittelbaren Umfeld überaus aktive Befürworter einer Verbindung protestantischer Glaubensregeln und städtischer Ordnung. Nürnberg beschäftigte beispielsweise mit dem streng luthertreuen Lazarus Spengler bereits seit 1507 einen Ratsschreiber, der nicht nur als städtischer Abgesandter auf den Reichstagen, sondern auch innerhalb der städtischen Gemeinschaft großen Einfluss auf die religiös-sittliche Ausrichtung des Rates nahm[436]. Mit Willibald Pirckheimer saß ein anfangs glühender Verehrer der lutherischen Lehre im Rat[437], der genauso wie der Ratskonsulent Christoph Scheurl in regem Briefkontakt zu Luther stand[438]. Seit 1525 hielt sich überdies Philipp Melanchthon, der neben Luther dogmatisch führende Kopf der protestantischen Bewegung, in Nürnberg auf, um dort zu predigen und zu wirken[439].

Gleichwohl scheint allein die glaubenspolitische Festigung des nachreformatorischen Rates nicht allein ausreichend zur Durchsetzung protestantischer Ziele gewesen zu sein. Keinesfalls ist deshalb ein zielgerichteter Schluss in dem Sinne denkbar, dass die Ratsherren, welche "gut lutherisch" - wie Willibald Pirckheimer es ausdrückte[440] - waren, die religös-sittlichen For-

434. Vgl. Schilling, Die Stadt in der frühen Neuzeit, S. 97.
435. Vgl. Robert Scribner, Paradigms of Urban Reform: Gemeindereform or Erastian Reformation?, in: Grane, L./Hörby, K. (Hg.): Die dänische Reformation vor ihrem internationalen Hintergrund; Göttingen 1990, S. 111-128.
436Vgl. Petsch, S. 5 ff.; vgl. Pfeiffer, in: Nürnberg, S. 146 f.
437. Vgl. Reicke, Nürnberg. S. 784.
438. Vgl. Petsch, S. 1.
439. Vgl. Schmidt, Konfessionalisierung, S. 11.
440. Vgl. Reicke, Nürnberg, S. 836.

derungen der Glaubensreform umsetzten, während die nicht so Überzeugten sich mit entsprechenden Maßregeln zurückhielten. Dies beweist die Betrachtung der reformatorischen und nachreformatorischen Entwicklung Frankfurts eindrücklich. Dem Frankfurter Rat waren die Thesen der protestantischen Bewegung durchaus präsent. Genauso wie mit Nürnberg und anderen bedeutenden Reichsstädten stand Luther auch mit Frankfurt in ständiger Korrespondenz. Auf diesem Wege nahm er Einfluss auf die städtische Kirchenpolitik, wie die Berufung von Johann Cellarius als Prädikant im Jahr 1535 belegt, die auf ausdrücklichen Wunsch Luthers erfolgte[441]. Ebenso wie in Nürnberg gab es auch in Frankfurt patrizische Ratsmitglieder, die dem modernen humanistischen Gedankengut zugeneigt waren und sich - wie oben bereits erwähnt[442] - unter dessen Einfluss der protestantischen Lehre geöffnet hatten. Sie waren es auch, die zuließen, dass bereits im Jahr 1522, also elf Jahre vor dem offiziellen Glaubensübertritt, mit Hartmann Ibach erstmals ein Befürworter protestantischen Gedankenguts in der Pfarrkirche St. Bartholomä eine sonntägliche Predigt wider Ehebruch, Hurerei und Unzucht hielt.

Der Befund, dass sowohl Nürnberg als auch Frankfurt protestantisch gefestigte Obrigkeiten voran standen, manifestiert sich zudem bei der Betrachtung der Ordnungstexte selbst. In nachreformatorischer Zeit wurde in beiden Reichsstädten der Erlass von Policeyordnungen im Bereich von Sittlichkeit und Ehe regelmäßig religiös begründet[443]. Ausnahmen bildeten lediglich die Ordnungen betreffend das Verbot von Tanz und Schlittenfahren[444] sowie die obrigkeitliche Aufsicht über die Heiraten armer Leute[445]. Hierbei erscheint der Verzicht auf eine religiöse Begründung der jeweiligen Norm jedoch konsequent: Der Hinweis auf glaubensbedingte Handlungsanstöße musste notwendig fehlen, da Inhalte zur Regelung kamen, die zwar das Moralempfinden, die Ehre und das allgemeine Anstandsgefühl der Bürgerschaft tangierten, nicht aber einem christlichen Gebot widersprachen. Für alle übrigen Policeyordnungen im sittlichkeitsregulierenden Bereich kann jedoch sowohl für Frankfurt als auch für Nürnberg festgehalten werden, dass sich seit dem Übertritt der Stadträte zum

441. Vgl. Luthers Brief an Bürgermeister und Rat der Stadt Frankfurt vom 23. Nov. 1535, abgedr. bei Jahns, in: Frankfurt, S. 177.
442. S. oben S. 94 f.
443. Häufig wurden daneben freilich noch weitere Begründungen aus anderen Motivkreisen angeführt.
444. Verordnungen betr. Tanz: von 1530, StaatsAN, Rep. 63II, fol. 21; vom 25. Juli 1570, StadtAN, WBF, fol. 187 f.; vom 6. Juli 1594, StaatsAN, Rep. 63I, Mandatbuch E; vom 4. Sept. 1620, StadtAN, Rep. A6/I.
Verordnungen betr. Schlittenfahren: um 1562, StadtAN, WBF, fol. 245; um 1562, StadtAN, WBF, fol. 246.
445. Polizeiordnung vom 4. März 1604, StadtAF, Geschr. R/O, Kasten 4 (1600-1752).

protestantischen Glauben die religiöse Begründung als unumgängliche Notwendigkeit etablierte.

Grundlegend hierfür war die Neuordnung städtischer Machtbereiche, die auf der Lehre Luthers zum Verhältnis von Geistlichkeit und (städtischer) Obrigkeit basierte. In der - erst im Nachhinein so benannten[446] - "Zwei-Reiche-Lehre" legte er dieses Verhältnis dar[447]. Verkürzt und stark vereinfacht ausgedrückt, setzte diese Lehre auch nach der Reformation weiterhin das Bestehen eines weltlichen sowie das eines geistlichen Reiches voraus. Diese Bereiche waren voneinander getrennt; grundsätzlich war es beiden Mächten untersagt, sich in die Belange des jeweils anderen einzumischen. Luther forderte jedoch beide Mächte dazu auf, gemeinsam die Grundlagen zur angemessenen Verkündigung des Evangeliums zu schaffen. Dabei sollte die weltliche Macht als Schutzschild für die Geistlichkeit agieren. Der städtische Rat erhielt damit nicht nur die ehemals geistliche Gerichtskompetenz, sondern auch in vollem Umfang das Präsentationsrecht hinsichtlich der ihm unterstehenden Pfarrstellen. Zudem wurden die Entscheidungen des Rates nach der Lehre Luthers weitreichend gegen Widerstände jeglicher Art - sei es, seitens der Bügerschaft, sei es, seitens des Klerus - abgesichert. Luther bezog sich hierbei auf das Pauluswort, nach dem alle obrigkeitliche Gewalt von Gott ist und gegen die von Gott verordnete Obrigkeit kein Widerstand möglich sei[448]. Damit wuchs der städtische Rat mit Hilfe der Lehre Luthers in die Stellung einer gottverordneten, christlichen Obrigkeit, gegen deren Entscheidungen aufzubegehren einer Sünde gleichkäme[449]. Die protestantischen Ratsherren wurden - auf Kosten der christlichen Gemeinden - zu einer festen Größe bei der Verwirklichung des göttlichen Auftrags[450].

In der Verordnungspraxis wird diese Entwicklung in erster Linie anhand der Bezeichnungen, die sich der nachreformatorische Rat selbst gab, ersichtlich. Die Frankfurter Ratsherren erkannten sich etwa "als ein Christlicher Magistrat unß

---

446. Luther selbst hat diesen Begriff nie gebraucht, s. Goertz, S. 82.
447. Vgl. den grundlegenden Aufsatz von Heckel: Kirche und Kirchenrecht nach der Zwei-Reiche-Lehre, in: ZRG (KA) 48 (1962), S. 222 ff.
448. Paulus, 13. Römer: "Jedermann sei untertan der Obrigkeit, die Gewalt über ihn hat. Denn es ist keine Obrigkeit ohne von Gott; wo aber Obrigkeit ist, die ist von Gott verordnet".
449. S. auch Brunner, S. 306 f.; vgl. Moeller, Reichsstadt und Reformation, S. 33 f., der eindrücklich die gewaltige Bedeutsamkeit der Einsetzung des städtischen Rates als christliche Obrigkeit hervorhebt: "Nun gab Luther auch den geistlichen Tendenzen der Stadtgenossenschaft, die daraus entsprungen waren, eine vertiefte Rechtfertigung, indem er den weltlichen Beruf aus der Bibel selbst als heilig erwies, das obrigkeitliche Amt als ein Werk Gottes bezeichnete (...)" (S. 33).
450. Vgl. Schilling, Konfessionskonflikt, S. 287; s. Brecht, S. 17 f.; s. Petsch, S. 5 ff.; vgl. Raeff, S. 63.

obrigkeitlichem Amts halber schuldig", Unzucht und Hurerei abzuschaffen[451]. Auch in den Nürnberger Policeyordnungen der nachreformatorischen Zeit war diese Begründung durchaus üblich[452]. Noch deutlicher erkennbar wird das neue Selbstverständnis des Rates anhand der 1528 beschlossenen Brandenburgisch-Nürnbergischen Visitationsartikel. Sie bestimmten, "Das weltliche Obrigkeit eine göttliche ordnung sey, das wer Ihr widerstrebt, gottes ordnung widerstrebt"[453]. Ebenso strafte der Rat nicht selbst, wenn er auf Gottes Befehl tätig wurde, sondern die Sanktion kam von Gott selbst[454].

aa. Nürnberg: Idealtypische Umsetzung protestantischer Forde rungen

In der Zeit nach der Glaubensreformation bildete demnach die Aussage, der Rat sei christliche Obrigkeit und als solche durch das von Gott aufgetragene Amt verpflichtet, ordnend einzuschreiten, in beiden Reichsstädten den Hauptansatzpunkt für das ratsherrliche Selbstverständnis und dessen Motivation bei der Ordnungsgebung. In Nürnberg nahm - neben Martin Luther - insbesondere Philipp Melanchthon auf diese Entwicklung einen beträchtlichen Einfluss. Seine Predigten erfreuten sich großer Popularität; ihn verband zudem eine enge Freundschaft mit dem bereits erwähnten patrizischen Ratsherren Willibald Pirckheimer[455]. Der Nürnberger Rat besaß ebenfalls eine hohe Meinung von ihm, wurde Melanchthon doch bei allen wichtigen religionspolitischen

451. PO v. 7. April 1608 betr. leichtfertige und unzüchtige Weibspersonen während der Messezeiten, StadtAF, Conc. Edictorum, Tom. IV, fol. 21.

452. Vgl. z. B. PO v. 12. Febr. 1563 betr. Wiederverheiratung von Witwen, StaatsAN, Rep.Ic, Mandatbuch C, fol. 47: "(...) einem Erbarn Rath / als einer Christlichen Obrigkait (...)"; PO v. 20. Nov. 1596 betr. gottgefälliger Lebenswandel, StadtAN, Rep. A6/I: "(...) darumben einer jeden Christlichen Oberkeit von Gott befohlenen Ampts halben obligt und gebürt (...)"; PO v. 11. März 1619 betr. Unzucht und Unzucht vor der Hochzeit, StadtAN, Rep. A6/I: "Dieweil dann einer jeden Christlichen Obrigkeit / in krafft ihres von Gott aufgetragenen Ampts in alleweg gebüret / solch unzüchtig sündtlich leben / (...) alles ernsts zu wehren (...)"; PO v. 8. Dez. 1649 betr. Unzucht und unzüchtige Dirnen, StadtAN, Rep. A6/I: "Dieweiln dann einer jeden Christlichen Obrigkeit / in Krafft ihres von GOTT (das Wort Gott ist auch im Originaltext in großen Buchstaben geschrieben, B. G.) ufgetragenen Ambts in alle Wege gebühret / solch unordentlich / unzüchtig Leben / (...) / alles Ernstes zu steuern und zu wehren".

453. Art. 14 der Brandenburgisch-Nürnbergischen Visitationsartikel, abgedruckt bei von der Lith, Johann Wilhelm.

454. Art. 7 der Brandenburgisch-Nürnbergischen Visitationsartikel, s. ebenda.

455. S. Reicke, S. 709 f.

Entscheidungen um Stellungnahme gebeten[456]. Aber auch in anderen protestantischen Städten und Territorien wurde er bald neben Luther zu einem maßgebenden Kirchenlehrer. Melanchthon modifizierte die lutherische Zwei-Reiche-Lehre insofern, als er predigte, dass die weltlichen Herren aufgrund ihres Amtes Hüter beider Tafeln des mosaischen Gesetzes seien. Hieraus resultierte für die ratsherrliche Obrigkeit die strenge Verpflichtung, für die angemessene Verehrung Gottes und für einen christlichen Wandel innerhalb der Bürgerschaft zu sorgen, wollte sie nicht Gefahr laufen, selbst von Gott gestraft zu werden[457]. Die Obrigkeit war damit auch aufgrund ihres protestantischen Glaubens ausdrücklich beauftragt und aufgefordert, im Namen Gottes zu sanktionieren und zu strafen.

Auf der Grundlage protestantischen Denkens setzte der städtische Rat daher die "Entmachtungspolitik"[458] gegenüber der Geistlichkeit, die er schon im Spätmittelalter begonnen hatte, unter neuen Vorzeichen fort[459]. Innerhalb kürzester Zeit baute er sein Regiment gegenüber der Kirche so stark aus, dass den Vertretern der Geistlichkeit nur noch sehr wenig Raum für eigenständige Handlungsansätze blieb. Unter diesen Voraussetzungen mussten sich selbst Zugeständnisse an die machtpolitischen Ansprüche der städtischen Geistlichen im Nachhinein als unaufrichtig erweisen, wie die Errichtung eines Konsistoriums durch den Nürnberger Rat belegt. Scheinbar begab sich der Rat hierbei Teilen seiner kirchenpolitischen Macht, indem er ein Gremium aus drei geistlichen und zwei Ratsvertretern schuf, das in Fragen kirchlicher Zucht Entscheidungskompetenz besitzen sollte[460]. Den protestantischen Kirchdienern sollten damit "was mer in der Kirchen Christlicher czucht, nützlich zu ordnen zu endern zu bessern sein wirdt, auch was in zufallenden nötten Götlich zu handeln sey, zu jeder zeyt (...) unverhalten bleiben"[461]. Tatsächlich versuchte der Nürnberger Rat auf diesem Wege aber nur, die ihrer Zuchtgewalt verlustig gegangene Geistlichkeit zu besänftigen[462]. Ein derartiges Konsistorium, zu dessen Aufgaben insbesondere die Ehe- und Sittengerichtsbarkeit gehört hatte,

---

456. Dies gipfelte 1573 in der "Norma doctrinae et judicii Noribergensis", in die der Rat neben den grundlegenden theologischen Werken der Zeit auch das Examenstheologicum und drei weitere Schriften Melanchthons einbezog, vgl. Reicke, S. 937.
457. S. Schmidt, Konfessionalisierung, S. 12.
458. S. dazu vorne, S. 78 ff.
459. Vgl. auch Schmidt, Konfessionalisierung, S. 13 f., der für den landeskirchlichen Bereich bereits im Spätmittelalter in den "Gebiets-Verwaltungs-Körperschaften der universalen Kirche" (S. 14) die Vorstufen der nachreformatorischen Territorialkirchen sieht.
460. Vgl. Petsch, S. 23.
461. Brandenburgisch-Nürnbergische Kirchenordnung, abgedr. bei Ludwig Richter, Evangelische Kirchenordnungen des 16. Jahrhunderts Bd. 1 und 2, Weimar 1846, S. 211 (am Schluss).
462. Vgl. auch Goertz, S. 133.

trat nämlich niemals in Kraft. Die Spruchkompetenz verblieb allein in den Händen des Nürnberger Rates.

Die veränderten Machtkonstellationen bekamen insbesondere die Kleriker zu spüren, die es wagten, eine andere Auffassung als der Rat zu vertreten. Die Konfrontation mit anders denkenden Geistlichen wurde meist bereits im Vorfeld abgeblockt, da der Rat aufgrund seines Patronatsrechts nur ihm genehme Pfarrer für die städtische Seelsorge einsetzte. Aber auch die Geistlichen - allen voran Philipp Melanchthon und Andreas Osiander[463] -, die es wagten, während ihrer Amtszeit abweichende Gedanken zu äußern oder gar in einen offenen Streit mit dem Rat zu treten, bekamen die Übermacht der ratsherrlichen Obrigkeit zu spüren. Der Nürnberger Rat schrieb den Ortsgeistlichen von Beginn des Glaubensübertritts an vor, was sie zu predigen und zu lehren hatten. Bereits die infolge des Religionsgesprächs im Jahr 1525 festgeschriebenen 12 Artikel legten die neue Lehre im Sinne des Rates ihren Grundzügen nach fest[464]. Erneuert wurden diese Anweisungen sowohl in der 1528 erlassenen Visitationsordnung als auch schließlich 1533 in der Brandenburgisch-Nürnbergischen Kirchenordnung.

Der Nürnberger Rat beeinflusste seine Pfarrer jedoch nicht nur in Bezug auf die Verkündigung des Evangeliums. Er verstand es auch ansonsten, die Kleriker in eine von ihm abhängige Position zu versetzen. So beschnitt der Rat die selbständigen Einkünfte der Prediger, indem er sie zwang, sich mit Antritt der Pfarrstelle in den Stadtverband aufnehmen zu lassen[465]. Dort mussten sie dann ihren Steuerpflichten nachkommen. Darüber hinaus hatten die Geistlichen nicht nur den neuen Glauben im Sinne des Rates zu verkündigen. Ihre Aufgabe war es zudem, die Ratsherren auch bei ihrem weltlichen Regiment zu unterstützen[466]. Allerdings durften sie dabei ihre eigenen Kompetenzen nicht überschreiten. So wird der Prediger Andreas Osiander ausdrücklich vom Rat verwarnt, als er im Jahr 1537 ohne vorherige Anzeige und Genehmigung ein Gutachten über die

---

463. Vgl. Pfeiffer, in: Nürnberg, S. 162, der behauptet, dass Nürnberg Melanchthon vor allen Dingen "übel genommen" habe, dass er die Wiederherstellung der bischöflichen Jurisdiktionsgewalt in Betracht zog.
464. Wir "haben (...) zwelf artikel als ein summarium der ganzen heiligen schrift, die einem jeden prediger zu wissen not seien, ausziehen, die den vorgemelten unsern predicanten in schriften zeitlich behendigen und an sie begeen lassen (...)", Schreiben des Nürnberger Rats an Bürgermeister und Rat der Stadt Straßburg vom 28. März 1525, abgedruckt bei Petsch, S. 20.
465. S. Petsch, S. 6.
466. Vgl. Art. 10 des Religionsgesprächs vom 3. März 1525: "Ein friedlicher Prediger (muss) wie ferne man der Obrigkeit Gehorsam schuldig ist, fleißig lehren, dieweil aus ungeschickter Verwerfung aller Menschensatzungen bei den Unverständigen Verachtung der von Gott eingesetzten Obrigkeit erwächst", abgedruckt bei Petsch, S. 6.

rechtliche Behandlung verbotener Heiraten veröffentlicht[467]. Die Nürnberger Ortsgeistlichen waren schließlich derart an den Rat und dessen Anweisungen gebunden und in dessen Handlungskonzept verwoben, dass ihre Position als die eines ausführenden Organs des städtischen Rates bezeichnet werden kann.

Dabei vergaß die Stadtobrigkeit jedoch nie, dass sie - u. a. wegen der Wirkung und des Einflusses, der von Seiten der Pfarrer auf die Bevölkerung ausging - auf die Geistlichkeit angewiesen war. Diesem Gedanken entsprach es, dass die Nürnberger Ratsherren versuchten, den Klerus an ihren Entscheidungen zu beteiligen. Auch die Bildung eigener Gremien wurde ihm ermöglicht. Des weiteren hatten die Ortsgeistlichen jederzeit die Möglichkeit, Eingaben, Ratschläge und "Bedenken"[468] zu verfassen und diese dem Rat zugänglich zu machen. Auch bildeten die Prediger der sechs Pfarrkirchen St. Sebald, St. Lorenz, Hl. Geist, Egidien, Marien und St. Jakob das Predigerkollegium. Dessen Hauptaufgaben bestand darin, die Geistlichen zu beaufsichtigen sowie Maßnahmen der Kirchenzucht anzuregen.

So entstand ein stetiger Diskurs zwischen Rat und Geistlichkeit, der in letzter Konsequenz allerdings immer von den Ratsherren dominiert wurde. Diese waren zwar bereit, die Vorschläge der Kleriker anzuhören. Schließlich verwarfen sie jedoch konsequent alles, was ihren - meist sehr gemäßigten - Vorstellungen zuwiderlief. So war etwa das Predigerkollegium in all seinen Entscheidungen dem ratsherrlichen Kirchenamt unterstellt. Dieses befand über die Vorschläge und machte abweichende Eingaben kraft eigener Machtfülle zunichte. Noch augenfälliger werden die Machtverhältnisse zwischen geistlicher Beratung und ratsherrlicher Entscheidung bei den Arbeiten an der Brandenburgisch-Nürnbergischen Kirchenordnung. Die Kleriker schrieben die Entwürfe für die Kirchenordnung[469] und bearbeiteten sie nach der Begutachtung durch den Theologen des Markgrafen von Brandenburg. Der dabei entstandene Vorschlag, der den Geistlichen erhebliche eigene Strafkompetenzen zugestand, missfiel dem Rat jedoch, sodass er selbst zunächst eine Art "Grundbereinigung" vornahm[470]. Zudem wählte er die Geistlichen für die abschließende Bearbeitung

---

467. Vgl. von Soden, S. 455.
468. S. Z. B. "Von Ehesachen der Theologen Bedenken", StaatsAN, Rep. 52 b, fol. 183 ff.
469. Es handelte sich hierbei um zwei Entwürfe: Der eine kam von Osiander, der andere von einer geistlichen Kommission, die sich aus Schleupner, Link und Koberer zusammensetzte. Ursprünglich und vom Rat auch so vorgesehen, sollten alle vier Prediger aber gemeinsam arbeiten, S. Petsch, S. 21 f.
470. Strittigster Punkt war dabei die Frage, ob der Geistlichkeit ein Bannrecht zugestanden werden sollte. Osiander wollte den Bann unter allen Umständen verbrieft sehen. Der Rat war jedoch geschlossen dagegen und ließ auf dringenden Rat Spenglers diesen Artikel kurzerhand aus der Kirchenordnung heraus, S. Petsch, S. 22.

der Kirchenordnung geschickt aus, indem er gleichberechtigt neben dem zwar begabten, aber fanatischen Vertreter des Protestantismus, Osiander, den sehr gemäßigten württembergischen Theologen Brenz stellte[471]. Somit erreichten die Ratsherren durch tatkräftige Handlung und geschicktes Taktieren, dass unter Beteiligung aller maßgeblichen evangelischen Prediger und sogar des ewig widerstreitenden Osiander, die Brandenburgisch-Nürnbergische Kirchenordnung mit genau dem Inhalt erlassen wurde, den die städtische Obrigkeit von Beginn an beabsichtigt hatte.

Darüber hinaus ist kein einziger Fall aus dieser Zeit bekannt, in dem sich die Geistlichkeit gegen den Widerstand der städtischen Obrigkeit durchzusetzen vermochte. Der Rat griff in solchen Konfliktsituationen mitunter zu harten Mitteln, indem er unnachgiebige Pfarrer einfach absetzte, entließ und sie notfalls sogar aus der Stadt jagte. Das beste Beispiel für derartige Maßnahmen bietet die Person Andreas Osianders, der als kämpferischer Verfechter extremer protestantischer Positionen des öfteren die offene Kontroverse suchte[472]. Im Streit um die Einführung des Interims (1548) verhärteten sich die Fronten jedoch zu sehr, da die Geistlichen - allen voran Andreas Osiander, Veit Dietrich und Blasius Stöckel - auf keinen Fall von ihrer Gegnerschaft Abstand nehmen wollten. Dies hatte schließlich zur Folge, dass einige Geistliche ihres Amts enthoben wurden und selbst ein so bekannter Theologe wie Osiander mitsamt weiterer hartnäckiger Widersacher die Stadt verlassen musste, um die Einführung des Interims zu ermöglichen[473].

bb. Frankfurt am Main: Ehe- und Sittenpolitik im Spannungsfeld von protestantischem Rat - protestantischer Stadtgeistlichkeit - katholischem Kaiser - Bischof von Mainz

Die in Nürnberg so augenfällig werdende Eindämmung und Unterdrückung autonomer Handlungsansätze von Geistlichkeit und Volk durch die omnipotente christliche Ratsobrigkeit zeigt sich in Frankfurt in wesentlich verhalteneren Formen. Besonders im Hinblick auf die Entmachtung der Geistlichkeit dominierte der Frankfurter Rat keineswegs so eindeutig wie die Nürnberger Stadtoberen. Es gelang ihm zwar, mit Einführung der Reformation die protestantischen Prediger unter sein Regiment zu stellen. Im Unterschied zum Rat von Nürnberg hatte die Frankfurter Stadtobrigkeit jedoch große

---

471. Vgl. Petsch, S. 22.
472. S. Reicke, S. 258 ff.
473. Vgl. Petsch, S. 8 f.

Schwierigkeiten bei der Eindämmung des alten Glaubens. Die Katholiken wurden ihrer Ämter zwar zwangsweise enthoben[474]. Allerdings schafften es die Frankfurter in weiten Teilen nicht, die materiellen Vorteile der alten Kirche für eigene Belange umzulenken. Die Katholiken beharrten auch nach der Reformation derart standhaft auf ihren Besitztiteln, dass Sigrid JAHNS den Konflikt um Kirchengüter und Ewige Zinsen als "Dauerstreit der Frankfurter Stadtgeschichte im Reformationszeitalter" bezeichnet[475]. Ständige Unterstützung fanden die Ortsgeistlichen dabei im Bischof von Mainz, der ein ums andere Mal Prozesse vor dem altgläubigen Reichskammergericht gegen Frankfurt anstrengte und kaiserliche Räte sowie den Kaiser selbst zur Hilfe anrief[476]. Damit legten die Kurmainzer den Finger in die Wunde, lebten und regierten die Frankfurter doch in ständiger Furcht vor dem Verlust kaiserlicher Privilegien, da als Messe- und Krönungsstadt der Reichtum Frankfurts vom kaiserlichen Wohlwollen abhängig war. Dies führte dazu, dass es in Frankfurt wesentlich länger als in Nürnberg dauerte, bis der Rat von seiner Politik stetigen Lavierens zwischen den Glaubensrichtungen Abstand nahm und die protestantische Linie sich durchsetzte. So waren die Frankfurter Ratsherren noch 1535 - also zwei Jahre nach der offiziellen Einführung der Reformation - bereit, nur um einen Rechtsstreit mit Mainz zu beenden, wieder zum katholischen Glauben überzuwechseln[477].

Trotz der Bestrebung, den Kaiser nicht durch allzu vehemente Umsetzung protestantischer Glaubensforderungen zu verprellen, identifizierte sich der überwiegende Teil der Frankfurter Ratsherren mit den Idealen und Zielen des neuen Glaubens. Genauso wie in weiten Teilen der Bevölkerung stieß die neue Lehre auch in den Reihen des städtischen Rates auf große Resonanz. Luthers Werke fanden über die Messen starke Verbreitung[478] und hielten häufig Einzug in die Bibliotheken des finanziell begüterten Patriziats. Für das Jahr 1520 berichtet Georg Spalatin, dass auf der Frankfurter Messe eine sehr große Nachfrage nach den Schriften Martin Luthers festzustellen war[479].

Die Mehrzahl der Frankfurter Ratsvertreter folgte der lutherischen Botschaft. Zwar fand sich eine Gruppe um den Dechant von Liebfrauen, Johannes Cochläus, die überzeugte Humanisten waren, jedoch den Lehren Luthers nicht

474. Vgl. Jahns, in: Frankfurt, S. 184, die von einer Art "Enklavenbildung" durch die katholischen Klöster und Seelsorger in Frankfurt spricht.
475. Vgl. Jahns, in: Frankfurt, S. 187.
476. Vgl. Jahns, in: Frankfurt, S. 186.
477. Vgl. Jahns, in: Frankfurt, S. 178.
478. Vgl. die Angaben bei Bund, in: Frankfurt, S. 142, denen sich entnehmen lässt, dass 1520 ein Frankfurter Buchhändler mehr als 1400 Stück im Jahr abgesetzt habe.
479. S. den Nachweis bei Bund, in: Frankfurt, S. 142.

folgen wollten[480]. Der größere Teil fand aber im Zirkel um den Rektor der neu gegründeten Lateinschule, Wilhelm Nesen, Anleitung und Hinführung zu protestantischem Denken[481]. In der Stadt am Main festigten zusätzlich persönliche Kontakte zu Luther, der die Stadt anlässlich seiner Wormsreise im Jahr 1521 gleich zweimal besuchte, die Bindung an dessen Glaubenslehre. Bereits 1522 gestattete der Rat schließlich die erste evangelische Predigt. Hartmann Ibach sprach im sonntäglichen Hochamt in der Katharinenkirche die Kernbereiche der Protestantischen Lehre an. Dabei thematisierte er auch die Notwendigkeit der Formalisierung des Eheschlusses sowie die Zölibatsverstöße durch katholische Geistliche. Ebenso wie sein Nachfolger Dietrich Sartorius musste Ibach seine Predigttätigkeit jedoch auf Druck des Mainzer Ordinariats sehr bald wieder aufgeben. Dennoch müssen die Frankfurter Ratsheren sehr von der Durchsetzungsfähigkeit des protestantischen Glaubens überzeugt gewesen sein, stellten sie doch mit Dionysius Melander und Johannes Bernhard zwei evangelische Prediger fest an, obwohl das Kirchenwesen Frankfurts zu diesem Zeitpunkt nach wie vor altgläubig war.

Vor diesem Hintergrund kam es zu einer Zusammenarbeit mit den protestantischen Stadtgeistlichen, die weitaus weniger von obrigkeitlichem Herrschaftswillen geprägt war als die Politik der Schwesterstadt Nürnberg im gleichen Zeitraum. Dies belegt nicht nur der Umstand, dass der Frankfurter Rat dem Predigerministerium als Zusammenschluss der lutherischen Stadtpfarrer ab 1627 ausdrücklich gestattete, neben der rein begutachtenden und beratenden Tätigkeit eine eigene Strafgewalt gegen geringfügigere Sitten- und Religionsvergehen auszuüben[482]. Hierzu wies er das ratsherrliche Sendenamt an, entsprechende Delinquenten der Kompetenz des Predigerministeriums zu überstellen und nicht etwa selbst gegen diese vorzugehen, "die Herren auff der Sende sollen allewegen ein designation berüchtigter Personen dem Ministerio übergeben, damit sie mögen auch deßwegen gestrafft werden"[483].

Einiges deutet schließlich auch auf ein Zusammenspiel von Rat und Predigerministerium beim Erlass der Policeyordnungen hin. Insoweit sind der Untersuchung aber Grenzen gesetzt, da die hierfür maßgeblichen lutherischen Kirchenakten mittlerweile zum größten Teil untergegangen sind. Richard GRABAU hat jedoch noch 1913 Auszüge der Kirchenakten zusammengestellt und

---

480. In dieser Gruppe befand sich z. B. auch der Ratsherr Jakob Heller, vgl. Bund, in: Frankfurt, S. 162.
481. S. Jahns, in: Frankfurt, S. 162.
482. Vgl. Scholarchatsprotokoll v. 15. Juli 1628, abgedr. bei Telschow, Die alte Frankfurter Kirche, S. 17 Fn. 58 und 59.
483. Ratsprotokolle von 1628, fol. 8, abgedr. bei Grabau, S. 501.

abgedruckt[484]. Sie belegen, dass es in Frankfurt wiederholt auf Antrag der lutherischen Geistlichen zum Erlass ehe- und sittenpoliceylicher Ordnungen kam. So beschwerte sich das Predigerministerium am 26. Mai 1631 in einer schriftlichen Eingabe an den Rat über den geringen Abschreckungseffekt, den die Strafen für Unzucht, Hurerei und Ehebruch seiner Meinung nach besaßen. Dies führe dazu, dass "mancher delinquent aus der Straff (...) noch das gespött (...) machen darff"[485]. Der Frankfurter Rat reagierte auf diese Klage prompt: Bereits drei Tage später - am 29. Mai 1631 - ließ er in allen vier Frankfurter Kirchen von der Kanzel verkünden, dass jedermann sich der "unzucht und anderer grober Sünden (...) zu enthalten (habe), gestalt dann wol ermelter E. E. Hochweißer Rat solches alles mit höhern und mehreren ernst, alß bisher beschehen, anzusehen und zu straffen gentzlichen entschlossen".

Bei diesem Vorgehen handelte es sich keineswegs um eine Ausnahmeerscheinung, wie die Fälle zeigen, in denen das Ministerium auf seine ausdrückliche Bitte hin die Erneuerung bestimmter Policeyordnungen und mündlicher Verwarnungen erreichte[486]. Allerdings belegt bereits die Formulierung der Eingaben, dass es der Frankfurter Obrigkeit regelmäßig nicht schwer gefallen sein dürfte, den Bitten der Geistlichen nach entsprechendem Ordnungserlass zu entsprechen. Zwar konnten sich die Prediger zeitweilig die Anmerkung nicht verkneifen, dass ihrer Meinung nach den "sehr einreißenden lastern" am besten durch Kirchenbußen begegnet werden könne[487]. Dennoch verdeutlicht ihre sonstige Vorgehensweise, dass sie im Endeffekt die Regelungsgewalt des christlichen Rates respektierten. So bat das Predigerministerium mit der Eingabe vom 9. Mai 1650[488] den Rat, "eine fleißige inquisition und uffsicht Zu haben, den schwären beharrlichen Sünden und ärgernüßen nach möglichkeit zu wehren, nach den huren winckeln fleißig forschen zu laßen, die statt von den bekanndten prostibulis reinigen" zu lassen sowie "Hurerey, Ehebruch, fluchen und gotteslästerungen, allmodische, sodomitische Kleidungen und Sünden" durch ein "offentlich edict" zu unterbinden. Die höfliche und respektvolle Bitte verfehlte ihre Wirkung nicht: Fünf Tage später erließ der Rat eine entsprechende Verwarnung[489].

---

484. Vgl. ebenda, S. 320 ff., insb. S. 327 f.
485. Grabau, S. 320.
486. Vgl. das eben genannte Proclama vom 29. Mai 1631, das nach der Eingabe des Predigerministeriums vom 7. April 1635 am 9. April 1635 vom Rat erneuert wurde, vgl. Grabau, S. 330 sowie die erneute Verwarnung vor den Latern vom 12. Juni 1651, die auf die Erinnerung der Prediger vom 5. Juni 1651 erfolgte, vgl. Grabau, S. 332.
487. Vgl. Eingabe vom 26. Mai 1631, abgedr. bei Grabau, S. 329.
488. Abgedr. bei Grabau, S. 331.
489. Vgl. Grabau, S. 332.

cc. Die Durchsetzung der lutherischen Glaubensforderungen als Ziel frühneuzeitlicher reichsstädtischer Ehe- und Sittenpolicey

Insgesamt stieß der Protestantismus bei den Räten beider Reichsstädte auf große Resonanz. Ihr Übertritt zum evangelischen Glauben spiegelte daher weniger machtpolitische, als in erster Linie echte Glaubensinteressen wider. Zumindest in der ersten Zeit der reichsstädtischen Reformation waren die führenden Köpfe erfüllt von dem Ziel, den lutherischen Gedanken zu leben und seinen Forderungen nachzukommen. Man erhoffte sich eine Beendigung klerikaler Missstände und strebte nach eigenem Heil durch die "wahre" Lehre. Die antiklerikale und humanistische Einstellung, die ein Großteil der Patrizier im Spätmittelalter bezogen hatte, wurde nun durch die neue Konzeption einer Heilserlangung allein durch den Glauben (sola fide), allein durch Gottes Gnade (sola gratia), allein durch Christus (solus Christus) und allein durch die Heilige Schrift (sola scriptura) in neue Bahnen gelenkt[490]. Die Verantwortung für das Umsetzen der protestantischen Glaubensinhalte lag dabei ab der Glaubensreformation in den Händen des reichsstädtischen Rates. Die Zwei-Reiche-Lehre Luthers schuf die maßgeblichen Voraussetzungen dafür, dass fortan christliche Gebote mit obrigkeitlicher Machtfülle durchgesetzt werden konnten. Gerade im - mit religiösen Werten traditionell eng verknüpften - Bereich von Ehe und Sittlichkeit führte dies mitunter zu einer Flut von Verordnungen, Mandaten und Erlassen. Darüber hinaus ist zunehmend das Bestreben zu erkennen, die Glaubenslehre und ihre Forderungen durch rigide und pedantisch genaue Ordnungsinhalte zu konkretisieren. Auf diese Weise wurden sittlich-religiöse Werte für die alltägliche Praxis handhabbar und für alle Stadtbewohner verständlich. So reichte es nicht aus, zur Regelung der ehelichen Gemeinschaft auf die Heiligkeit des Ehestandes[491] und aller damit verbundenen Handlungen zu verweisen. Der Nürnberger Rat sah sich vielmehr gezwungen, den "Spott bei der Einläutung der Ehe"[492] explicit zu untersagen. Ebenso findet sich neben der allgemeinen Unzuchtsregelung das spezielle Verbot der "Unzucht der Jugend auf den Kirchhöfen"[493]. Der Frankfurter Rat sah sich gar genötigt,

---

490. Ob und inwieweit allerdings zwischen Luthers Rechtsfertigungslehre und den antiklerikalen Strömungen des Spätmittelalters eine Verbindung besteht, ist nach wie vor umstritten, s. Goertz, S. 84 ff., der Zusammenhänge sieht und sich dabei bewusst in Gegensatz zu Oberman, S. 247 und anderen Vertretern des Ansatzes, dass kein enger Zusammenhang zwischen Antiklerikalismus und Rechtfertigungsbotschaft besteht, stellt.

491 . Der Ehe allein kam die Aufgabe der Fortpflanzung zu, vgl. Dieterich, S. 22.

492. PO v. 11. Juli 1537, StaatsAN, Rep. 63II, fol. 40.

493. PO v. 24. März 1553, StaatsAN, Rep. 63Ic, Mandatbuch B, fol. 105.

das Verhalten von "leichtfertigen Weibspersonen (Prostituierten) so wol auß als innerhalb der gewönlichen Meßzeiten" dezidiert zu regeln[494].

Es bleibt also festzuhalten, dass mit dem Auftreten Martin Luthers und der nachfolgenden Einführung des protestantischen Glaubens sowohl Nürnberg als auch Frankfurt neue, gewaltige Möglichkeiten hinsichtlich der Regelung von Ehe und Sittlichkeit gewannen. Die reichsstädtischen Räte waren endgültig oberste christliche Obrigkeit, die im Stadtgebiet die weltliche Herrschaft genauso wie das Kirchenregiment inne hatten und sich fortan für lange Zeit diese alles entscheidenden Machtpositionen nicht entreißen ließen. Dennoch wäre es verfehlt, den machtpolitischen Aspekt als entscheidend für den Übertritt zum evangelischen Glauben anzusehen. Dies wird selten so deutlich wie anhand der Maßnahmen, die der städtische Rat in nachreformatorischer Zeit im Bereich von Ehe und Sittlichkeit ergriff. Mit ihnen versuchte er, den neuen Glauben zu leben und den Forderungen nach sittlicher und moralischer Besserung der Bürgerschaft nachzukommen. Was zuvor eine eigeninitiative Handlung gegen die Missstände war, die die alte Kirche aufkommen ließ, besaß nun eine gefestigte Grundlage in der protestantischen Glaubenslehre. Ein Handlungsbewusstsein im christlichen Auftrag manifestierte sich. Die Begründung für den Erlass einer sittlichkeitsregulierenden Polizeiordnung ergab sich nunmehr aus dem Anliegen, als christliche Obrigkeit den Anforderungen des Evangeliums zu genügen, um so der Bürgerschaft den rechten Weg zu weisen und das Heil zu erlangen[495].

4. Der Einfluss des protestantischen Eherechts

Im Zusammenhang mit der Betrachtung christlich-religiöser Motivationen für den Erlass reichsstädtischer Policeyordnungen ist bei der vorliegenden Untersuchung die Beantwortung der Frage unerlässlich, inwieweit besonders die protestantischen Ehevorstellungen auf die Ordnungsgebung Einfluss nahmen. Bewusst soll dabei von "Vorstellungen" gesprochen werden, denn der Protestantismus der Nachreformationszeit brachte kein systematisches, in sich geschlossenes Eherecht hervor. Die Lehre Luthers ging vielmehr davon aus, dass die Regelung der äußeren Rechtsgestalt der Ehe und damit insbesondere die Regelung der Formalia von Eheschließung und -scheidung keine Aufgabe

494. Edikt vom 7. April 1608, Conc. Edictorum, Tom. IV, fol. 21.

495. S. dazu auch Spengler, der ausdrücklich beschreibt, dass die Sorge der Obrigkeit sich nicht nur auf das rein weltlich bedingte Wohlergehen, sondern genauso auf die seelische Wohlfahrt erstreckt. Letztere versteht er allerdings nur insoweit, als die Obrigkeit durch ihre Gebote die Bevölkerung auf den rechten Weg führen soll, s. Spenglers Aufsatz über die Visitationen, StaatsAN, Tomus 8, Nr. 38, S. 266 ff., Nachweis bei Petsch, S. 27 f.

geistlicher Kompetenzträger sei[496]. Luther sprach der Ehe jeglichen Sakramentscharakter ab und stufte sie als bloßen "contractus civilis" ein, als "eusserlich weltlich ding (...) wie kleider und speise, haus und hoff, weltlicher oberkeit unterworffen, wie das beweisen so viel keiserliche rechte daruber gestellet"[497]. Die ehrechtliche Gestaltung oblag den weltlichen Ordnungsträgern, allen voran den protestantischen Landesfürsten und den reichsstädtischen Räten. Ihre Aufgabe war es, schnellstmöglich ungeregelte Leerstellen zu beseitigen[498] und eigene eherechtliche Ordnungsvorstellungen zu schaffen[499].

Die Vorgehensweise war hierbei allerdings unterschiedlich. So nutzte nur der Nürnberger Rat die Policeyordnungen zum Zweck eherechtlicher Regelungen. Die Frankfurter Obrigkeit hingegen gab ihre - im übrigen sehr ähnlich gefassten - Ordnungsvorstellungen ausschließlich vermittels der Rechtsreformation an die Stadtbevölkerung weiter. Warum das Frankfurter Regelungsverhalten sich insoweit von dem der Nürnberger unterscheidet, kann im Rahmen der vorliegenden Arbeit lediglich gemutmaßt werden. Eine Erklärung könnte darin bestehen, dass die Rechtsreformationen - im Gegensatz zu den Policeyordnungen - gesetzesförmigen Charakter besaßen, der eine gleichartige Beurteilung vor Gericht sichern sollte. Hierauf deutet insbesondere der Umstand hin, daß in ehegerichtlichen Verfahren vor dem Rat die Rechtsreformationen regelmäßig ausdrücklich als Rechtsgrundlage zitiert werden. Die Policeyordnungen gleichen Inhalts finden hingegen in den Schriftsätzen und Urteilen der Ehegerichtsprozesse des hier untersuchten Zeitraums keine Erwähnung.

Betrachtet man den Inhalt der ehegestaltenden Policeyordnungen, so beschäftigten sich die Nürnberger Herren in den Policeyordnungen des 16. und 17. Jahrhunderts weniger mit Fragen der Ehescheidung oder der Eheschlie-

---

496. Vgl. Michaelis, S. 43 ff.; vgl. Suppan, Die Ehelehre Martin Luthers.
497. Luther, Von Ehesachen, WA Bd. 30, III. Abt., S. 205 Zeile 12-14.
498. Vgl. Köhler, S. 275, der hierfür den Ausdruck des "Vakuums" gebraucht.
499. Anders als in den von Köhler untersuchten Städten sind auch keine gravierenden Kompetenzstreitigkeiten mit den protestantischen Pfarrern bekannt: Die Auswahl bei der Besetzung der städtischen Pfarrstellen war wohl von Anfang an sehr sorgfältig vorgenommen worden. Kam es dennoch zu Unstimmigkeiten war der Rat mit Absetzungen und Kompetenzbeschneidungen schnell bei der Hand, s. oben S. 109.
Vgl. aber auch Köhler, S. 275, der die Konflikte zwischen den evangelischen Pfarrern als "traditionellen Eheschließern" und der jungen machthungrigen städtischen Obrigkeit beschreibt. Allerdings läuft es auch bei den von Köhler untersuchten Städten im Endeffekt darauf hinaus, dass der Rat die Pfarrer mehr und mehr ins Abseits zu drängen versuchte, s. Köhler, S. 278 ff.

ßungshindernisse[500]. Hauptthema ihrer nachreformatorischen Eherechtsregelungen war vielmehr das Verbot der so genannten "Winkelehe" und die damit einhergehende Formalisierung des Eheschlusses. Die reichsstädtische Obrigkeit begegnete damit einem drängenden Problem ihrer Zeit, die vor der Frage stand, wie man die Wirksamkeit der Eheschließungshandlung nachweisen konnte. Ursprünglich hatte bis zum Tridentinum nach kanonischem Recht allein der Konsens, also die tatsächliche Willensübereinstimmung zwischen den Parteien, ausgereicht, um einen wirksamen Eheschluss annehmen zu können[501].

Dies schuf bereits in vorreformatorischer Zeit Schwierigkeiten bei der Beurteilung von unter vier Augen abgegebenen Eheversprechen. Bei Streitigkeiten über die Wirksamkeit der Ehe mangelte es immer wieder an aussagekräftigen Beweisen, weil alleinige Voraussetzung für das Zustandekommen einer Ehe der hierauf gerichtete Konsens von Mann und Frau war[502]. Da insbesondere eindeutige Augen- bzw. Ohrenzeugenberichte regelmäßig nicht vorhanden waren, kam es zu umfangreichen und mitunter langwierigen Prozessen. Dass hiervon nicht nur die ärmere Bevölkerung, sondern in nicht unerheblichem Maße auch die begüterten Stadtbewohner betroffen sein konnten, belegt der Aufsehen erregende Fall der Nürnberger Patrizierin Barbara Löffelholz[503]. Die spätere Mutter des Ratsherren Willibald Pirckheimer wurde im Jahr 1465, als 18jährige, von einem ihrer Verehrer - Sigismund Stromer, ebenfalls der Spross einer Nürnberger Patrizierfamilie - vor dem Domdekanatsgericht Bamberg belangt. In dem groß angelegten Verfahren versuchte das Gericht, anhand mehrerer in- wie ausländischer Rechtsgutachten[504] sowie zweier "Lauschzeugen" zu ermitteln, ob die vermögende Barbara seinerzeit Sigismund tatsächlich in einem abgeschiedenen Kämmerlein im Hause ihrer Kusine Ursula Holzschuher die Ehe hatte versprechen wollen. Dabei spielt u. a. eine Rolle, dass Stromer seine Angebetete des öfteren beschenkte - handelte es sich hierbei um Brautgeschenke? - und dass Barbara nach Aussage der beiden Zeugen geäußert hatte "Do sey got vor, das ich keinen andern nehme dann euch". Die sich aus diesen Anhaltspunkten möglicherweise ergebenden Konsequenzen werden im Verfahrensverlauf in extenso erörtert. Das abschließende Urteil des Domdekanatsgerichts ist

---

500. Dies entspricht im übrigen auch den Erkenntnissen von Schmelzeisen, Polizeiordnungen und Privatrecht, S. 61, der angibt, dass die Ehescheidung als solche durch Polizeiordnungen nur "sehr zögerlich" Regelung erfuhr.

501. Vgl. Sohm, Das Recht der Eheschließung, S. 37.

502 . Vgl. Koch, Die causa matrimonialis, S. 32 ff.; vgl. auch Koch, Maior dignitas, S. 13 ff.

503. Vgl. Reicke, Der Liebes- und Ehehandel der Barbara Löffelholz, S. 134-196.

504. Vgl. hinsichtlich der Gutachten der Paduanischen Juristen Kurras, Lotte/Machilek, Franz, Caritas Pirckheimer 1467 – 1532, Katalog zur Ausstellung in der Kaiserburg Nürnberg 26. Juni – 8. August 1982, München 1982, Nr. 27.

allerdings nicht bekannt. Ersichtlich wird jedoch die Schwierigkeit, die Gültigkeit des Eheversprechens allein mit Hilfe des kirchenrechtlichen Konsensverständnisses festzustellen genauso wie die Tatsache, dass Barbara im Endeffekt nicht Sigismund Stromer, sondern dessen Widersacher Hans Pirckheimer geehelicht hat.

Sechs Jahrzehnte später war nicht mehr das Domdekanatsgericht, sondern das Nürnberger ratsherrliche Ehegericht für Ehestreitigkeiten zuständig. Dennoch hatte sich die Problematik heimlicher Eheversprechen keineswegs verringert. Der Nürnberger Rat hatte diesbezüglich unmittelbar nach der Reformation noch keine Regelungen getroffen[505], die protestantischen Geistlichen hingegen waren auf dem Gebiet der Ehesachen nicht länger regelungsbefugt. Beide Seiten waren sich allerdings grundsätzlich darüber einig, dass die Ehe ohne vorherige Zustimmung von Verwandten bzw. Vormündern unrecht und mit "hefftiger ernstlicher straff"[506] zu verfolgen sei. Die Nürnberger protestantischen Theologen drängten deshalb in einem Gutachten von 1531 darauf, dass eine "christliche Obrigkeit mit einem offentlichen Mandat" die Winkelehe verbieten solle[507]. Ob die Geistlichen mit dieser Forderung tatsächlich den Ausschlag für den Erlass einer entsprechenden Policeyordnung gaben oder ob sie damit nur eine bereits entschlossene Obrigkeit bekräftigten, kann nicht eindeutig geklärt werden. Sicher ist, dass sich die reichsstädtischen Herren bereits Ende 1524 mit der Problematik befassten[508], jedoch erst 1534 eine entsprechende Regelung trafen[509]. Deren Erlass begründeten sie, übereinstimmend mit der Argumentation der Nürnberger Theologen, damit, dass der heimliche Eheschluss "den Götlichen und weltlichen Rechten / darzu natürlicher vernunfft entgegen (stehe). Dieweyl durch dergleychen leichtfertigkeit heimlicher eegelübdnus / die zucht und erberkeyt des eelichen von Got eingesetzten eestandes geschendet (...) auch durch ungehorsam und verachtung der kinder gegen iren Eltern / Got der Almechtig (...) höchlich erzürnt" werde[510].

505. Vgl. auch Jegel, Fn. 176, der den ersten Ratschlag über die Winkelehen auf den 8. April 1527 datiert, dem dann die Verordnung vom 3. Juni 1534 folgte.

506. Von Ehesachen der Theologen Bedenckhen, Der Vierdt Artickel, 1531, StaatsAN, Amts- und Standbücher Nr. 138; s. auch Bericht der Stadt Nürnberg nach Straßburg, abgedr. bei Kolde, Kirchenwesen, S. 71.

507. Von Ehesachen der Theologen Bedenckhen, Der vierdt Artickel, 1531, StaatsAN, Amts- und Standbücher Nr. 183.

508. Vgl. Bericht der Stadt Nürnberg nach Straßburg, abgedr. bei Kolde, Kirchenwesen, S. 71.

509. PO v. 3. Juni 1534, StadtAN, Rep. A6/I.

510. PO v. 3. Juni 1534, StadtAN, Rep. A6/I. Vgl. mit gleicher Begründung auch PO v. 11. Juli 1537, StadtAN, Rep. A6/I; PO v. 18. Juli 1571, StadtAN, Rep. A6/I; vgl. auch die Begründung der Theologen in: Von Ehesachen der Theologen Bedenckhen, Der vierdt Artickel, 1531, StaatsAN, Amts- und Standbücher Nr. 183: "Darauß Gottes gebot natürlichem

Bei alledem sollte die Gehorsamspflicht nach Auffassung des Nürnberger Rates aber nicht so weit führen, dass die Kinder von ihren Eltern zu einer bestimmten Ehe gezwungen werden konnten[511]. Die noch in der frühen Neuzeit gängige Praxis, dass Eltern ihre Kinder unter Zweckmäßigkeitsgesichtspunkten verheirateten[512], sollte dadurch unterbunden werden - auch insoweit stimmten die Anliegen der reichsstädtischen Obrigkeit mit denen der protestantischen Geistlichen überein[513].

So groß die Einigkeit darüber war, dass eine Winkelehe gegen Recht und insbesondere gegen das 4. Gebot ("Du sollst Vater und Mutter ehren") verstieß, so unklar war, welche Voraussetzungen ein gültiges Eheversprechen haben sollte. Luther lehnte die Anwendung des kanonischen Rechts auch insoweit rigoros ab und verlangte zur Gültigkeit einer Ehe die Genehmigung der Eltern bzw. Vormünder[514]. Der Nürnberger Rat vertrat demgegenüber - genauso wie Melanchthon[515] und die Nürnberger Theologen[516] - eine eher vermittenlnde Ansicht, die grundsätzlich von der Fortdauer des kanonischen Rechts in dieser Frage ausging. Er hielt ein heimliches Verlöbnis deshalb nicht per se für ungültig. Die mangelnde Öffentlichkeit stellte vielmehr ein aufschiebendes Hindernis dar, über dessen Beseitigung allein der Eherichter entscheiden konnte: "Und ob uber dises eins Erbarn Raths verpot sich dergleichen haimliche gelübd und unordenliche Eheliche zusammen verbindung unter den Kindern zutragen / darein die Eltern und Vormunder derselben Kinder nicht verwilligen würden / So sollen sich die selben verlübten Personen / für sich selbs / oder auff begeren der Eltern oder irer Vormunder / solche Ehe zutrennen und von einander zu schaiden nicht macht haben / Auch dieselben zwo verlübden Personen / von den Pfarherrn oder Kirchendienern nicht eingelaitet werden / sondern (...) zuvorderst schuldig sein / vor dem Statgericht zu Nürnberg zu erscheinen / und allda nach genugsamer Verhörung der theile und sachen / auch notturfftiger Kundschafft

---

undt weltlichen Rechten auch Burgerlicher Erbarkeit, die Kinder so noch in gewalt Ihrer Eltern sein den Consens unndt Verwilligung derselben Eltern in den verheirathen zu ersuchen, undt soviel möglich zu erlangen schuldig sein".

511Vgl. PO v. 8. Okt. 1572, StadtAN, Rep. A6/I.

512. Vgl. van Dülmen, Das Fest der Liebe, S. 72.

513. Vgl. Von Ehesachen der Theologen Bedenckhen, Der vierdt Artickel, 1531, StaatsAN, Amts- und Standbücher Nr. 183; Martin Luther, "Daß Eltern die Kinder zur Ehe nicht zwingen noch hindern, und die Kinder ohne der Eltern Willen sich nicht verloben sollen, 1524, WA Bd. 15, S. 164, Z. 1 ff.

514. "Das heimliche gelübde für Gott nichts gelten", Martin Luther, Von Ehesachen 1530, WA Bd. 30, III. Abteilung, S. 205 ff., S. 218, Z. 11.

515. Vgl. Köstlin/Kawerau, S. 468 f.

516. Vgl. Von Ehesachen der Theologen Bedenckhen, Der vierdt Artickel, 1531, StaatsAN, Amts- und Standbücher Nr. 183.

und aller umbstende erkant / und rechtlich entschieden werde / ob solche verbündnuß krefftig sey oder nicht"[517].

Zeitgleich schuf der reichsstädtische Rat Regelungen, die auf eine stärkere Formalisierung der öffentlichen Eheschließungshandlung abzielten. "Christlicher ordnung gemeß" sollte das Brautpaar "offentlich zu kirchen und zu straßen gehen und sich vor dem angesicht der christlichen gemein einlaiten lassen"[518]. Die anschließende Trauhandlung sollte öffentlich in der Kirche vor der gesamten Gemeinde stattfinden und - insoweit wurde den Ansichten Luthers gefolgt - "mit zeugen, die solchs beweisen konnen"[519].

Die Pfarrer wurden in Mandaten angewiesen, heiratswilligen Paaren, "Ettliche frag von denen zuerfare so sich anzüzaigen zü verkünden zum eelichen stant / ee dan sie eingeleit werden"[520] (sog. Brautexamen). Mit diesen Fragen wurde abgeklärt, ob die Paare die elterliche oder vormundschaftliche Genehmigung zur Hochzeit besaßen, ob sie bereits anderweitig versprochen waren und ob eine Blutsverwandtschaft bestand. Lagen derlei Ehehindernisse nicht vor, sahen die Kirchenordnungen vor, dass die Eheleute an zwei - später teilweise sogar an drei - Sonntagen vor der Hochzeit von der Kanzel herab aufgeboten werden mußten[521]. Die Hochzeit selbst fand dann im Beisein zweier Trauzeugen sowie eines Pfarrers statt. Mit dieser formalen Regelung des Eheschlusses wurden die Städte frühe Vorreiter einer Vorschrift, die im Konzil von Trient (1545 - 1563) schließlich eine verbindliche und allgemeingültige Normierung erfuhr, die fortan auch im katholischen Bereich Geltung erlangte[522].

---

517. PO v. 18. Juni 1571, StadtAN, Rep. A6/I.

518. PO v. 12. Nov. 1582, StaatsAN, Rep. 63Ic, Mandatbuch E.

519. Martin Luther, Von Ehesachen, 1530, WA Bd. 30, III. Abteilung, S. 205 ff., S. 207, Z. 17 f.; vgl. Martin Luther, Ein Traubüchlein für die einfältigen Pfarrherrn, 1529, WA Bd. 30, S. 75 f.

520. Anweisung von 1537, StadtAN, Rep. A6/I.

521. S. Müllners Annalen Bd. 5, S. 275: "Dies Jahr hat man zu Nürnberg erstlich engefangen, alle Hochzeiten 2 Sontage nacheinander in den Kirchen von den Kanzeln zu verkünden".
Vgl. auch Articuli von Synodis und Capituln was darinnen gehandelt werden solle (4. Nov. 1578), StadtAN, Rep. B5II Nr. 191, Nr. 19: "Ob die Verlobten angehenden Eheleuthe da es Fug hat sonderlich sich auch keines posthum zubesehen, an drey Sonntagen verkündiget zu rechter Zeit eingesegnet und darbey eine Predigt gehalten werde".

522. Seit dem tridentinischen Ehedekret "Tametsi" setzte ein gültiger Eheschluß ein dreimaliges Aufgebot von der Kanzel voraus. Zudem mussten die Brautleute ihren Heiratswillen vor dem Ortspfarrer und zwei Zeugen bekunden (praesente paroche et duobus vel tribus testibus), s. dazu auch Coing, Europäische Privatrechtsgeschichte, S. 228 ff. Desweiteren s. Trog, in: Über die Ehe, S. 42 F. 24; s. Mikat, Art. "Ehe", in: HRG, Sp. 821 ff.; Erler, Kirchenrecht, S. 43 f.; vgl. auch Dieterich, S. 55 ff., 126.

Bei all diesen eheschließenden bzw. den Eheschluss vorbereitenden Handlungen bediente die städtische Obrigkeit sich des evangelischen Pfarrers, der fortan in einer Art "Doppelfunktion"[523] tätig wurde. Die Notwendigkeit der Einhaltung bestimmter Formvorschriften wurde auf die Ebene der Pfarranweisungen und Kirchenordnungen verlagert[524]; die örtlichen Prediger standen damit in direkter Abhängigkeit vom Rat. Gleichzeitig erlangten sie durch die neuen eherechtlichen Regelungen der protestantischen Stadtobrigkeit einen Großteil der Verantwortung für die ordnungsgemäße Eheschließungshandlung zurück. Der Nachweis einer kirchlichen Trauung erbrachte vor Gericht einen starken Beweis für den Abschluss einer ordnungsgemäßen Ehe, der nur schwer zu widerlegen war. Dies muss auch Wolf Haase erfahren, der im Jahr 1601 von Elisabeth Wassermann vor die Nürnberger Eherichter zitiert wird[525]. Haase verweigert Elisabeth die Vollziehung des Eheversprechens, den "christlichen Kirchgang", obgleich er bereits bei ihrem Vater um ihre Hand angehalten und Brautgeschenke überreicht hat. Obwohl Haase seinerseits Gründe vorbringt, um das (vermeintliche) Eheversprechen zu demontieren, bleibt die Akte dünn. Zur Klärung des Rechtsstreits werden nicht - wie in diesen Fällen regelmäßig üblich - umfangreiche Rechtsgutachten der theologischen Fakultät in Altdorf angefordert. Die gerichtliche Entscheidung fällt vielmehr denkbar knapp aus: "Dem Beclagten ist unter dem Gerichtsfürhang zugesprochen worden, sich besser zu bedencken". Wie die nachfolgende Begründung des Gerichts zeigt, erscheint für die Entscheidung nicht nur erheblich, dass Haase "die Clegerin uffrecht genommen (hat), Ir nit allein 4 Jahr und ein Stück Goldes zubestettigung geben" hat. Ausschlaggebend ist für die Richter vielmehr, dass Wolf Haase und Elisabeth Wassermann sich "offentlich vonn der Canzell (haben) verruffen lassen". Alles, was Haase im Nachhinein gegen die Eheverpflichtung vorbringe, sei angesichts des öffentlichen Bekenntnisses innerhalb der christlichen Gemeinde "nur bloße praesumptiones", denn es "gehöre darzu eine starke außführung", um den so geschaffenen Beweis zu entkräften.

Der Fall Wassermann contra Haase zeigt den Sinn und die Notwendigkeit einer Formalisierung des Eheversprechens aus reichsstädtischer Sicht. Gleichzeitig weist er auf die neben den religiös-moralischen Bestrebungen bestehenden Hintergründe bei der policeyordnungsrechtlichen Regelung der Winkelehen hin.

---

523. Trog, in: Über die Ehe, S. 42 Fn. 24. Der evangelische Pfarrer nahm vor dem Kirchenportal den Brautleuten in Gegenwart zweier Zeugen das bindende Eheversprechen ab. In der Kirche selbst folgte dann die - kirchliche - Einsegnung.

524. S. "Forma der Verkündigung von Eheverlobten Personen", StaatsAN, Rep. 63Ic, Mandatbuch B, fol. 15; Formular des kirchlichen Aufgebots in Frankfurt s. Becker - HB 26:J130 Ffm -, S. 170 und 173 ff.

525. Vgl. Ehegerichtsakten, StadtAN, Rep. B 14/IV Nr. 142.

Eine tragende Rolle spielte hier die Sorge der Ratsherren um den Erhalt städtischer Gemeinschaftswerte. Allgemeine gesellschaftliche Zusammenhänge, die erst aufgrund einer Heirat entstanden, sollten durch die eherechtlichen Policeyordnungen unter besondere öffentliche Kontrolle gestellt werden[526]. Mit einer standesgemäßen Ehe war regelmäßig auch die gesellschaftliche Stellung und ein geordnetes finanzielles Auskommen verbunden. Die Unsicherheit über das Bestehen eines Eheversprechens war demgegenüber nicht nur geeignet, Zank und Zwietracht zu säen, sondern auch das Ansehen der betroffenen Parteien in erheblichem Maße zu schädigen und die "Burgerliche Erberkeit"[527] zu zerstören. Insbesondere für junge Frauen verminderte das "sitzen gelassen werden", "Hinhalten" oder "aufziehen" durch einen vermeintlichen Verlobten die Heiratschancen; eine Sorge, die auch der Vater Elisabeth Wassermanns in einem Gesuch an das Gericht formuliert[528]. Die Verweigerung des Haase gereiche "nit allein mir und meiner Tochter zum Spott", sondern sei darüber hinaus unrechtens, denn niemand solle "sein Junges Maidlein, der Er die Ehe zugesagt, ohne erhebliche Ursach aushaltten (...), damit sie nit in der besten Zeit Ihres Alters an andern ehrlichen Heirathen verhindert werde".

Die potentiell rufschädigende Wirkung eines heimlichen Eheversprechens wurde in vielen Fällen von der Sorge um den Erhalt der materiellen Existenz begleitet. Gängig scheint die - männliche - Praxis gewesen zu sein, Frauen durch "hinterlistigliche"[529] Eheversprechen zu Liebeshandlungen zu nötigen. Wurden die Frauen infolgedessen schwanger, so trugen sie das Risiko der Wirksamkeit des Eheschlusses. Hielt der Mann sich nicht an sein Versprechen, war die Frau gezwungen, zu klagen und vor Gericht den Eheschluss nachzuweisen[530], um eine Versorgung für sich und ihr Kind zu erlangen. Ebenfalls obrigkeitlich gefürchtet waren "mittel personen"[531], Heiratsvermittler, die im Auftrag der Eltern, Freunden oder der Heiratswilligen selbst tätig wurden und häufig eine sehr professionelle Arbeitsweise an den Tag legten[532]. Teilweise übertrieben sie dabei wohl aus jugendlichem Übermut und in "nerrischer unverstendiger weiß"[533], reizten andere "zu sollichen heimlichen winckelee"[534] und

526. Vgl. - insoweit völlig zutreffend - van Dülmen, Kultur und Alltag I, S. 158.
527. PO v. 18. Juni 1571, StadtAN, Rep. A6/I.
528. Vgl. Ehegerichtsakten, StadtAN, Rep. B14/IV Nr. 142.
529. PO v. 8. Okt. 1572, StadtAN, Rep. A6/I.
530. Vgl. Fall Lochner contra Güldenmund (25. Nov. 1609, StadtAN, REp. 52 b Nr. 200, fol. 83; vgl. Fall der Katharina Eyssenhofer, Ehegerichtsakten, StadtAN, Rep. B14/IV Nr. 179 (1547).
531. PO v. 3. Juni 1534, StadtAN, Rep. A6/I.
532. Vgl. van Dülmen, Fest der Liebe, S. 73.
533. Von Ehesachen der Theologen Bedenckhen, 1531, StaatsAN, Amts- und Standbücher Nr. 183.

verkuppelten sie regelrecht. Dies belegt auch der bereits eingangs erwähnte Fall der Barbara Löffelholz, die die Kammer, in der sich das streitgegenständliche Versprechen mit Sigismund Stromer zugetragen haben sollte, von ihrer jungen Kusine Ursula Holzschuher - die zudem neugierig an der Tür lauschte - zur Verfügung gestellt bekommen hatte[535].

In Gefahr gerieten durch solcherlei "unbedächtliche"[536] Verlöbnisse nicht nur die Kinder selbst, sondern mitunter auch erhebliche Teile familiärer Vermögenswerte. Diese - zumeist als Versorgungsgrundlage von den Eltern für ihre Kinder erarbeiteten - Güter drohten, durch eine heimliche Heirat in dafür von Elternseite nicht vorgesehene Hände zu geraten. Der Elternwille erschien daher auch unter materiellen Aspekten besonders schützenswert, denn durch einen unkontrollierten Eheschluss konnten die Interessen auf Erhaltung von Besitz und Vermögen bedachter Eltern nach einer standesgemäßen, ökonomisch sinnvollen Heirat ihrer Kinder durchbrochen werden.

Deshalb zögert der Nürnberger Rat im Jahr 1610 nicht, den Schreiber des Patriziers Ulrich Stromer zu bestrafen, als bekannt wird, dass dieser sich mit der Tochter Stromers in "heimblicher Weise ohne konsens und Einwilligung ihrer Eltern ehelichen verlobet und versprochen" hat[537]. Der nicht gerade standesgemäße Ehegenosse wird schnellstens aus dem Weg geschafft, indem er zunächst 6 Wochen verhaftet und danach "der Stadt und des Landes auff ewig" verwiesen wird. Von einer Verurteilung des jungen Fräulein Stromer ist hingegen nichts bekannt, obgleich die Policeyordnungen in diesen Fällen regelmäßig die Bestrafung beider Partner vorsahen. Die Gründe für diese Vorgehensweise werden von den Quellen nicht näher bezeichnet. Sicher ist allerdings, dass eine Bestrafung nicht geeignet war, die Chancen einer jungen Frau auf eine adäquate Heirat zu verbessern. Für die Familie war daher nicht nur zu befürchten, dass die Tochter, die ihr "größtmögliches soziales Ansehen"[538] in der Stellung als Ehefrau und Mutter erlangte, unverheiratet blieb.

Darüber hinaus war das Ansehen einer Familie, die der städtischen Führungselite angehörte, wichtiger Bestandteil ihrer politischen Legitimation und Macht[539]. Jeder Ansehensverlust, den ein Familienmitglied erlitt, barg daher die Gefahr des Verlustes von Führungsrechten. Es spricht deshalb einiges für die Annahme, dass dem Rat die mit einer Bestrafung wegen eines

---

534. PO v. 3. Juni 1534, StadtAN, Rep. A6/I.
535. Vgl. Reicke, Der Liebes- und Ehehandel der Barbara Löffelholz, S. 161-196.
536. PO v. 8. Okt. 1572, StadtAN, Rep. A6/I.
537. StaatsAN, Frommoders Elaborat, Rep. 52 b Nr. 226 (22. Feb. 1610).
538. Van Dülmen, Das Fest der Liebe, S. 67.
539. Vgl. Zunkel, Art. "Reputation", S. 12 ff.

heimlichen Verlöbnisses verbundene Ansehensschädigung gerade bei einem weiblichen Mitglied des Patriziats nicht zweckmäßig erschien. Dies bestätigt auch ein weiterer, der Angelegenheit der Stromer-Tochter nicht unähnlicher Fall, der fünf Jahre nach diesem in Nürnberg bekannt wird. Eine Tochter der dem Nürnberger "Hochadel", dem "ersten alten Geschlecht"[540], zugehörigen Familie Haller hatte sich ohne ihrer "Eltern und Befreunden Wissen, Consens und Willen"[541] verlobt. Wie im Fall der Tochter Ulrich Stromers wird auch hier nur der Mann bestraft, auch hier wird das weitere Betreiben einer Beziehung zwischen den beiden Heiratswilligen sofort hoheitlich unterbunden, indem man den Mann "zwey Jahr lang in das Zuchthauß steckte". Von einer Verweisung sah der Rat bei ihm jedoch auf entsprechendes Fürbitten hin ab - bei dem heimlich Verlobten handelte es sich ebenfalls um "einen hiesigen Bürgers Sohn" aus einer wohl nicht ganz armen Juweliersfamilie.

Darüber hinaus war das Ansehen einer Familie, die der städtischen Führungselite angehörte, wichtiger Bestandteil ihrer politischen Legitimation und Macht[542]. Jeder Ansehensverlust, den ein Familienmitglied erlitt, barg daher die Gefahr des Verlustes von Führungsrechten. Es spricht deshalb einiges für die Annahme, dass dem Rat die mit einer Bestrafung wegen eines heimlichen Verlöbnisses verbundene Ansehensschädigung gerade bei einem weiblichen Mitglied des Patriziats nicht zweckmäßig erschien. Dies bestätigt auch ein weiterer, der Angelegenheit der Stromer-Tochter nicht unähnlicher Fall, der fünf Jahre nach diesem in Nürnberg bekannt wird. Eine Tochter der dem Nürnberger "Hochadel", dem "ersten alten Geschlecht"[543], zugehörigen Familie Haller hatte sich ohne ihrer "Eltern und Befreunden Wissen, Consens und Willen"[544] verlobt. Wie im Fall der Tochter Ulrich Stromers wird auch hier nur der Mann bestraft, auch hier wird das weitere Betreiben einer Beziehung zwischen den beiden Heiratswilligen sofort hoheitlich unterbunden, indem man den Mann "zwey Jahr lang in das Zuchthauß steckte". Von einer Verweisung sah der Rat bei ihm jedoch auf entsprechendes Fürbitten hin ab - bei dem heimlich Verlobten handelte es sich ebenfalls um "einen hiesigen Bürgers Sohn" aus einer wohl nicht ganz armen Juweliersfamilie.

In einer Gesamtschau betrachtet zeigt die Untersuchung der reichsstädtischen Ehebestimmungen der nachreformatorischen Zeit ein neugestaltetes protestantisches Eherecht, das im Zusammenwirken reichsstädtischer wie kirchlicher Instanzen entstanden ist, aber auch von eigenen stadtbürgerlichen

540. Reicke, Nürnberg, S. 103.
541. StaatsAN, Frommoders Elaborat, Rep. 52 b Nr. 226 (9. Feb. 1615).
542. Vgl. Zunkel, Art. "Reputation", S. 12 ff.
543. Reicke, Nürnberg, S. 103.
544. StaatsAN, Frommoders Elaborat, Rep. 52 b Nr. 226 (9. Feb. 1615).

Belangen gesteuert wurde. Das Eherecht der Nürnberger Policeyordnungen - und nur dieses konnte hier zur Betrachtung kommen, da Frankfurt eherechtliche Bestimmungen nur innerhalb der Rechtsreformationen und der Kirchenordnungen festhielt - orientierte sich gemäß den Vorstellungen Luthers primär an der Heiligen Schrift als Grundlage seiner Lehre. Daneben ließ es Rückgriffe auf weltliche Rechte, die natürliche Vernunft, auf das römische Recht sowie kanonisch-rechtliche Ehebestimmungen zu. Im Gegensatz zu Luther ging der reichsstädtische Rat davon aus, dass durch ein heimliches Verlöbnis minderjähriger Partner aufgrund der mangelnden Einwilligung von Eltern und Vormündern der Eintritt des Eheschlusses nur aufschiebend gehindert, nicht jedoch - wie Luther meint - von vornherein ungültig war. Insbesondere in dieser Frage lässt die Formulierung der Policeyordnungen eine intensive Auseinandersetzung des Ordnungsgebers mit den protestantischen Diskursen der Zeit erkennen. Maßgeblichen Einfluss auf die Ordnungsgebung hat hierbei das Gutachten der führenden Nürnberger Prediger "Von Ehesachen der Theologen Bedenckhen"[545], aus dem Jahr 1531 erlangt.

Weiterhin lassen die Nürnberger Policeyordnungen ein starkes, ebenfalls an lutherischen Vorgaben ausgerichtetes Bestreben zur Formalisierung des Eheschlusses erkennen, das im Wege der reichsstädtischen Ordnungsgebung - insbesondere mit Hilfe der Kirchenordnungen - weiter ausgebaut und verfeinert wurde. Die kirchliche Trauung durch den Pfarrer, unter Zeugen und vor der Gemeinde, wurde nunmehr zur ordnungsgemäßen Form der Eheschließung; vor der Trauhandlung mussten Brautexamen und sonntägliche Aufgebote absolviert werden.

Die rigorose Ablehnung des heimlichen Eheversprechens offenbart neben dem religiös-moralisch begründetem Regelungsbedürfnis auch gewichtige Aspekte des städtischen Gemeinwesens als ausschlaggebend für den Erlass eherechtlicher Policeyordnungen. Der Blick in die Rechtspraxis belegt die Sorge der städtischen Obrigkeit um den Erhalt von Ansehen und Ehrbarkeit der Bürgerschaft. In besonderem Maße betroffen waren Frauen, die durch ein unüberlegtes Eheversprechen ihre Heiratschancen und damit die Versorgungsmöglichkeiten, die eine ordnungsgemäße Ehe bot, gefährdeten. Angehörige der bürgerlichen Oberschichten setzten zudem die ordnungsgemäße Tradierung - teilweise bedeutender - familiärer Vermögenswerte aufs Spiel, wenn sie ein Eheversprechen ohne die Einwilligung ihrer Eltern oder Vormünder eingingen. Wohl nicht zuletzt aus Sorge um den Erhalt der mit Ansehen und Vermögen verbundenen bürgerlichen Machtverhältnisses war es deshalb im

545. StaatsAN, Amts- und Standbücher Nr. 183.

nachreformatorischen Nürnberg üblich, patrizische Töchter wegen eines heimlichen Eheschlusses nicht zu bestrafen.

5. Die Wahrung der Ehre

Das Bemühen der städtischen Obrigkeit, "Ehrbarkeit und gute Sitten zu mehren" und "unehrlicher Leichtfertigkeit" entgegenzuwirken[546], zieht sich durch den gesamten Untersuchungszeitraum. Das Motiv der Ehrwahrung stellt einen umfassenden und grundlegenden Ansatz zur Erklärung städtischer Ordnungsbestrebungen im späten Mittelalter und der frühen Neuzeit dar, ebenso wie das Ehrgefühl allgemein als eine der maßgeblichen Determinanten zur Erklärung vergangener Handlungsformen und Verhaltensweisen gilt[547]. Die Bedeutung der Ehre für das spätmittelalterliche wie das frühneuzeitliche Ordnungssystem ist nicht zu bestreiten. Dabei wird mit „Ehre" ein Begriff verwendet, dessen Präzisierung oder gar Bestimmung bis heute eines der schwierigsten Unterfangen darstellen dürfte. Nach wie vor gilt die viel zitierte Aussage BECCARIAS, dass "das Wort Ehre (...) zu denjenigen (gehört), welchen ausführliche und glänzende Abhandlungen gewidmet wurden, ohne dass damit wahrlich auch nur eine genaue und feste Vorstellung verknüpft gewesen wäre"[548]. Ebenso treffend beschreibt DINGES das Definitionsproblem, den die Ehre "an jenes Ungeheuer vom Loch Ness (erinnert), das immer wieder einmal auftaucht. Es gibt Zeitgenossen, die dieses Tier ganz bestimmt gesehen haben, aber selten erfährt man Genaueres"[549].

Wo die Ehre allerdings auftaucht, ist es gelungen, verschiedene Komponenten ihrer ansonsten amorphen Gestalt auszudeuten. Die so entwickelten Grundsätze gestatten auch Untersuchungen wie der vorliegenden den Zutritt zum See, um den Beobachtern des Ungeheuers eigene Erkenntnisse über dessen Lebensumstände mitzuteilen. Als Richtschnur für die Beurteilung reichsstädtischer Erfahrungswerte kann die ökonomische Ehrkonzeption Pierre BOURDIEUS und darauf basierende Forschungen herangezogen werden. BOURDIEU wandte sich als erster gegen die von Max WEBER getroffene Zuordnung der Ehre. WEBER definierte die Ehre ausschließlich als Grundkategorie des gesellschaftlichen

546. Bei den erwähnten Begriffen handelt es sich jeweils um gängige Formulierungen, die man in vielen ehe- und sittlichkeitsregulierenden Polizeiordnungen des Untersuchungszeitraum in sich immer wiederholender Form antrifft.
547. Vgl. zur Verbindung von Ehrgefühl und Gewaltbereitschaft in der frühneuzeitlichen Gesellschaft, Schwerhoff, Köln im Kreuzverhör, S. 313 f. m. w. N.
548. Beccaria, S. 77.
549. Dinges, Die Ehre als Thema der Stadtgeschichte, S. 409.

Standes (= Sein), dem gegenüber die rein ökonomisch bedingte Klasse (= Haben) stand[550]. BOURDIEU fasste die Ehre demgegenüber als ein symbolisches Kapital auf, das dem ökonomischen Kapital ebenbürtig ist und mit diesem zusammen im Mittelpunkt alles gesellschaftlichen Interesses steht[551].

Die städtische Existenz wurde demnach durch das Eigentum als materielles und die Ehre als soziales Kapital bestimmt, wobei die Faktoren der materiellen Existenz mit denen der sozialen Ehre eng verwoben waren[552]. Als "kombinierter"[553], universal benutzbarer Code umfasste sie sowohl die Standesehre als auch die individuelle Ehre jeder Person und diente, genauso wie das Eigentum, zur Bestimmung der gesellschaftlichen Position des Stadtbewohners. Gleichzeitig berührte eine Ehrminderung - genauso wie der Eigentumsverlust - nicht allein die Person, die dieser Restriktion unmittelbar ausgesetzt war. Betroffen war vielmehr auch die Ehre der Familie, der Zunft und aller sonstigen sozialen Gefüge, der man angehörte[554]. Daher normierte im Jahr 1489 die sog. Alte Policeyordnung, daß "dieser Stat Franckfort zu Eren", Ehebruch, Unzucht und gewerbliche Buhlschaften unterbleiben sollten[555]. Auch die Nürnberger Obrigkeit bezog sich beim Erlaß von ehe- und sittlichkeitsregulierenden Ordnungen regelmäßig auf die Notwendigkeit des Erhalts der städtischen Ehre, fühlte sie sich doch schuldig, "alles was zu Zucht und Erbarkeit dienlich zu pflanzen und zu befördern"[556].

Die Erlangung einer bestimmten sozialen Ehre war ohne adäquate materielle Ressourcen allerdings kaum denkbar. Sie resultierten aus Besitz und Vermögen sowie aus den Einkünften eines entsprechenden - angesehenen - Berufs[557].

---

550. Weber trennt unter der Überschrift "Klassen, Stände, Parteien" scharf zwischen der ökonomisch bedingten gesellschaftlichen Stellung - von ihm als Klassenlage bezeichnet - und der ständisch orientierten Position: " 'Besitz und Besitzlosigkeit' sind daher die Grundkategorien aller Klassenlagen (...)". "Im Gegensatz zur rein ökonomisch bedingten 'Klassenlage' wollen wir als 'ständische Lage' bezeichnen jede typische Komponente des Lebensschicksals von Menschen, welche durch eine spezifische, positive oder negative, soziale Einschätzung der 'Ehre' bedingt ist, die sich an irgendeine gemeinsame Eigenschaft vieler knüpft". "Aber die ständische Ehre (..) steht normalerweise vielmehr mit den Prätentionen des nackten Besitzes als solchem in schroffem Widerspruch", Max Weber, Herrschaft und Gesellschaft, S. 532, 534 ff.

551. Vgl. Bourdieu, Entwurf, S. 344 f.; ders., Ökonomisches Kapital, kulturelles Kapital, soziales Kapital, S. 183-198.

552. Vgl. Dinges, The Ehre als Thema der Stadtgeschichte, S. 409 ff.

553. Ebenda, S. 436.

554. Vgl. Münch, S. 285.

555. StadtAF, Geschr. R/O, Kasten 1 (1329-1500).

556. PO um 1567, StadtAN, WBF, fol. 143.

557. Vgl. van Dülmen, Kultur und Alltag in der Frühen Neuzeit Bd. 2, S. 182 ff.

Allerdings konnte auch ein materiell einträglicher Beruf dann nicht zu Ansehen verhelfen, wenn er - wie etwa der des Henkers, des Schmiedes oder der Prostituierten - von vornherein als unehrlich galt[558]. Ein bekanntes Beispiel hierfür dürfte die Tatsache sein, dass viele Zünfte und Handwerksvereinigungen sich etwa vom 15. Jahrhundert an weigerten, unehelich Geborenen Aufnahme, Ausbildung und damit eine gesicherte Nahrung zu bieten[559]. So bestimmte ein Bundesbrief der Schneider, der auch in Frankfurt Geltung erlangte, dass "kein bastert oder pfaffenkindt oder einer, der unehrlich geborn ist, in unsere zunfft aufgenommen werden" sollte[560]. Die Frankfurter Gewandmacher gingen mit der Verpflichtung, einen untadeligen Lebenswandel zu führen, sogar so weit, dass sie es sich zur Gewohnheit machten, "wer besprochen ist und sin ere nicht bewahrt hat, ez sij frawe adir man, das wir die in unser zunfft nicht han wollen"[561].

Alle Ehrbedingungen zusammengenommen erzeugten ein System von Dispositionen, ein Ehrgefühl, einen bestimmten Habitus. Er ermöglichte es, Angriffe auf die Ehre - BOURDIEU spricht von Herausforderungen[562] - zu erwidern. Jener Habitus könnte die Erklärung dafür sein, dass in beiden Reichsstädten Strafurteile - besonders hochgerichtliche - gegen Angehörige der städtischen Oberschicht den Ausnahmefall zu bilden scheinen. So sind in Frankfurt im gesamten Untersuchungszeitraum nur zwei Fälle bekannt, in denen Angehörige der städtischen Führungseliten wegen des Verstoßes gegen ehe- und sittlichkeitsregulierende Vorschriften vor dem hohen Gericht verurteilt wurden[563]. In Nürnberg ist mit dem Prozess gegen den Ratskonsulenten Dr. Nikolaus von Gülchen gar nur ein einziger Fall belegt, in dem eine Person von Ansehen und Stand wegen unsittlichen Verhaltens mit dem Schwert hingerichtet wurde[564]. Dennoch war der Vorwurf gegen ihn anscheinend so gewichtig - er wurde des Ehebruchs, der Blutschande und des Betrugs zum Nachteil der Stadt

558. Vgl. Schwerhoff, Verordnete Schande?, S. 174, der mit großer Deutlichkeit den Unterschied zwischen der individuell bestimmbaren Ehrlosigkeit und der - etwa durch Ausübung eines unehrlichen Berufs - gesellschaftlich vorgegebenen Unehrlichkeit herausarbeitet. Vgl. auch Danckert, S. 68, der den Dichter Hans Rosenplut zitiert: „Der bader und sin gesind / gern huoren und buben sind".

559. Vgl. Wissell Bd. 1, S. 253.

560. Bundesbrief der Schneider vom 5. Mai 1565, abgedr. bei Schmidt, Frankfurter Zunfturkunden Bd. 2, S. 411 Nr. 31.

561. Ordnung der Gewandmacher aus dem Jahr 1355, abgedr. bei Schmidt, Frankfurter Zunfturkunden Bd. 1, S. 226 Nr. 6.

562. Vgl. Bourdieu, Entwurf, S. 31.

563. Vgl. Kriegk, Deutsches Bürgerthum Bd. 2, S. 289; vgl. StadtAF, Criminalia Nr. 455 (1605). Bei Letzterem handelte es sich um den Fall des Frankfurter Bürgers und Notars Balthes Korb, der als Notar eine Art von "Berufsadel" verkörperte.

564. Vgl. Reicke, Nürnberg, S. 952.

angeklagt -, dass seine ehrenhafte Geburt, seine juristische Bildung und herausgehobene Stellung als "doctor" die Herausforderung der schwerwiegenden Delikte und damit den Makel des Schwerverbrechers nicht auszugleichen vermochte.

Der Verlust von Ehre und Ansehen drohte fortwährend, sobald unehrenhaftes Verhalten bekannt wurde. Dies war rasch der Fall, fanden Angriffe auf die Ehre doch regelmäßig in aller Öffentlichkeit, d. h. im Beisein von Nachbarn, Freunden oder Berufsgenossen statt. Es war notwendig, derartigen Ehrminderungen unverzüglich zu begegnen, denn wie jedes Kapital musste auch die Ehre immer wieder neu bestätigt und verteidigt werden, um dem Ehrverlust und dem damit verbundenen gesellschaftlichen Abstieg zu entgehen[565]. Der Erhalt der Ehre setzte daher insbesondere eine an den sittlich-religiösen Grundwerten orientierte Lebensführung voraus. Äußerten Dritte hieran unberechtigterweise Zweifel - und sei es auch nur in Form einer Beleidigung - so bedurfte dies der Wiedergutmachung durch eine öffentliche Entschuldigung oder eine rehabilitierende gerichtliche Entscheidung. Dies hatte zur Folge, dass das ratsherrliche Gericht sich häufig mit Fällen befassen musste, in denen Streitigkeiten mittels unsittlich-beleidigender und ehrverletztender Injurien verbal ausgetragen wurden. Von derartigen geschlechtsbezogenen Beleidigungen waren in erster Linie Frauen betroffen. Während Männer überwiegend als Dieb, Gauner, "Pößwicht" oder Verräter beschimpft wurden, war die Bezichtigung von Frauen als Hure oder Kupplerin gängig[566].

Gerade die weibliche Ehre war in besonderem Maße von Sittenverstößen bedroht. Die Ehrbarkeit war schlichtweg das überragende Kapital einer Frau in der spätmittelalterlichen und der frühneuzeitlichen Gesellschaft, wie nicht zuletzt die achtbare Stellung der "Ehrbaren Frauen" in Nürnberg belegt. Als eine der obersten Sitteninstanzen kontrollierten sie nicht nur die ordnungsgemäße eheliche Geburt[567]. Gleichzeitig gewährleisteten sie durch ihre Anwesenheit die Ehrbarkeit eines Tanzvergnügens und der daran beteiligten Personen, sollte doch "woe hinfurt ain oder mer personen Erbare Jungkfrauen zu Gastungen beruffen wollten (...) zum wenigsten drey oder vier Erbare Frauen derselben Gefreundtin"

565. Vgl. Nowosadtko, in: Ehre, S. 234, die allerdings die weitergehende Übertragung der Bourdieu'schen Feststellung der "Revozierbarkeit" der Ehre auf die frühneuzeitliche Ständegesellschaft ablehnt; a. A. Schwerhoff, Köln im Kreuzverhör, S. 315 und Dinges, Die Ehre als Thema der Stadtgeschichte, S. 424.
566. Vgl. hierzu das Nürnberger Haderbuch, StaatsAN, Rep. 52 b Nr. 197, das z. B. im Zeitraum von 1549 bis 1551 pro Monat durchschnittlich zehn bis fünfzehn Fälle dieser Art verzeichnet.
567. S. vorne S. 35.

dazu geladen werden[568]. "Und sonsten ausserhalb und on dieser Erbarn Frauen beysein kein Jungkfrauhof auch mit Tentzen und Instrumenten anders nit gehalten werden dann wie negstgemeldt"[569].

In diesem System stadtbürgerlicher Ehrkontrolle waren die jungen Frauen, die Jungfrauen, das verletzlichste Glied[570]. So galt es als besonders unehrenhaft und verwerflich, den Beischlaf mit einer Jungfrau zu vollziehen, was sich im Tatbestand des "Jungfrauenschändens"[571] niederschlug. Aber auch dann, wenn es der Frau gelang, ihre Jungfräulichkeit zu wahren, bedrohten mannigfache anderweitige Herausforderungen den Erhalt ihrer weiblichen Ehre. Wie die zahlreichen Tanzverbote belegen, bestand bereits bei den geringsten Normabweichungen die Gefahr einer erheblichen Rufschädigung. Eine brave Bürgerstochter musste schon dann einen Ehrverlust befürchten, wenn sie statt züchtiger "Stubentenzle" zu einem stillen Instrument wilde "newe" Tänze bevorzugte, zu denen mit "trummeln und pfeyffen" aufgespielt wurde[572]. Allein der bei dieser Tanzform übliche enge Körperkontakt mit dem Tanzpartner sowie der Umstand, dass durch Drehungen und Hebungen die Röcke hoch schwangen und dabei große Teile der Beine sichtbar wurden[573], ließen den Nürnberger Rat "üble Nachrede" und die Bedrohung von "Zucht und Ehrbarkeit" befürchten[574]. Ebenso entehrend wirkte es, wenn eine junge Frau nächtens nach einer bestimmten Zeit noch auf einem Tanzvergnügen bzw. auf offener Straße angetroffen wurde. So sollten in Nürnberg die Tänze zur "Summerszeit lengers nit dann auf Neune und zu Winterszeiten nit über zehn Uhr des klainen Zaigers" abgehalten werden[575]. Eine Frau, die sich entgegen dieser Vorgabe verhielt, geriet schnell in den Ruf einer leichtfertigen Person oder gar einer Prostituierten, denn für gewöhnlich befanden sich nur diese nach Einbruch der Dämmerung noch auf öffentlichem Gebiet, um dort ihre Dienste feil zu halten[576].

Nach Auffassung der Frankfurter Obrigkeit reichte es sogar schon aus, dass ein Mann sich rühmte, mit einer Frau geschlafen zu haben, um die Frau an "ihren Ehren unschuldiglich" zu verletzen[577]. Wie hoch der soziale Wert der Ehre

---

568. PO v. 25. Juli 1570, StadtAN, WBF, fol. 187 f.
569. Ebenda.
570. Vgl. auch Roper, Das fromme Haus, S. 124 f.
571. Vgl. etwa PO v. 30. Mai 1623, StadtAN, Rep. A6/I.
572. PO v. 25. Juli 1570, StadtAN, WBF, fol. 187, 188; PO v. 23. Aug. 1530, StaatsAN, Rep. 63II, fol. 21.
573. S. zu diesen Tänzen und Figuren auch oben, S. 55 f.
574. PO um 1567, StadtAN, WBF, fol. 143.
575. PO v. 25. Juli 1570, StadtAN, WBF, fol. 187, 188.
576. Vgl. Roper, Das fromme Haus, S. 123.
577. Frankfurter Reformation von 1578, S. 621.

hierbei angesiedelt wurde, ergibt sich aus dem Umstand, dass bei einer derartigen Ehrenschändung nach dem Vollzug der Ehrenstrafe[578] der Ausschluss aus der Stadtgemeinschaft - und somit eine sehr strenge Sanktion - folgte. Im Fall des Ludwig Dietz reichte bereits die frei erfundene Angabe, er habe mit der Tochter des Frankfurter Bürgers Fritz Filtz geschlafen, um ihn gerichtlich zu belangen[579]. Obgleich Dietz im Verfahren aussagt, er habe alles nur zum Schein vorgegeben, um "Sy damit eelich zubekhomen", wird er nicht nur ins Halseisen gestellt, sondern "Ime die Statt Franckfurt auch deren gepiet sein lebenlang bei Straff ertrenckens verpotten". Eine derart strikte Sanktion mag auf den ersten Blick unverhältnismäßig erscheinen angesichts des Umstands, dass auch Ehebrecher zuweilen keine härtere Strafe erhielten. Sie ist jedoch bezeichnend für den hohen Wert der Ehre innerhalb der städtischen Gemeinschaft. Ohne eine ausreichende Bestrafung des Ehrenschänders Dietz hätte das Ansehen und die soziale Reputation der erst vierzehnjährigen Bürgerstochter nicht in vollem Umfang wieder hergestellt werden können, Chancen für eine standesgemäße bürgerliche Heirat wären kaum noch vorhanden gewesen.

Im System stadtbürgerlicher Ehrkontrolle spielte nicht zuletzt die angemessene Bestrafung des Unehrenhaften eine besondere Rolle. Zur Ermittlung des Strafmaßes bedurfte es einiger Behutsamkeit, wurde doch der Täter und dessen Familie durch eine zu harte Ehrenstrafe für jedermann sichtbar auf Dauer in seinem Ansehen, seinem sozialen Kapital, beeinträchtigt. Denn die "entsetzung aller Ehr / Würdigkeit und Empter"[580], mit der nahezu alle Delikte wider Ehe und Sittlichkeit bedroht waren, wurde regelmäßig in aller Öffentlichkeit durchgeführt. In Frankfurt wie in Nürnberg galt ab dem 16. Jahrhundert das Pranger stehen (Halseisen) sowie Rutenschläge mit anschließender Stadtverweisung als übliche Form der Strafe für leichtere Ehe- und Sittlichkeitsvergehen[581]. Sie lösten die mittelalterlichen Ehrenstrafen ab, die auf eine Verstümmelung von Gliedmaßen und somit auf eine dauerhafte Kennzeichnung des Delinquenten als Ehrlosen abgezielt hatten.

Ebenso wurde das lebendige Begraben als Strafe weiblicher Delinquenten seit Anfang des 16. Jahrhunderts nicht mehr als zeitgemäß angesehen und durch das - ein weniger qualvolle - Ertränken und später durch das Henken mit dem

578. Die Ehrenstrafen bestanden in der frühen Neuzeit hauptsächlich in Prangerstehen sowie Rutenschlägen, die die mittelalterlichen Verstümmelungsstrafen weitgehend abgelöst hatten, vgl. dazu auch Schwerhoff, Verordnete Schande?, S. 162.
579. StadtAF, Strafenbuch, Eintrag vom 19. April 1585.
580. PO v. 30. Mai 1623, StadtAN, Rep. A6/I.
581. Vgl. auch Knapp, Das Alte Nürnberger Kriminalrecht, S. 91-96, der weitere Ehrenstrafen nennt.

Schwert ersetzt[582]. Es ist anzunehmen, dass eine körperliche Markierung unehrenhafter Personen in zunehmendem Maße als grausam und unmenschlich empfunden wurde. Zudem war sie auch nicht mehr notwendig, weil die Stigmatisierung des Täters bereits durch die öffentlich vollzogene Ehrenstrafe gelang. Dieser wurde etwa bei einer Prangerstrafe an speziell dafür vorgesehenen Plätzen regelrecht ausgestellt - teilweise hob man ihn zum Vollzog der Strafe sogar auf eine Bühne, um seine Schmach und Entehrung noch stärker zu betonen[583]. In Frankfurt ordnete der Rat am 14. November 1629 sogar an, dass "zur bestraffung der gemeinen Hurerey unnd unzucht (...) ein offentlichs durchsichtig gefängnüß angerichtet" werden solle, "unnd die delinquenten nach der personen qualitäten unnd umbständen darinnen etliche Stunden eingesperret und öffentlich verschimpfft" werden sollten[584]. Die Strafe des Rutenschlagens wurde wiederum häufig gleich mit der anschließenden Stadtverweisung verbunden, sodass die Straftäter für jedermann sichtbar von den Stadtknechten durch die Straßen und dann aus dem Stadttor hinaus geprügelt wurden[585]. Darüber hinaus wirkte in einer Zeit fortschreitender Verschriftlichung die Aufzeichnung der gerichtlichen Verfahren einem - sich möglicherweise rehabilitierend auswirkenden - Vergessen entgegen. Die Gerichte konnten nunmehr frühere Verurteilungen und Verwarnungen des Täters auch ohne dessen körperliche Kennzeichnung ohne große Mühe in Erfahrung bringen. So dokumentieren die Eintragungen der Nürnberger Gerichtsbücher, dass es sich bei der erneut wegen Unzucht angeklagten Margaretha Kurz um "eine gemaine Vettel" handelt, der "getriebener Unzucht halben diese Stadt schon drey mal verbotten worden" ist[586]. Auch im Fall der „Unzüchterin“ Catharina Federreither bringt das Gericht im Jahr 1572 in Erfahrung, dass es sich um die Freundin des "in vorigen Monat Marty mit dem Strang gerichteten Holldörfer" handelt[587].

Für die anschließende Entscheidung spielten die vorhergegangenen Strafen ebenso wie die Schwere des Delikts und die spezifischen Tatumstände eine Rolle. Des weiteren zeigt sich das obrigkeitliche Bestreben, das verletzliche Kapital Ehre in bestimmten Fällen in besonderem Maße zu schützen. So sollte die weibliche Ehre der jungen, noch nicht volljährigen "Töchter" gewahrt

---

582. Vgl. insoweit den Fall der Diebin Schellenclaus, die 1502 als erste Frau in Nürnberg ertränkt wurde, StadtAN, Rep. F 1, Chroniken 109, fol. 38 sowie die Kindsmörderinnen Margaretha Dörffler, Elisabeth Ernst und Agnes Lang, die 1580 "mit abschaffung des ertränckens" zur Schwertstrafe begnadigt wurden, StadtAN, Rep. F 1, Chroniken 109.

583. Vgl. Knapp, Das Alte Nürnberger Kriminalrecht, S. 94.

584. PO v. 14. Nov. 1629, abgedr. bei Beyerbach, S. 553 ff., S. 554.

585. Vgl. Knapp, Das Alte Nürnberger Kriminalrecht, S. 87.

586. StaatsAN, Rep. 52 b, Nr. 200, fol. 1.

587. StadtAN, Rep. F 1, Chroniken 109.

werden, indem diese durch geringe, wenig ehrmindernde Strafen oder gar durch bloße Verwarnungen zur Umkehr bewegt werden sollten. Erst wenn alles nichts fruchtete, wurde mit der vollen Härte gestraft, wie der Fall der Tochter Valentin Müllers zeigt[588]. Im Frankfurter Strafenbuch hält das Ratsgericht fest, dass Elisabeth Müller "abermals Ihrer Unzucht halben zuhafft kommen" ist, obgleich "sie hiebevor derwegen auch gefenglich gelegen" hatte und angewiesen worden war, die Stadt für immer zu verlassen. "All sie aber dem zuwider sich wiederumb anhergethan unnd nach als vor Unzucht getrieben deshalbenn heut dato Mitwochs den 9 Marty Anno 1575 mit Ruthen ausgestrichenn und hat (...) die Stat und aines Erbern Rats gepiet Ihr lebenlang verschworen".

Ähnlich ergeht es Katharina, der Tochter Ludwig Pails, die vom Frankfurter Ratsgericht "zu mehrmaln gewarnt (wurde) sich hinweg zu machen unnd der Unzucht müssig zugehenn, dessen aber ungeacht alhie verharret unnd in Unzucht fest erfarenn". Die Richter beschließen daraufhin, sie schnellen zu lassen - also mit auf den Rücken gebundenen Armen an einem Strick aufzuhängen und sie dann aus großer Höhe fallen zu lassen[589] - und daraufhin der Stadt zu verweisen[590].

Darüber hinaus stand auch die Ehre der angesehenen Bürgersfamilien und deren Angehöriger unter besonderem Schutz. Kindern aus höher stehenden Familien wurde eher die Chance gegeben, bei leichteren Ehe- und Sittlichkeitsvergehen straflos zu bleiben. Eine Wiedereingliederung in das städtische Sozialgefüge ohne Ansehensverlust für die Betroffenen oder deren Familien wurde damit erheblich erleichtert[591]. Dies belegen schon die zuvor erwähnten Fälle der Töchter aus dem Nürnberger Patriziat[592], die trotz ihrer heimlichen Eheversprechen ungestraft aus den Prozessen hervorgingen. Der Frankfurter Rat ordnete im Jahr 1629 eine derartige Straffreiheit bei einfacher Hurerei und Unzucht sogar ausdrücklich an. Im Gegensatz zu gewöhnlichen Delinquenten, die öffentlich verschimpft werden sollten, konnte "von wohlhäbigen und ehrlicher leut Kindern solche offentliche Verschimpffung mit einer gewissen Geldsumma abgekauft werden"[593].

---

588. StadtAF, Strafenbuch (1575).
589. Vgl. Knapp, Das Alte Nürnberger Kriminalrecht, S. 94.
590. Vgl. StadtAF, Strafenbuch (1566).
591. Vgl. auch Sälter, S. 496, der im Hinblick auf das Zaubereidelikt für Paris ebenfalls beobachten, dass die familiäre Herkunft bei der Strafzumessung eine Rolle spielte.
592. S. vorne S. 125 ff.
593. Vgl. PO v. 14. Nov. 1629, abgedr. bei Beyerbach, S. 553 ff.

Was lässt sich nun abschließend festhalten über die Lebensumstände unseres "Ungeheuers", der Ehre, und seinen Einfluß auf die Policeyordnungen der Reichsstädte des späten Mittelalters und der frühen Neuzeit?

Nicht zu bezweifeln ist die große Bedeutung, die die Ehre als ordnunggebender Faktor besaß. Neben religiösen Aspekten kam der Sorge um den Erhalt der Ehrbarkeit der Stadtbevölkerung maßgebliche Bedeutung bei Regelung städtischer Ehe- und Sittlichkeitsvorstellungen zu. Dabei lassen die Policeyordnungen geschlechtsspezifisch variable Anforderungen an eine ehrbare Verhaltensweise erkennen[594]. So war die Ehre eines Mannes eng mit dessen Beruf und Amt verknüpft. Die Folge war, dass die Ehe- und Sittlichkeitsvergehen außer mit den üblichen Strafen mit Ehrentsetzung und Amtenthebung bedroht war. Im Zentrum der sittlichkeitsfördernden Maßnahmen standen allerdings die Bemühungen um den Erhalt der weiblichen Ehre. Die Ehrbarkeit stellte in Zeiten, in denen Großteile der materiellen Versorgung der Familie üblicherweise dem Mann oblagen[595], das höchste Kapital einer Frau dar; sie sicherte ihr adäquate Heiratschancen und den Anspruch auf einen angemessenen Lebensunterhalt durch ihren Ehemann. Schützenswert erschien dem reichsstädtischen Rat dabei in erster Linie die Ehrbarkeit der noch minderjährigen, unverheirateten Frauen. Ihr Ehrgefühl war - im Gegensatz zu dem der Männer - bereits durch geringste Sittenverstöße massiv bedroht. Die städtischen Obrigkeiten versuchten, dieser permanenten Gefährdung zu begegnen, indem sie die Lebensformen und Verhaltensweisen junger Frauen in der Stadt genauestens regelten und dadurch das ungebührliche Tanzen, nächtliche Ausgehen ebenso wie den bloßen Verruf oder die üble Nachrede als ehrmindernd auswiesen.

Die Policeyordnungen erzeugten durch ihre Ehe- und Sittlichkeitsbestimmungen den Idealtypus des gesellschaftlichen Lebens einer jungen ehrbaren Bürgerstochter: Sie ging nur zu solchen Festen, die von obrigkeitlich eingesetzten Anstandsdamen überwacht wurden, nahm nie an ausschweifenden Vergnügungen teil und war des abends vor Einbruch der Dämmerung zu hause. Kontakte mit Männern waren ihr nur im Rahmen dieser Vorgaben gestattet; keinesfalls durfte sie sich dazu hinreißen lassen, ein heimliches Verlöbnis einzugehen oder gar mit einem Liebhaber sexuell zu verkehren. Geschah dies dennoch, zeigte sich wiederum die besondere Schutzwürdigkeit der weiblichen Ehre. Die Frauen wurden - anders als die Männer - nur bei gewichtigen

594. Vgl. dazu auch Burghartz, Leib, Ehre und Gut, S. 152 ff., S. 200.

595. Vgl. Ennen, Frauen im Mittelalter, S. 180 ff., die im mittelalterlichen Frankfurt zwar bereits zahlreiche Berufe ausdeutet, die von Frauen ausgeübt wurden. Bei diesen Berufen handelt es sich jedoch vorwiegend um Kleinhandel bzw. -gewerbe, das nur einen Zusatzverdienst erbrachte.

Verbrechen sofort mit der vollen Härte gestraft. Bei kleineren Vergehen gelangte die gerichtliche Praxis hingegen regelmäßig zu geringfügigen Ehrenstrafen oder zur bloßen Verwarnung mit anschließender Möglichkeit der Bewährung. Insbesondere die Töchter wohlhabender Bürgersleute gingen so nicht selten straflos aus oder konnten die beschämende öffentliche Ehrenstrafe in eine nicht entehrende Geldstrafe umwandeln. Allerdings schützte auch diese bevorzugte Behandlung durch Gericht und Ordnung mitunter nicht vor der privaten Vergeltung der Betroffenen, wie der Fall der Nürnbergerin Barbara Schorl, der "Kupfsern Nasen oder Kupfsern Barbara"[596] belegt. Der "Kupplerin und Hurenwirthin" schnitt eine gehörnte Ehefrau die Nase ab - eine übliche Form der privaten Rache[597], die zur Folge hatte, dass das Geruchsorgan Barbara Schorls fortan von einem Stück Kupferprothese ersetzt werden musste.

6. Soziale und ökonomische Motive bei der Regelung von Ehestand und Sittlichkeit

Neben den eher abstrakten Motiven wie Gemeinnutz, christlich-religiösen Vorstellungen und städtischer Ehre sind bei der Anordnung ehe- und sittlichkeitsregulierender Policeyordnungen konkret-pragmatisch orientierte Begründungen zu beobachten. Obgleich diese Ansätze im Vergleich zu den vorgenannten abstrakt orientierten Motivationen in Bezug auf Anzahl[598] und Bedeutung eine eher geringe Rolle spielen, sollen sie aus den folgenden Gründen ebenfalls behandelt werden. Zum einen nämlich gewinnen diese pragmatisch ausgerichteten Begründungen - wie wir noch sehen werden - unter bestimmten Voraussetzungen an Bedeutung und Beachtung. Zum anderen handelt es sich hierbei um Grundvoraussetzungen städtischer Existenz, die den ratsherrlichen Verordnungsgebern als Kindern ihrer Zeit bewusst waren und die sie deshalb in ihre Überlegungen mit einbezogen haben dürften[599].

---

596. StaatsAN, Frommoders Elaborat (1600-1692), Rep. 52 b Nr. 226 (29. Feb. 1603).

597. Vgl. Knapp, Das Alte Nürnberger Kriminalrecht, S. 201 m. w. N.

598. Für den Motivkreis paternalistischer Ethik gibt es im Untersuchungszeitraum in Nürnberg und Frankfurt insgesamt fünf Polizeiordnungen, für das Motiv des Nahrungsschutzes insgesamt drei Polizeiordnungen, wobei eine der Ordnungen beiden Motivkreisen zuzurechnen ist, also doppelt gezählt wurde.

599. Bei allen Polizeiordnungen und anderen schriftlichen Ordnungsmaßnahmen besteht das Problem, ob das, was der städtische Rat als Begründung für die Normierung angibt, tatsächlich den wahren Beweggrund der Ordnungsmaßnahme darstellt. Es würde jedoch den Rahmen dieser Untersuchung sprengen, dies zu hinterfragen. Vgl. hierzu auch Isenmann, S. 157, der ebenfalls auf dieses (Grund-)Problem hinzuweisen scheint, wenn er formuliert, dass "der Nürnberger Rat (ergänze: bei seiner Verordnungsgebung, B. G.) (...) offiziell die Prioritäten jedoch anders (setzt)".

a. Fürsorge nach dem Prinzip paternalistischer Ethik

Einen wichtigen Aspekt bildeten hierbei die Maßnahmen obrigkeitlicher Fürsorge nach den Prinzipien paternalistischer Ethik. Die Ordnungsgebung geschah "auß vätterlicher Fürsehung"[600] oder es ließ "ein Erbar Rath (...) gantz väterlich und getreulich vermanen" ein ordentliches und sittsames Leben zu führen[601].

Als Grundprinzip lag diesen Normbegründungen die Auffassung zugrunde, dass die städtischen Ratsherren nicht nur aufgrund ihrer obrigkeitlichen Position, sondern auch aufgrund einer gottgegebenen Einbindung in das familiale System der Bürgerschaft weisungsbefugt und -verpflichtet waren. Im spätmittelalterlichen Gesellschaftssystem des "ganzen Hauses" bildeten sie die "Überväter", die verantwortlich und machtbefugt über alle Hausfamilien ihrer Stadt waren[602]. So wie der pater familias die Herrschaftsgewalt und die Verantwortung für die Bewohner seines Hauses hatte, so besaßen die spätmittelalterlichen und frühneuzeitlichen Räte Fürsorgepflichten und Regelungsgewalt gegenüber der städtischen Bürgerschaft.

Verantwortlich für ein derartiges Konzept war die im Spätmittelalter bestehende Hauslehre. Basierend auf aristotelischen Grundlagen, setzte sie für den Bestand einer familialen Einheit nicht länger die Verwandtschaft aller Familienmitglieder voraus, sondern ermöglichte auch die Einbeziehung nichtverwandter Personen. Allen unter seinem Dach lebenden und arbeitenden Menschen bot das Haus fortan Versorgung, soziale Sicherheit und Schutz[603]. Garant für die Leistungen dieser kleinsten gesellschaftlichen Einheit war der Hausvater, dessen Vormachtstellung sich infolge seiner Wehrfähigkeit gegenüber Angreifern sowie aufgrund der Vorstellung, dass die Autorität eines Mannes gottgegeben sei, begründete[604].

---

600. PO v. 6. Juli 1594, StaatsAN, Rep. 63Ic, Mandatbuch E; PO v. 4. Sept. 1620, StadtAN, Rep. A6/I.
601. PO v. 20. Nov. 1596, StadtAN, Rep. A6/I.
602. Vgl. Koch, Herrschaftsordnung, S. 195, der diese Stellung als "Oberhausvater" charakterisiert. Vgl. zur Lehre des "ganzen Hauses" die grundlegenden Ausführungen bei Otto Brunner, der diesen Begriff prägte.
603. Zum komplexen Konzept des spätmittelalterlichen und frühneuzeitlichen Hauses als Lebens-, Produktions-, Schutz- und Versorgungsgemeinschaft, bei dem sich die personalen Beziehungen der miteinander verwandten Hausbewohner mit nichtverwandten Hausgliedern zu einer wirtschaftlichen Einheit verbanden s. Brunner, S. 83 ff.; vgl. Schwab, Art. "Familie", S. 262; s. Kaufmann, in: Staatslexikon Bd. 2, Sp. 105; s. Mitterauer/Sieder, S. 32.
604. Vgl. Schwab, Art. "Familie", S. 262.

An dieses Prinzip privater hausväterlicher Herrschaft knüpften die städtischen Räte an, wenn sie die väterliche Führungsposition gegenüber all ihren Bürgern reklamierten. Gestützt auf dieselben Determinanten verlangten sie für ihre große städtische Einheit ähnliche Herrschaftsrechte wie sie der pater familias für seine Familie zugesprochen bekam. Auch sie wollten die Stadtbewohner unter ihre fürsorgliche quasi hausväterliche Gewalt stellen, denn auch die städtische Gemeinschaft bot den in ihren Mauern lebenden Personen Arbeit, soziale Absicherung und - durch ihre Wehrfähigkeit - Schutz. Gemäß den Prinzipien paternalistischer Ethik steigerte sich dabei der Grad städtischer Fürsorge regelmäßig mit der Festigkeit und Dauer, in der ein Stadtbewohner mit der bürgerlichen Gemeinschaft verbunden war[605]. Aufgrund dieser städtischen Leistungen gelang es den Ratsherren, ihre ohnehin bereits obrigkeitlich begründete Führungsstellung zudem in das bereits bestehende System paternalistischer Herrschaft einzupassen. Gleichzeitig konnte der Rat so eine weitere wichtige Rechtfertigung für die von ihm ausgehenden Gewalt- und Verordnungsmaßnahmen schöpfen, sowie ineffizientes oder gar unterbliebenes hausväterliches Ordnungsverhalten korrigieren[606].

Deshalb setzten die städtischen Räte den väterlichen Fürsorgegedanken auch durchweg bei Regelungsthemen ein, deren Regelungsbedarf aus anderen Gründen nur schwer herzuleiten war. Es zeigt sich regelmäßig eine Verbindung zwischen dem Ordnungsmotiv der paternalistischen Ethik und dem Gedanken, die Bevölkerung aufgrund zu erwartender oder bereits bestehender Notzeiten zu einem besonders sittsamen Leben anzuhalten. Dabei handelte es sich zum einen um sehr allgemeine Verhaltensanweisungen, die kleinere Sittenverstöße sanktionierten und ansonsten die Stadtbewohner zu einem "gottgefälligen Lebenswandel"[607] sowie zu einem maßvollen Leben anhielten. Der städtischen Führung missfielen dabei insbesondere ausgedehnte Rockenstubentänze, Feierlichkeiten und Kirchweihfeste und die mit ihnen einhergehenden Tanzvergnügen und "Leichtfertigkeiten"[608]. Andererseits wurde die paternalistische Fürsorgeethik auch dann bemüht, wenn es in Zeiten der Not darum ging, die Forderung nach einem besonders sittsamen Verhalten zu begründen. So heißt es etwa in einer Nürnberger Policeyordnung, die während des 30jährigen Krieges erlassen wurde: "Ein Erbar Rath der Statt Nürmberg / hat zu Gemüth geführt / die schweren Kriegsleufft / so sich dieser Zeit in dem

605. Hierbei stütze ich mich auf die Erkenntnisse, die Koch, Herrschaftsordnung, S. 196, für Frankfurt in der frühen Neuzeit zieht.
606. S. Koch, Herrschaftsordnung, S. 195, der den patriarchalisch-hausväterlichen und den anstaltsmäßig-bürokratischen Herrschaftsbereich als die "zwei Säulen" der frühneuzeitlichen Frankfurter Bürgergemeinschaft bezeichnet.
607. PO v. 20. Nov. 1596, StadtAN, Rep. A6/I.
608. So z. B. PO v. 4. Sept. 1620, StadtAN, Rep. A6/I.

ganzen Römischen Reich und andern benachbarten orten eraigen und anlassen / derwegen dann Ihre Erbarkeiten verursacht worden / an ihre Underthanen in den Stätten / Märckten / Flecken und Dörffern auff dem Land / auß vätterlicher Fürsehung / getrewe erinnerung und vermahnung zum Gebett / und besserung unsers Lebens / auch von Gottslästern / Item übermessigem Schwelgen und Volltrincken / deßgleichen von Unzucht un anderer Leichtfertigkeit abzustehen (...)"[609]. So korrespondieren alle Policeyordnungen der Untersuchungsthematik, die sich in ihrer Begründung auf den väterlichen Fürsorgegedanken stützen, mit Mahnungen zur Maßhaltung in Zeiten der Not[610].

Als erster Ansatz zur Lösung dieses Problems könnte aber die Überlegung dienen, dass der städtische Rat in seiner Funktion als oberster Hausvater andere und in manchen Belangen sogar weitergehende Ein- und Durchgriffsmöglichkeiten gegenüber den Stadtbewohnern hatte als aufgrund seines obrigkeitlichen Amtes. Er richtete als Oberhausvater seine Anweisungen und Ermahnungen direkt an die Hausvorstände. Diese wiederum waren aufgrund der dem ganzen Haus innewohnenden Herrschaftsstrukturen den Ratsherren als übergeordneten Hausvätern zu Gehorsam verpflichtet, wollten sie nicht das Machtgefüge auch ihres eigenen Hauses in Frage stellen. Die hausväterliche Ethik gab somit dem städtischen Rat gerade in Notzeiten ein Mittel an die Hand, das es ihm ermöglichte, einen direkten Zugriff auf die Familienvorstände und damit auf die gesamte, in den einzelnen Häusern lebende Bevölkerung zu nehmen. Das war überdies besonders effizient, da die ratsherrlichen Gebote auf diese Weise genau diejenigen erreichten, die in Krisenzeiten verstärkt für das Wohl der städtischen Familien verantwortlich waren - die Hausväter.

b. Nahrungspolitik

Das Prinzip des Nahrungsschutzes bildete eine der Säulen städtischen Daseins und war daher - insbesondere im Hinblick auf ökonomische Belange - ein wichtiges Motiv für die städtische Ordnungsgebung[611]. Aber auch im Bereich

609. PO v. 4. Sept. 1620, StadtAN Rep. A6/I.
610. Vgl. PO v. 26. Aug. 1566, StadtAN, Rep. A6/I: Tanzverbot und Türkenkrieg; PO v. 29. Sept. 1571, StadtAN, Rep. A6/I: Unzucht auf Kirchweihen und "mißwachsung der frucht / sonderlich aber des Korns"; PO v. 6. Juli 1594, StaatsAN, Rep. 63Ic, Mandatbuch E: Tanzverbot, Unzucht, Leichtfertigkeit und Türkengefahr; PO v. 20. Nov. 1596, StadtAN, Rep. A6/I: Gottgefälliger Lebenswandel und Krieg in Ungarn; PO v. 4. Sept. 1620, StadtAN, REp. A6/I: Tanzverbot und Kriegsläufte im Römischen Reich und angrenzenden Gebieten.
611. Zu den Kernpunkten der "Stadtwirtschaftspolitik", deren Zweck u. a. im Erhalt von Nahrungs- und Erwerbschancen bestand, s. Weber, Wirtschaft und Gesellschaft, S. 791 ff.

von Ehe und Sittlichkeit erlangte es eine, jedoch eher untergeordnete, Bedeutung. Den Hauptaspekt hierbei bildete die Bewahrung öffentlicher Kassen und Gelder vor Inanspruchnahme durch unvermögende Stadtbewohner. Konkret befürchtete man eine Plünderung der in beiden Städten seit der Reformation bestehenden Almosenkassen[612]. Sie lösten die vor der Reformation üblichen privaten Almosenspenden ab, da der protestantische Glaube die Verrichtung derartiger Werke zur Erlangung eigener Seligkeit nicht vorsah.

Die neuen, obrigkeitlich errichteten Almosenkasten bildeten nun Zentren moderner protestantischer Sozialfürsorge, die aus Mitteln übergegangener Kirchenpfründen, sowie mit privaten Stiftungen und Spenden eine umfassende Armen- und Krankenpflege betrieben[613]. Zudem unterstützte der Frankfurter Almosenkasten auch bedürftige Waisenkinder und half unverheirateten Müttern und ihren Kindern[614]. Ein regelrechtes Waisenhaus gab es in Frankfurt jedoch erst ab 1679[615]. Demgegenüber ist in Nürnberg bereits ab 1364 ein Findel- und Waisenhaus urkundlich belegt[616]. Hierfür überliefert REICKE für das Jahr 1550 eine Belegungszahl von 115 Kindern, die sich bis zum Jahr 1634/35 auf 425 Kinder steigerte[617]. Gemessen an einer Gesamtbevölkerungszahl von durchschnittlich 30. - 40.000 Menschen, die Nürnberg in dieser Zeit beherbergte[618], war dies eine nicht ganz unbeträchtliche Anzahl von Personen, die regelmäßig mit Nahrung, Kleidung und Brennholz versorgt werden mussten. Weiterhin finanzierten die öffentlichen Kassen einen zumindest elementaren Schulunterricht. Die Begabten erhielten außerdem Stipendien oder andere Ausbildungsunterstützungen; den Mädchen zahlte die öffentliche Hand eine Beihilfe zu ihrer Aussteuer[619].

Bei den öffentlich versorgten Waisen- und Findelkindern handelte es sich regelmäßig um Kinder aus unvermögenden, armen Familien bzw. um ausgesetzte, unehelich geborene Kinder. Um dem daraus erwachsenden

612. Zu diesen Einrichtungen vgl. Jahns, in: Frankfurt, S. 180 ff.: "Allgemeiner Almosenkasten" seit 1531; s. Reicke, S. 822 f.: "gemeiner Almosen".

613. Vgl. Kriegk, Deutsches Bürgerthum, S. 165, der darauf eingeht, daß zumindest der Frankfurter Rat auf die Stadtkasse zurückgriff, wenn der Almosenkasten eine weitere Unterstützung nicht mehr zuließ.

614. S. Kriegk, Deutsches Bürgerthum, S. 132 ff.

615. S. Jahns, in: Frankfurt, S. 182; s. auch Kriegk, Deutsches Bürgerthum, S. 136 zu dem Umstand, daß Frankfurt - im Gegensatz zu den meisten anderen Städten - im Mittelalter und in der frühen Neuzeit kein Findelhaus besaß.

616. Vgl. Reicke, S. 622.

617. Vgl. Reicke, S. 623, der folgende Entwicklung angibt: 1550: 115/1561: 212/1574 u. 1575: 371/1634 u. 1635: 425.

618. S. Reicke, S. 578.

619. S. Jahns, in: Frankfurt, S. 182.

Versorgungsproblem zu entkommen, beschritt die städtische Obrigkeit im wesentlichen zwei Wege: Zum einen versuchte sie, arme Waisen- und Findelkinder, aber auch die Kinder von Bettlern und anderen sozialschwachen Gruppen, in öffentlichen Häusern zusammenzufassen. Dort wurden sie dann fern von Freunden und Verwandten gemäß den Vorstellungen der Obrigkeit erzogen. Ziel dieses Handelns war es letztendlich, bestimmte Teile der Bevölkerung durch öffentlich gesteuerte Erziehungsmaßnahmen auf ein höheres gesellschaftliches Niveau zu heben und damit wertvoller für die städtische Gemeinschaft zu machen[620].

Andererseits beabsichtigte der Rat, durch entsprechende Ehe- bzw. Sittenordnungen die einschlägigen Verhaltensweisen zu kriminalisieren, um so bereits im Vorfeld die Geburt armer und/oder unehelicher Kinder und den damit entstehenden Versorgungsbedarf für sie und ihre Eltern zu verhindern. So ist folglich davon auszugehen, dass der ratsherrliche Verordnungsgeber bei sämtlichen Policeyordnungen, die Unzucht, Ehebruch, Kindsmord oder Kindesaussetzung zum Inhalt hatten, letztendlich auch den Versorgungsaspekt und damit den Gedanken, die stadtbürgerliche Nahrung zu schützen, verfolgte.

Dieser Schluss ist zu ziehen, obgleich keine der untersuchten Verordnungen dieses Inhaltes den Gedanken des Nahrungsschutzes explizit als Begründung für den Erlass angibt. Ordnungen dieses Themenkreises begründete der städtische Rat vielmehr regelmäßig damit, dass er so religiösen und ethischen Anforderungen genügen wolle. Dennoch liegt es angesichts der oben aufgezeigten eklatanten Versorgungsprobleme, die die städtischen Almosengeber aufgrund nicht in "rechten Verhältnissen" geborener Kinder bzw. deren Eltern trafen, nahe, im Nahrungsschutz einen weiteren und - je nachdem, wie viel öffentliche Gelder als Almosen zur Verfügung standen - zeitweise sogar gewichtigen Aspekt für den Verordnungserlass zu sehen.

Schließlich wird diese These erhärtet durch zwei Frankfurter Verordnungen, die Anfang des 17. Jahrhunderts ausdrücklich "Die Verheurathung der Bürgerskinder an Fremde"[621] reglementierten. Der Rat ordnete hierin an, dass sich fremde Personen vor der Heirat mit einem Bürgerskind "zur Inquisition der fremden Deputierten herren sich der Gebühr angeben und denselben Ihres

---

620. Zur obrigkeitlichen Praktik, Kinder aus Randgruppen ihren Eltern zu entziehen, sie deren Lebensweise zu entfremden, um so eine Reintegration in die Gesellschaft zu erreichen und eine Reproduktion dieser - unerwünschten - Bevölkerungsteile zu verhindern, vgl. Meumann, S. 215 ff., der die These von einer regelrechten "Schaffung unversorgter Kinder durch repressive Ordnungspolitik und Pönalisierung" (S. 215) aufstellt.
621. PO v. 23. Juni 1614, StadtAF, Geschr. R/O, Kasten 4 (1600-1752), fol. 1.

Standts und Vermögens genugsambs Anzaign und Bericht gethan"[622]. Da es kein religiös begründetes Gebot für eine derartige Vorschrift gab, sah sich der Rat gezwungen, den Hintergrund dieser Verordnungen ohne Vorbehalte offenzulegen: "Nachdem ein Erbarer Rath dieser Stadt (...) befindet, daß mann seit geraums zeithero die Statt mit allerhand fremden, dazu armen ohnvermöglichen, bisweilen auch untüchtigen Personen überhandtet, und durch dergleichen unnütze Gesindel die gemeinen almosenkassen nit wenig beschwerd (...) dahero erfolget, daß dergleichen arme ohnvermögliche und liederliche Personen durch unnachtsame leichtfertige Heurathen herein gezogen werden. Dieß wil ein Ehrbarer Rath in allwege obliegen und gebühren, solche Ungelegenheit und Unnordnung (...) zuvorkommen und abzuschaffen"[623].

Die Frankfurter Ratsherren schufen also eine weitere Eheschließungsvoraussetzung, um zu verhindern, dass ein unvermögender Fremder durch die Heirat das Bürgerrecht erlangte und damit automatisch in den Genuss öffentlicher städtischer Sozialfürsorge kam und damit die Nahrung aller bedrohte. Die Motivation hierfür war also nicht etwa die Heiligkeit des Ehestandes, die durch eine vorschnelle Heirat mit einem noch nicht so bekannten Partner gefährdet gewesen wäre, sondern vielmehr die bloße Angst um die Versorgung eines Fremden, von dem man noch nicht wusste, wie er seinen Lebensunterhalt verdienen würde.

IV. Anlässe und Ursachen: Angst vor dem Zorn Gottes, Ohnmacht gegenüber Seuchen, Naturkatastrophen und Krieg

Befasste sich das Vorhergehende hauptsächlich mit den Motivationen, denen sich der reichsstädtische Rat bei seiner Verordnungsgebung hinsichtlich Ehe und Sittlichkeit ausgesetzt sah, sollen im folgenden konkrete Anlässe näher beleuchtet werden, die einen Ordnungserlass ebenso unumgänglich machten. Der entscheidende Unterschied zwischen einem "echten", der Normgebung übergeordneten Motiv und einem bloßen Anlass besteht darin, dass letztere erst bei ihrem Auftreten eine ausdrückliche Verordnung notwendig machten. Umgekehrt galt, dass das Verschwinden eines konkreten Anlasses oder einer konkreten Ursache eine Normierung aus diesem Grund sogleich unnötig werden und entfallen ließ. Die Wirkung dieser Art normauslösender Anstöße verdeutlicht ein altes Sprichwort, das besagt, dass der Bauer dann am heftigsten betet, wenn das Wetter schlecht ist.

---

622. Ebenda.
623. PO v. 4. März 1604, StadtAF, Geschr. R/O, Kasten 4 (1600 - 1752).

Das Wetter war - im übertragenen wie im eigentlichen Sinne - im 15. bis 17. Jahrhundert vergleichsweise oft schlecht. Da der überwiegende Teil der Stadtbürger wenigstens teilweise agrarisch tätig war[624], wirkten die Naturkatastrophen für den überwiegenden Teil der spätmittelalterlichen und frühneuzeitlichen Stadtbevölkerung unmittelbar Existenz bedrohend. Obgleich die Kunst der Wettervorhersage in dieser Zeit geradezu Hochkonjunktur hatte[625], waren ihre Erfolge doch eher bescheiden. Viel häufiger hingegen war es der Fall, dass Stadt- wie Landbewohner der Verwüstung ihrer Ernte durch Hagel, Schnee sowie übergroße Hitze hilflos gegenüberstanden. Hinzu kam, dass sie die Mitte des 16. Jahrhunderts einsetzende Abkühlung des Klimas völlig unvorbereitet traf[626], was den erfolgreichen Fruchtanbau nach herkömmlichen Methoden höchst ungewiss machte.

Außer unter dem schlechten Wetter litt die Bevölkerung vom 14. Jahrhundert an mehr und mehr unter der wirtschaftlichen Stagnation, was besonders die auf wirtschaftlichen Fortschritt angewiesenen Stadtbürger traf[627]. Als Beweggründe für den Appell an ein verändertes Sittenverhalten nennen die Verordnungen deshalb auch ausdrücklich "ein merckliche und zuvor unerhörte Tewrung"[628] und die "müheseligen zeiten"[629].

Hinzu kam in einer Zeit großer Unbefriedetheit die ständige Bedrohung durch Kriege. Als gängiges Mittel politischer Konfliktbewältigung konnten sie jederzeit und überall losbrechen. In Nürnberger Verordnungen finden deshalb "die betrübten schweren Kriegsleufften im Römischen Reich"[630] genauso wie "die schweren Kriegsleuff / so sich in diser Zeit gegen den Erbfeind der

---

624. Vgl. etwa Bund, in: Frankfurt, S. 67.
625. Vgl. Münch, S. 128 ff. Dabei gab es im wesentlichen zwei Strömungen, mit Hilfe derer man zu einer zutreffenden Prognose zu gelangen suchte. Zum einen wagten die Wetterbüchlein, "Bauerpracktiken" und Bauernkalender anhand der Beobachtung der Witterungsverhältnisse in bereits vergangenen Jahren eine Vorhersage für das künftig zu erwartende Wetter. Zum anderen deuteten mehr oder weniger gelehrte Astrologen, Ärzte oder Pfarrer die Stellung der Gestirne zueinander und versuchten auf diesem - astronomischen - Wege, die Witterung für einen längeren Zeitraum - meist ein Jahr im voraus - vorherzusagen.
626. S. Münch, S. 138 ff., der ausführlich über das Phänomen der im nachhinein sog. "kleinen Eiszeit" berichtet.
627. Vgl. Duby, Unsere Ängste, der den materiellen und wirtschaftlichen Fortschritt des 10. bis 13. Jahrhunderts mit der "Phase der Quasistagnation" des 14. bis 18. Jahrhunderts kontrastiert.
628. PO v. 29. Sept. 1571, StadtAN, Rep. A6/I.
629. PO v. 19. März 1579, StaatsAN, Rep. 63II, fol. 228. Vgl. speziell zum Problem der Verschuldung der Bevölkerung in Kriegszeiten auch Tilgner, S. 155 f.
630. PO v. 31. Jan. 1640, StaatsAN, Rep. 63Ic, Mandatbuch I.

Christenheit dem Türcken erhalten"[631] als auch die Bedrohung angesichts des "inn Ungern vor augen stehenden leidigen Kriegswesen(s)"[632] Erwähnung. Für die städtische Bevölkerung stellten diese Kriege eine besondere Gefahr dar, weil die Stadt als blühendes Wirtschaftszentrum und damit Herz einer bestimmten Region ein bevorzugtes Angriffsziel war, das ausgelöscht werden sollte[633].

Eng mit den durchziehenden Kriegstruppen verbunden war häufig das Grassieren von Seuchen. Infolge mangelnder Hygiene und aufgrund des engen Zusammenlebens boten die Söldnerheere eine sehr gute Ausbreitungsfläche für Seuchen und Krankheiten jeder Art, die sie im Laufe ihrer Stationierung auf die städtische Bevölkerung übertrugen. Dies veranlasste einen Zeitgenossen der Frankfurter Belagerung von 1552 sogar zu der Aussage, dass zu dieser Zeit "in summa nichts wohlfeiler als krancke Leut und Läus" gewesen sei[634].

Insgesamt gesehen stellte die permanente Nähe und Gefahr von Seuchen eine der größten Bedrohungen der spätmittelalterlichen bzw. frühneuzeitlichen Stadtbevölkerung dar. Weil es oftmals an den notwendigen naturwissenschaftlichen und insbesondere medizinischen Kenntnissen fehlte, gelang es nicht, die Seuchenherde gezielt zu bekämpfen, sodass die Krankheiten endemisch wurden. Neben dem Typhus, der Ruhr, dem Aussatz und den Blattern bedrohten dabei die seit Ende des 15. Jahrhunderts auftretende Syphilis sowie die Pest das stadtbürgerliche Leben[635]. Gelang es schließlich Mitte des 16. Jahrhunderts den Geschlechtsverkehr als Hauptübertragungsfaktor der Syphilis zu identifizieren[636], waren die Ansteckungswege der Pest bis zum

---

631. PO v. 26. Aug. 1566, StadtAN, Rep. A6/I.
632. PO v. 20. Nov. 1596, StadtAN, Rep. A6/I.
633. Eines der grausamsten, aber auch bekanntesten Beispiele für derartige Stadtverwüstungen, um den Feind handlungsunfähig zu machen, ist sicherlich die Verwüstung Mannheims auf Befehl Ludwigs XIV., der auf diese Weise die Rechte seines Bruders Philipp an der Kurpfalz wahren und wohl auch in besonderem Maße Macht demonstrieren wollte.
Aber auch Frankfurt kannte derartiges, wenngleich in geringerem Umfange. So verwüstete Kurfürst Moritz von Sachsen bei der Belagerung der Stadt im Jahr 1552 große Teile des näheren und weiteren Umlands - z. B. wurden Ober- und Niederrad vollständig niedergebrannt - und zerstörte damit auf Jahre hinaus die Existenzgrundlage der Frankfurter Bevölkerung, s. Bothe, Geschichte der Stadt Frankfurt, S. 121; vgl. Jahns, in: Frankfurt, S. 199.
634. Nachweis bei Bothe, Geschichte der Stadt Frankfurt, S. 121.
635. S. Münch, S. 458 ff.
636. Zuvor wurde sie eher auf falsches resp. schlechtes Essen zurückgeführt, vgl. Schuster, Das Frauenhaus, S. 185, der beschreibt, dass in Nürnberg zunächst von einer Infizierung durch Schweinefleisch ausgegangen wurde. Auch nach Aufdeckung der eigentlichen Ursache konstatiert Schuster jedoch keinen Zusammenhang zwischen den Frauenhausschließungen des 16. Jahrhunderts und dem Geschlechtsverkehr als Hauptverbreitungsfaktor der Syphilis:

Ende des Untersuchungszeitraums allenthalben ungeklärt. Allgemein wurde davon ausgegangen, dass eine Vergiftung der Luft durch Miasmen die Krankheit auslöse[637]. Diese naturwissenschaftliche Unkenntnis bezahlten viele Menschen mit dem Leben, trat die Pest doch seit dem 14. Jahrhundert bis ins 18. Jahrhundert hinein in immer wiederkehrenden Schüben auf[638]. In Frankfurt sind im Untersuchungszeitraum allein 10 Pestschübe bekannt, davon einige, die mehrere Jahre anhielten und die "jeweils Hunderte (von) Toten" forderten[639]. Auch in Nürnberg gab es 10 - allerdings zeitlich anders gelegene - Pesteinbrüche, die in ihren schlimmsten Fällen jeweils mehrere tausend Menschen sterben ließen[640]. Mit ihren hohen Sterbeziffern und durch ihr plötzliches, unerwartetes und immer wiederkehrendes Auftreten stellte die Pest somit eine der schlimmsten Bedrohungen der spätmittelalterlichen bzw. frühneuzeitlichen Menschen dar[641].

Der Stadtbürger war im 15. bis 17. Jahrhundert also mannigfachen existenziellen Bedrohungen ausgesetzt, die er von der Teuerung bis hin zum Krieg nicht steuern und von der Naturkatastrophe bis hin zur Pest auch nicht erklären konnte. In dieser hilf- wie wehrlosen Position geriet er bei der Suche nach den Ursachen dieser Katastrophen nicht nur zu logisch-deduktiven, sondern insbesondere auch zu metaphysischen Begründungsansätzen. In dieser Welt, die die Ursachen der Bedrohung häufig nicht zu deuten wusste, bildete deshalb die Angst vor dem Zorn des allmächtigen Gottes die zentrale Größe im Weltbild der Menschen[642]. Diesen Zorn glaubte der Mensch dieser Zeit durch eine verstärkt gottesfürchtige Haltung besänftigen zu können. Aufgrund eines verstärkten Gehorsams gegenüber religiösen Geboten wollte er das Wohlwollen der göttlichen Macht erlangen und somit Katastrophen abwenden.

"Gesundheitspolitische Motive werden demnach bei der Schließung der städtischen Bordelle nicht in den Vordergrund gerückt, i. d. R. werden sie nicht einmal erwähnt", s. ebenda, S. 189.

637. Vgl. Reicke, S. 589; erst 1894 wurde der Pestbazillus gefunden und die Übertragungskette - von Rattenflöhen auf den Menschen und von dort weiter an andere Menschen - aufgedeckt, s. Münch, S. 460.

638. S. Münch, S. 460 f.

639. Bund, in: Frankfurt, S. 126, spricht hiervon. Bestimmter sind die Daten der einzelnen Pestschübe; für Frankfurt waren es im 15. bis Mitte des 17. Jahrhunderts die Jahre 1418/19, 1439, 1461, 1463, 1467, 1473, 1519, 1622, 1625, 1631-1640, s. Kriegk, Deutsches Bürgerthum, S. 134; vgl. Bräuer, S. 315; s. Jahns, in:Frankfurt, S. 193; s. Bund, in: Frankfurt, S. 126.

640. In Nürnberg wütete die Pest in den Jahren 1449, 1474/75, 1462/63, 1483, 1494, 1505, 1522, 1562, 1585 und 1665. dabei starben 1474/75 ca. 2460 Menschen, 1462/63 ungefähr 4400 bis 4600 erwachsene Personen, 1562 ca. 9000 Menschen und 1585 nochmals 5400 Personen, s. Reicke, S. 582.

641. S. auch Münch, S. 459 f., der sich dem Urteil anderer anschließt, nach dem die Pest "'die einschneidenste demographische Katastrophe', welche die Menschheit je erlebt hat", gewesen sei.

642. Vgl. Duby, Unsere Ängste, S. 15.

Auch die Verordnungen der reichsstädtischen Räte spiegeln diesen stark affektgeleiteten, ursprünglichen Gottesglauben, wenn sie etwa die "vielfältigen Zornstraffen des Allmächtigen Gottes / So sich neben Pestilenz und Theurung / insonderheit auch durch den langwürigen gantz verderblichen Krieg (...) sehen lassen"[643] oder aber die "betrübten schweren Kriegsleufften im Römischen Reich / als eine ZornRuthe deß Gerechten Gottes wider die Sünde"[644] bezeichnen. Das obrigkeitliche Anliegen war deshalb, "solchen (i. e. Ehebruch, Hurerey und Unzucht) vor Gott abscheulichen Delikten nach Möglichkeit mit exemplarischen höhern Strafen vorzukommen / und dadurch allerhand Constitutionen / zuvorderst aber Gottes Zorn / Ungnade / Plagen und Strafen / welche durch solche Laster über gemeine Städte und Lande (wie die Exempel genügsam bezeugen:) verursacht und gehäufft werden / abzuwenden"[645].

Die Angst vor der göttlichen Strafe schien die städtische Bürgerschaft zu Beginn der frühen Neuzeit mehr und mehr zu ergreifen. Besonders deutlich wird dies in Nürnberg, wo bis zur Mitte des 16. Jahrhunderts die Angst nur vereinzelt als verordnungsauslösender Faktor Erwähnung fand[646]. Ab 1570 stieg die Häufigkeit, mit der dieses Motiv benannt wurde[647], und ab dem Ende des 16. Jahrhunderts war schließlich fast jede ehe- bzw. sittlichkeitsregulierende Verordnung von der Furcht vor dem göttlichen Zorn als Folge entsprechenden

643. PO v. 31. Jan. 1640, StaatsAN, Rep. 63Ic, Mandatbuch I.
644. PO v. 31. Jan. 1640, StadtAN, Rep. A6/I.
645. PO v. 14. Nov. 1620, StadtAF, Gedr. O/B.
Ähnlich deutliche und auf konkrete Anlässe bezogene Verordnungstexte finden sich auch in Nürnberg, vgl. etwa PO v. 29. Sept. 1571, StadtAN, Rep. A6/I:
"Wiewol vor augen / und meniglich bewust ist / wie das vergangen / auch das heurige Jar / vonwegen mißwachsung der frucht / sonderlich aber des Korns / ein merckliche und zuvor unerhörte Tewrung eingefallen / also das alle ding / so der Mensch zu seiner leiblichen unterhaltung notturfftig / auff das höchst gestigen / und noch teglich in grossen auffschlag kombt. Dagegen aber die Handtierungen / Gewerb und Handtwercker / alteglich abnemen / und außlendiger Krieg und dergleichen verhinderung halben / je lenger je mehr stecken. Welches alles Gott der Allmechtig on allen zweifel / umb unserer sünden und unbußfertigkeit willen / also verhengt. Und wo wirs nicht erkennen / er uns noch herter und scherffer züchtigen un straffen wirdet / also das ein ieder mensch solche augenscheinliche straffen Gottes billich zuhertzen und gemüt füren / sein leben bessern / und unter anderm allen uberfluß / im zeitlichen leben vermeiden / und sich etwas eingezogner halten solte".
646. In den 31 Verordnungen, die von 1450 bis 1570 auf dem gebiet "Ehe/Sittlichkeit" in der Reichsstadt Nürnberg erlassen wurden, bezeichnen nur ganze fünf die Furcht vor göttlichem Zorn als ausschlagggebender Anlass.
647. Von den neun Verordnungen, die von 1571 bis 1596 erlassen wurden, nennen fünf die Angst als Ursache.

Fehlverhaltens geprägt[648]. Im gesamten Untersuchungszeitraum waren damit in Nürnberg von 52 Verordnungen stattliche 20 angstbegründet. Genauso oft Erwähnung fanden nur noch die christlich-ethischen Ordnungsmotivation, die folglich bei der Häufigkeit einer vom Rat gewählten Begründung für die Regelung von Ehe und Sittlichkeit zusammen mit der Angst vor der Strafe Gottes an erster Stelle standen.

Bezogen auf Frankfurt lässt sich dieses Ergebnis nicht mit derselben Deutlichkeit halten, obgleich mit einzubeziehen ist, dass die statistische Auswertung des Frankfurter Quellenmaterials mit nur 17 relevanten Policeyordnungen im gesamten Untersuchungszeitraum weniger repräsentativ erscheint als die wesentlich umfangreicheren Nürnberger Quellen. Von diesen 17 Frankfurter ehe- und sittlichkeitsregulierenden Verordnungen bezeichneten 7 christlich-ethische Überlegungen als ausschlaggebend für die Normierung, jedoch nur zwei die Angst vor dem Zorn Gottes. Diese zwei Policeyordnungen entstammen allerdings - und insoweit bewegt sich das Frankfurter Ergebnis wieder auf die für Nürnberg getroffenen Erkenntnisse zu - beide dem 17. Jahrhundert[649].

Bei alledem darf jedoch nicht übersehen werden, dass die städtische Bevölkerung neben der eher metaphysischen Wehr gegen Naturkatastrophen, Kriege und Seuchen mittels eines gottgefälligen Verhaltens durchaus auch rationale Arten der Unglücksbekämpfung kannte und diese auch durchführte. So war es üblich, die an Syphilis, Pest, Blattern oder Aussatz erkrankten Personen in eigenen Häusern oder Siechköbeln zu kasernieren, um weitere Ansteckungen zu vermeiden. Frankfurt besaß deshalb ein Quarantänespital auf dem Klapperfeld[650]. Nürnberg baute - zusätzlich zu bereits vorhandenen Siechenlagern - im 16. Jahrhundert eigens ein spezielles "Franzosen- oder Blatternhaus"[651]. Der Rat verbot zudem größere Menschenansammlungen und insbesondere die beliebten Tanzvergnügen, da diese "zu der obgemelten Seucht und kranckheit (i. e. Pest) / nit wenig fürderlich" seien[652]. Auch gegen auswärtige potentielle Krankheitsträger ging die ratsherrliche Gesundheitpolitik mit naturwissenschaftlich schlüssigen Maßnahmen vor, indem etwa der Frankfurter Rat in Zeiten der Pest Gesundheitspässe (sog. "Fede") für Fremde

648. Eine Ausnahme bilden insoweit nur die PO v. 4. Sept. 1620, StadtAN, Rep. A6/I sowie die PO v. 5. Febr. 1650, StadtAN, Rep. A6/I. Alle anderen zehn in diesem Zeitraum erlassenen Verordnungen sind angstgesteuert.

649. PO v. 7. April 1608, StadtAF, Conc. Edictorum, Tomus IV, fol. 21; PO v. 14. Nov. 1620, StadtAF, Gedr. O/B.

650. S. Jahns, in: Frankfurt, S. 245.

651. Vgl. Reicke, S. 593.

652. PO v. 2. Okt. 1545, StadtAF, Rep. A6/I.

vorschrieb[653]. In Nürnberg entgegnete man dem Problem auswärtiger Infektionsträger mit der Errichtung so genannter "Kontumazanstalten", in denen Fremde eine bestimmte Quarantänezeit verbringen mussten[654].

Es bleibt also festzuhalten, dass die reichsstädtischen Räte sowohl rational als auch durch einen verstärkten Gehorsam gegenüber göttlichen Geboten versuchten, für sie unwägbare, existenzbedrohende Ereignisse zu verhindern. Im Zentrum ihres Appells zu einem gottgefälligeren Verhalten stand dabei der Ruf nach mehr Anstand und Sittlichkeit, da den unsittlichen Lebensformen die Hauptschuld am unerwarteten Auftreten von Seuchen, Kriegen und Naturkatastrophen gegeben wurde. Der Anspruch an eine gottesfürchtigere Lebensführung verstärkte sich im 16. Jahrhundert und zumindest für Nürnberg bildete die Angst vor dem Zorn Gottes ab diesem Zeitpunkt eines der Hauptargumente beim Erlass von ehe- und sittlichkeitsregulierenden Policeyordnungen.

---

653. S. Bräuer, S. 315.
654. Vgl. Reicke, S. 590.

C. Kontrolle und Durchsetzung: Die tatsächlichen Anwendungen sittlichkeitsregulierender Policeyordnungen im städtischen Rechtsleben

I. Vorüberlegungen: Normatives Konzept, seine Verwirklichung und Umsetzung

Wo immer ein normatives Konzept entworfen wird, stellt sich noch im gleichen Atemzug die Frage nach seiner Verwirklichung und Umsetzung. So beschäftigen sich in neuerer Zeit ganze Forschungsprojekte mit der Frage, ob die (protestantischen) Obrigkeiten durch den Erlass sittlichkeitsregulierender Policeyordnungen einen Mentalitätswandel im Verhalten der frühneuzeitlichen Bevölkerung eingeleitet oder zumindest beschleunigt haben[655]. Derartige Überlegungen basieren auf der grundlegenden Überzeugung, dass es noch vor einem halben Jahrtausend alltägliche menschliche Verhaltensformen gegeben hat, die nach heutiger Vorstellung als barbarisch und grausam gelten, damals jedoch durchaus üblich waren - gängiges Beispiel sind schauspielhaft inszenierte Hinrichtungen ebenso wie die lustbetonten Besuche öffentlicher Bade- oder Frauenhäuser, die selbst bei Königen und Ratsgesandten zum guten Ton gehörten[656]. Diesen Wandel untersuchten Max WEBER und Norbert ELIAS bereits Anfang des 20. Jh. in ihren Studien. Ersterer sah hierin ein zunehmende "Rationalisierung" menschlichen Verhaltens aufgrund protestantischer Ethik[657]. Letzterer negierte demgegenüber den Bezug zur Religion. Er ging vielmehr davon aus, dass der Verhaltenswandel auf einem Prozess zunehmender Affektkontrolle beruhe, einem Prozess der Zivilisation[658], in dessen Zeitablauf ehemals öffentliche Formen menschlicher Verrichtungen "hinter die Kulisse des gesellschaftlichen Lebens verdrängt und mit Schamgefühlen belegt"[659] worden seien. Ausgehend von den Beobachtungen der weltlichen Oberschichten des Abendlandes versuchte ELIAS auf diesem Wege, ein Gesetz der Entwicklung menschlicher Verhaltensformen seit dem Mittelalter zu formulieren.

An diese Grundlagen anknüpfend wird seither untersucht, ob es sich bei den Veränderungen im menschlichen Verhalten um soziologische Prozesse der

---

655. Vgl. die Forschungsübersicht bei Roeck, Lebenswelt und Kultur des Bürgertums in der frühen Neuzeit, S. 101 ff. sowie bei Heinrich Richard Schmidt, Die Christianisierung des Sozialverhaltens als permanente Reformation, S. 113 ff.

656. S. oben S. 69 f.

657. Vgl. Weber, Die protestantische Ethik Bd. 1, S. 139 f.

658. Vgl. Elias, Über den Prozeß der Zivilisation Bd. 2, S. 312 ff. ("Entwurf zu einer Theorie der Zivilisation").

659. Elias, Über den Prozeß der Zivilisation Bd. 2, S. 312.

inneren Triebregulierung gehandelt hat und welcher Anteil der Obrigkeit hieran zukommen könnte, versuchte sie doch durch eine vermehrte ordnungsrechtliche Regelung auf den Prozess zunehmender Triebkontrolle Einfluss zu nehmen. Muss die Rolle des erziehenden Staates in den Blickpunkt gerückt werden[660] oder erhielt dieser, gerade im Bereich der Sittenzucht, erst in Verbindung mit der Kirchenzucht seine volle Schlagkraft[661]?

Erklärungen der gesellschaftsgeschichtlichen Entwicklungstendenzen finden unter Stichworten wie Rationalisierung, Zivilisation, Sozialdisziplinierung, Konfessionalisierung oder soziale Kontrolle statt und haben - wie Heinrich Richard SCHMIDT formuliert[662] - "Konjunktur". Ihre Kenntnis ist unerlässlich, will man über den bloßen Inhalt policeyordnungsrechtlicher Normen hinausgehende Erkenntnisse erlangen. Gleichwohl sollte dies den Betrachter nicht dazu verleiten, "mit der Konjunktur zu gehen" oder gar voreilig eigene Überlegungen hinsichtlich der hochausgebildeten Theorien zu entwickeln. Eine Untersuchung wie die vorliegende, die sich im wesentlichen auf policeyordnungsrechtliches Quellenmaterial und Gerichtsakten stützt, lässt seriöse Feststellungen über die Abhängigkeit von obrigkeitlicher Verordnung und menschlichem Verhalten nicht zu. Um ein verlässliches Bild des moralisch Üblichen und dessen Veränderungen zu zeichnen, welches dann in Korrelation zu den rechtlich erfassten Abweichungen gesetzt werden könnte, wäre vielmehr die Auswertung auch außerrechtlicher Einzelbefunde notwendig. Zur Ermittlung derartiger gesamtgesellschaftlicher Moral bildender Umstände bedürfte es aber "massenhafter, serieller Quellen, die über einen möglichst langen Zeitraum strukturell vergleichbar bleiben"[663]. Gerade im Hinblick auf die Quellenvielfalt der Reichsstädte Frankfurt und Nürnberg kann dies nicht Aufgabe der vorliegenden Untersuchung sein. Ihr Beitrag zum vorstehend erörterten

---

660. Vgl. Oestreich, Policey und Prudentia civilis in der barocken Gesellschaft von Stadt und Staat; ders., Strukturprobleme des europäischen Absolutismus.

661. Vgl. hierzu Stolleis, "Konfessionalisierung" oder "Säkularisierung" bei der Entstehung des frühmodernen Staates, in: Ius Commune Bd. 20 (1993), S. 1 ff. sowie den Forschungsüberblick bei Schilling, Die Kirchenzucht im frühneuzeitlichen Europa in interkonfessionell vergleichender und interdisziplinärer Perspektive, S. 11 ff. Vgl. zum Meinungsstreit auch insbesondere Schilling, Disziplinierung oder "Selbstregulierung der Untertanen"?, in: HZ Bd. 264 (1997), S. 675-691 und die Antwort von H. R. Schmidt, Sozialdisziplinierung? Ein Plädoyer für das Ende des Etatismus in der Konfessionaliserungsforschung, in: HZ Bd. 265 (1997), S. 639-682.

662. H. R. Schmidt, Christianisierung des Sozialverhaltens als permanente Reformation, S. 114.

663. Roeck, Lebenswelt und Kultur des Bürgertums in der frühen Neuzeit, S. 106. gl. darüber hinaus zu den Schwierigkeiten, die mit der Beantwortung der Frage nach der Normdurchsetzung einhergehen, Stolleis, Normdurchsetzung, S. 739-757, zum Quellenproblem insbesondere S. 743 f.

Themenkomplex muss sich vielmehr darauf beschränken, die rechtliche Durchsetzungsfähigkeit obrigkeitlicher Normvorgaben zu erörtern und so deren grundsätzliche Chance auf Anwendung zu beleuchten.

Hans MAIER hat in seinem 1980 in zweiter Auflage erschienenen Werk "Die ältere deutsche Staats- und Verwaltungslehre" die Frage nach dem Rechtscharakter der Policeyordnungen gestellt[664]. Seine wesentlich auf den Arbeiten Wilhelm EBELS[665] beruhenden Überlegungen belegen die wesensmäßige Veränderung der außerrechtlichen Policey hin zur rechterfüllten Ordnung des Gemeinwesens, die neben die alten Formen der Gesetzgebung trat. Diese grundlegende Erkenntnis findet auch durch neuere Untersuchungen vielfache Bestätigung[666], sodass sie hier den Ausgangspunkt für die Betrachtung der rechtlichen Relevanz konkreter Policeyordnungen bildet.

Vorliegend ist demnach zu prüfen, welche Anwendung die ehe- und sittlichkeitsregulierenden Policeyordnungen im reichsstädtischen Rechtsleben fanden: Waren sie nur Verhaltensanweisungen eines immer mächtiger werdenden Rates an seine bürgerliche Basis, die er anders nicht mehr erreichen konnte? Erschöpfte sich der Sinn der mannigfachen Verordnungen, Dekrete, Edikte und Erlässe daher bereits in der bloßen Veröffentlichung ihres Inhalts, der Bekanntgabe an möglichst große Teile der städtischen Bevölkerung? Oder waren ihre Bestimmungen darüber hinaus auch rechtlich bindend? Musste, wer gegen die Policeyordnungen verstieß, mit einer Sanktion nach ihrer Maßgabe rechnen, waren sie normative Grundlage zur Beurteilung eines Sach- und Streitstandes und damit Recht? Oder wirkten die Policeyordnungen - ähnlich einer Richtlinie im heutigen Sinne - als grundlegend moralisierender Faktor urteilsleitend, ohne jedoch zwingend die Befolgung der durch sie normierten Deliktstatbestände und Strafsanktionen beanspruchen zu können?

Zur Beantwortung dieser Fragen muss untersucht werden, wie und auf welchem Wege Verstöße gegen das Institut der Ehe und gegen die Sittlichkeit im reichsstädtischen Rechtsleben beurteilt werden. Es ist zu ermitteln, welche Normen dieser Beurteilung zugrunde lagen und welche Spruchkörper sie

---

664. Ebenda, S. 87 ff.

665. Vgl. Ebel, Geschichte der Gesetzgebung in Deutschland, S. 57 ff.; ders., Die Willkür, S. 46 ff.

666. Vgl. insb. die Arbeiten von R. Schulze, Policey und Gesetzgebungslehre im 18. Jahrhundert, 1982; P. Preu, Polizeibegriff und Staatszwecklehre, 1983; D. Willoweit, Gesetzgebung und Recht im Übergang vom Spätmittelalter zum frühneuzeitlichen Obrigkeitsstaat, in: O. Behrends/Chr. Link (Hg.), Zum römischen und neuzeitlichen Gesetzesbegriff, 1987, S. 123-146 sowie die Übersicht bei M. Stolleis, Geschichte des öffentlichen Rechts in Deutschland, Erster Band S. 369 m. w. N.

vornahmen. Diese Vorgehensweise ermöglicht es zu bestimmen, ob und, wenn ja, wie die Policeyordnungen bei der Rechtsfindung Bedeutung erlangten. Die Grundlage dieser abschließenden Untersuchung bilden die reichsstädtischen Straf- und Urteilsbücher sowie die Prozessakten der sittlichkeitsregulierenden Verfahren. In Frankfurt handelt es sich dabei in erster Linie um das Strafenbuch der Stadt sowie die Straf- und Zivilprozessakten (Criminalia bzw. Iudicialia). In Nürnberg dienen die Malefiz-, Achts- und Haderbücher sowie die Ehegerichtsakten des Stadtgerichts als Haupterkenntnisquelle. Eine Ergänzung ergibt sich in beiden Städten durch die Protokolle des Rats sowie in Frankfurt zusätzlich durch die so genannten Bürgermeisterbücher. Zuvor aber müssen der Aufbau der Gerichtsbarkeit und die jeweils geltenden Zuständigkeiten untersucht werden, denn es wird sich zeigen, dass die Anwendung der Policeyordnungen wesentlich abhängig ist von der jeweils gewählten Verfahrensart.

II. Städtische Verfahrensarten bei der Beurteilung von Ehestreitigkeiten und Sittlichkeitsverstößen

1. Das ursprünglich stadtherrliche Hochgerichtsverfahren vor den Schöffen: Die Bestrafung der Unsittlichkeit mit dem Tode

"Scheffin und rad hand gemeynlichen in truwen globt und zun heilgen gesworn, den rad zu virhelen, daz beste zu raden und vorzukeren, wan man umbfraget, nach iren besten synnen und nach keinen den guden, gnaden odir friheiden zu stende, die der stad zugehoren, und getruwelichen mit der stede gude umbzugende, und obe imandes der stede gude innehabe, daz iz der der stad kere unverczogenlichen (...)"[667].

So lauten die einleitenden Worte des Eides, den die Frankfurter Schöffen und Ratsherren in nahezu unveränderter Form von 1373 an bis ins 17. Jahrhundert hinein leisten mussten. Der Schwur kennzeichnet die leitende Stellung dieser Verfassungsorgane innerhalb der städtischen Gemeinschaft ebenso wie ihre umfassenden Kompetenzen, mussten sie doch umfassend Rat und Vorkehrung treffen, "dem rade und stad zum besten", wie der Eidesformel ab dem 15. Jahrhundert ausdrücklich hinzugefügt wird[668].

---

667. Eid der Frankfurter Schöffen und Ratsherren vom 8. Juli 1373, abgedr. bei Wolf, Die Gesetze der Stadt Frankfurt am Main im Mittelalter Nr. 1.
668. Ebenda.

Die selbstbewusste Formulierung der Eidesformel vom 8. Juli 1373 lässt schwerlich erkennen, dass diese Macht nicht immer so vollkommen war. Denn nur zwei Jahre vorher besaß der Frankfurter Rat noch nicht die Befugnis, aus eigener Kraft Recht zu sprechen; ein Umstand, der sich auf die spätere rechtliche Behandlung von Normabweichungen und die "bunte Vielfalt"[669] der reichsstädtischen Gerichtsverfahren in der frühen Neuzeit konstituierend auswirken sollte.

Das städtische Gerichtsverfahren der älteren Zeit zeichnete sich durch seine Abhängigkeit von einem obersten Beamten aus. Dieser war durch einen Territorialherrn oder durch den Kaiser selbst eingesetzt und hatte die oberste Jurisdiktionsgewalt inne. In Nürnberg fungierte bis zum Ende der Hohenstaufenzeit der Burggraf als unmittelbarer Beamter des Kaisers als oberster Gerichtsherr; danach trat der Schultheiß als Dienstmann des Burggrafen in dessen Position[670]. Ebenso unterstand in Frankfurt bis ins 14. Jahrhundert das gesamte Gerichtswesen dem Reichsschultheißen[671].

Eine Veränderung hinsichtlich der Rechtsprechungskompetenz trat erst im 14. Jahrhundert langsam ein, als die kaiserlichen bzw. fürstlichen Stadtherren unter dem Druck zunehmender finanzieller Belastungen ihre Macht in diesem Bereich allmählich abgeben mussten, indem sie Teile ihrer gerichtlichen Zuständigkeiten an die erstarkenden Städte verpfändeten oder verkauften[672]. So verlieh bereits 1320 König Ludwig der Bayer der Stadt Nürnberg das Recht, über "schedliche Leute" zu urteilen[673]. Dem folgten eine Reihe prozessualrechtlicher Privilegien[674], aber erst 1427 ging das Schultheißenamt und 1459 schließlich der Blutbann auf den Rat über[675]. Dem Rat und den Bürgern der Stadt Frankfurt verkaufte Kaiser Karl IV. im Jahr 1372 das Schultheißenamt und das zugehörige Gericht[676].

Das Privileg des Stadtherrn, über Leib und Leben zu richten und auf diesem Wege zu bestimmen, wer als gemeinschädlich empfunden wurde, ging mit dem Erwerb der Schultheißenämter und des Blutbannrechts und damit der Hohen

---

669. Schwerhoff, Köln im Kreuzverhör, S. 49.
670. Vgl. Schultheiß, Nürnberger Ortsrecht, S. 5 ff.
671. S. Bund, in: Frankfurt, S. 82 ff.
672. Vgl. Vogt, S. 269.
673. S. Eylbär, S. 6.
674. Z. B. die Befugnis, von Rats wegen einen Stellvertreter bei Versagung des Schultheißen zu ernennen (1323), unbeschränktes Verbannungsrecht des Rates (1349), vgl. Knapp, Nürnberger Kriminalverfahren, S. 208.
675. Ebenda.
676. Vgl. Bothe, S. 48.

Gerichtsbarkeit auf die reichsstädtischen Räte über. Im Sittlichkeitsbereich konnten sie nun unabhängig vom Schultheißen über alle schwerwiegenden Verbrechen urteilen. Üblicherweise gehörten hierzu die Tatbestände Ehebruch, Sodomie (worunter Paederastie, Homosexualität und Bestialität fielen), Inzest und Kindstötung. Aber auch die wiederholte, häufig noch mit anderen Deliktsformen verbundene, schwere Unzucht war regelmäßig der Grund für ein Todesurteil.

2. Das niedergerichtliche, autonom-städtische Verfahren: Verhandlung kleinerer Sittlichkeitsvergehen und Injurien

Eine Vielzahl kleinerer Sittlichkeitsvergehen wurde in niedergerichtlichen Verfahren abgeurteilt, die nicht in die Zuständigkeit des Hohen Gerichts fielen. In Nürnberg hatte sich zu diesem Zweck eine spezielle niedere Policeygerichtsbarkeit herausgebildet, die dem sog. Fünfergericht unterstand. In diesem Verfahren richteten vier Bürgermeister[677] und ein Senator über ehe- und moralverletzende Injurien (Beleidigungen) sowie kleinere Raufhändel. Daneben urteilten 13 der 26 amtierenden Bürgermeister im sog. Bürgermeisteramt über Delikte, die die innerstädtische Ordnung und Sitte bedrohten. Sie bildeten damit das Gegenstück zu den "scabini", der Schöffenbank, die von den 13 übrigen Bürgermeistern besetzt wurde[678]. Parallel dazu existierte in Frankfurt die Gerichtsstelle beim "Älteren Bürgermeister", der zugleich einer der beiden Vorsitzenden des Rates war. Ihm konnte die Einwohnerschaft an zwei Tagen der Woche ihre Anliegen vortragen.

Die bürgermeisterlichen Gerichte stellten die eigentliche Form des städtisch-autonomen Verfahrens dar. Schon vor Übernahme der stadtherrlichen Gerichtshoheit wurde den Ratsherren insoweit gestattet - unter der Oberaufsicht des Stadtherrn - ein eigenständiges Urteil zu fällen[679]. Bei ihrer Entscheidung waren die bürgermeisterlichen Gerichte nicht an einen fest umschriebenen Katalog einzelner Deliktstatbestände gebunden. Sie konnten so über alles beschließen, was nach zeitgenössischer Auffassung als unsittlich angesehen wurde. Bereits geringste Verstöße gegen Sitte und Moral reichten für eine Sanktion im niedergerichtlichen Verfahren aus, wie der Fall der

677. Nämlich die zwei regierenden und die im nächsten Jahr folgenden, vgl. Hofmann, S. 58.
678. Die Aufteilung der Bürgermeister in Schöffen- und Bürgermeisterbank erfolgte nach Abzählung, d. h. der erste, dritte, fünfte usw. von ihnen wurde Bürgermeister, während der zweite, vierte, sechste usw. das Schöffenamt bekleidete. Vgl. dazu ausführlicher Hofmann, S. 53 Fn. 54 f.
679. Vgl. Knapp, Das Alte Nürnberger Kriminalrecht, S. 209 ff., insb. S. 214.

"Porttenwürckerin" Katharina Zieher anschaulich belegt: Allein der Umstand, dass Katharina dritte Personen verbal beleidigt und sich im übrigen "nit auf Deckung Irer Klaider etwas ganntz ungeschickt gehalten" hatte, brachte ihr vier Tage lang in "Pannck und Eysen" ein[680].

Typisch für die bürgermeisterlichen Verfahren waren auch die verschiedenartigen, im einzelnen nicht immer nachweisbaren Tatvorwürfe, die dem - oft bereits schon am Rande der Gesellschaft stehenden - Delinquenten angelastet wurden und die ihn insgesamt als einen nicht in die städtische Sozialgemeinschaft passenden Faktor ausdeuteten. So wies der Nürnberger Rat am 30. Mai 1609 die Dienstmagd Benigna Dürr aus der Stadt[681]. Das Ratsprotokoll beschreibt sie als arm und krank; sie hatte ein "bößes Bain" aufgrund dessen sie sich zur Behandlung im Neuen Spital befand. Als sie mit dem dort beschäftigten "Poßler"[682] Michael Winter engeren Kontakt zu knüpfen beginnt, geraten sie in die Schusslinie des Spitalmeisters. Er beschwert sich beim Rat, dass "diese beede ledig Personnen sich ein Zeithero nicht allein in dem Spital alles ungehorsambs bevleißen und gegen der Custodin sehr widerspenstig erzaigt, dann auch zu viel unterschiedlichen mahlen in dem Spital und in ihren Betten unzucht und Hurerey miteinander getrieben, und anderen kranken Ihr wein und Bier abgetragen, dasselbe entweder ausgedruncken oder anderwaits verkaufft haben". Obgleich Benigna und Michael diese Vorwürfe vehement von sich weisen und lediglich eingestehen, "das sie nur einmal zusammen ins Bett kommen woll aufeinander gelegen aber nichts endtliches wegen der Benigna bößen Bains mit einander volbringen können, und dann auch einander zur Ehe genomen" haben, werden sie aus der Stadt gejagt: Zu groß scheint die Befürchtung gewesen zu sein, dass sich die Vorwürfe bewahrheiten könnten und die Ordnung des Spitals nachhaltig gestört sein würde.

Ähnlich ergeht es Leonhardt Herr, einem "arme(n) Taglöhner bey 45 Jahren alt"[683], der auf Nürnberger Gebiet inhaftiert wird. Ursache hierfür ist, "das er nicht allein ein böße zänkische Ehe mit seinem Weib ein Zeitlang gehabt, sondern auch beeden gemaindes Happurg und Ellenbach, welche unter denselben sein Weib beherbergen werden abbrennen und Schaden zu thun betrohet". Obwohl er seine Drohungen nicht verwirklicht und sich für sein Verhalten vielmals entschuldigt, beschließt der Rat dennoch, ihn vergleichsweise drakonisch zu bestrafen und auszuweisen. Denn ganz traute

680. StaatsAN, Rep. 52 b Nr. 197 (Haderbuch des Fünfergerichts von 1549-1551 (Amtsjahr 1550), Eintrag Montag 13. Mai 1549.
681. Vgl. StaatsAN, Re. 52 b Nr. 200, fol. 11.
682. Wohl eine Art Hausmeister im Spital; "posselwerk" bezeichnet Ausbesserungs- und Reparaturarbeiten, vgl. Groebner, S. 153.
683. StaatsAN, Rep. 52 b Nr. 200, fol. 20.

man seinen Beteuerungen wohl nicht, war er "doch halt ein alter wahnsinniger Mensch". Als solcher stellte er eine nur schwer einzuschätzende Bedrohung für das Nürnberger Landgebiet dar, derer sich die Nürnberger Herren lieber rein prophylaktisch entledigten.

Die Möglichkeiten, innerhalb des bürgermeisterlichen Verfahrens über Vergehen wider die reichsstädtische Ehe- und Sittenordnung zu entscheiden, waren vielfältig: Injurien, die häufig mit dem Vorwurf unsittlicher Beschimpfungen verbunden waren, wurden in diesen Verfahren abgeurteilt. Ebenso trifft man auf eine Vielzahl von Entscheidungen, die sich mit Kuppelei und mit den verschiedenartigsten Ausformungen des Unzuchtstatbestandes befassten - von dem Tatvorwurf der "böße(n) zänkische(n) Ehe"[684] bis hin zu steten Klagen über allzu ausschweifendes Tanzen, die den Frankfurter Rat schließlich erwägen lassen, "ob nit solches abzustellen"[685].

Den allermeisten der untersuchten Entscheidungen ist gemeinsam, dass es sich bei den ihnen zugrunde liegenden Sachverhalten um Ehe- und Sittlichkeitsdelikte von geringerer Tragweite handelte, verglichen mit den Tatvorwürfen, die vor das hohe Gericht getragen wurden. Seltene Ausnahmen bildeten Fälle wie der des verheirateten Sebastian Jäger, der an einem Hochzeitsfest teilgenommen und auf dem Heimweg auf öffentlicher Straße Kunigund Maidner vergewaltigt hatte[686]. Möglicherweise bescherte ihm der Umstand, dass er nachweislich - genauso wie Kunigund - bei Tatbegehung volltrunken war, die angesichts des Tatvorwurfs vergleichsweise geringe Gefängnisstrafe von 8 Wochen. Aus dem Gesamtbild der ansonsten in den niedergerichtlichen Verfahren verhängten Strafen - Urfehde mit Bezahlung der Atzung, Halseisen, Gefängnisstrafe von 1 bis max. 4 Tagen oder höchstenfalls Stadtverweisung - sticht sie dennoch markant hervor.

3. Die ursprünglich bischöfliche Spruchkompetenz

Neben den bereits erwähnten Verfahrensarten besaß der frühneuzeitliche reichsstädtische Rat zudem die Möglichkeit, Verstöße gegen Ehe- und Sittenregeln im Wege ehemals bischöflicher Verfahrensweisen zu bewerten. Diese Bereiche originär geistlicher Spruchkompetenzen waren im Zuge der

684. StaatsAN, Rep. 52 b Nr. 200 (14. Juni 1609).
685. StadtAF, Ratsprotokolle, 1604, fol. 11.
686. Vgl. StaatsAN, Rep. 52 b Nr. 200 (23. Juni 1609).

erstarkenden Machtstellung des Rates gegenüber der (katholischen) Geistlichkeit den reichsstädtischen Gerichtsverfahren angegliedert worden.

In Frankfurt fand diese Angliederung zum Teil schon vor der protestantischen Glaubensreformation statt. Der in Geldnöten befindliche Erzbischof von Mainz überließ den Frankfurtern im Jahr 1411 gegen eine finanzielle Unterstützungsleistung verschiedene geistliche Vorrechte. In einer "heimlich rachtunge"[687] versprach er "umb sunderlicher liebe und gunst willen, die wir han zu den Ersamen Burgermeistern, rade und burgern der stad zu Frankfurt" kein bischöfliches Sendgericht in Frankfurt zu installieren. Seine "besondere Liebe und Gunst" brachte ihm die - gemessen am durchschnittlichen Vermögen eines Handwerkers, das 50 bis 100 Gulden betrug oder an dem Jahresgehalt eines Bendergesellen, der nur 3 bis 4 Gulden Lohn erhielt[688] - recht stattliche Summe von 4600 Gulden ein. Die Stadt Frankfurt setzte im Gegenzug ein von sechs Ratsherren gebildetes städtisches Sendamt ein, das fortan über Fleischesvergehen, Verstöße gegen Luxus-, Kleider- und Hochzeitsordnungen sowie über die causae mixtae ecclesiasticae entschied: Eine Zuständigkeit, die die wieder zu Geld gekommenen Mainzer Herren nicht immer beachteten, wie der Fall der Dirne Ännchen Hudennsen zeigt, bei dem die geistlichen Richter zu Mainz den Frankfurter Rat anweisen - "in eym processe gar fruntlichen ersuche(n)" -, die Frau in das Frankfurter Frauenhaus zu stecken[689].

Der bedeutendste Übergang bischöflicher Spruchkompetenz fand allerdings erst im Zuge der protestantischen Glaubensreform statt. Erst ab diesem Zeitpunkt besaß der reichsstädtische Rat als nunmehr christliche Obrigkeit im Sinne Luthers auch die Zuständigkeit für die Entscheidung über Ehesachen. Um welches Herzstück geistlicher Spruchkompetenz es sich dabei handelte, zeigt schon der erbitterte Kampf, den der Bischof von Bamberg mit dem Rat der Stadt Nürnberg um die verloren gegangenen Vorrechte ausfocht. Der Bischof verklagte den Rat, der das Ehegericht unmittelbar nach der offiziellen Hinwendung zum protestantischen Glauben als Unterabteilung dem Stadtgericht angegliedert hatte, wegen der Beschneidung seiner geistlichen Rechte vor den Ständen des auswärtigen Bundes[690]. Der Klage war letztlich kein Erfolg beschieden. Der Bund erwies sich als in der Sache nicht zuständig; eine Verweisung an die gemeine Reichsversammlung brachte auch nicht den gewünschten Ausgang.

---

687. StadtAF, Reichssachen-Nachträge Nr. 552 a, fol. 16.
688. Vgl. Frankfurt um 1600, S. 39 f.
689. StadtAF, Bürgermeisterbücher 1457, fol. 58.
690. Vgl. Reicke, Nürnberg, S. 826.

Die Streitigkeiten, mit denen die reichsstädtischen Ehegerichte befasst waren, betrafen regelmäßig die Gültigkeit abgegebener Eheversprechen sowie die Möglichkeit der Scheidung bereits bestehender Ehen. Ziel des ehegerichtlichen Prozesses war nicht die strafrechtliche Sanktionierung von Verstößen gegen geltende Ehebestimmungen. Die Abstrafung von Ehedelinquenten oblag je nach Schwere des Falles dem peinlichen Hochgericht oder aber dem niedergerichtlichen Verfahren vor den Bürgermeistern bzw. - in Frankfurt - dem Sendamt. Die Richter des ehegerichtlichen Verfahrens waren dagegen bestrebt, eheliche und voreheliche Konflikte einer zivilrechtlichen Lösung zuzuführen.

Hierbei machten die Klagen wegen nicht eingehaltener Eheversprechen prozentual gesehen den größten Anteil aus. Das Nürnberger Ehegericht verzeichnete von 13 Streitigkeiten im Untersuchungszeitraum ganze 11, bei denen es um den Bestand bzw. das Nichtbestehen eines ehelichen Versprechens ging[691]. Der in dieser Hinsicht umfassendere Frankfurter Bestand dokumentiert von 62 Ehesachen immerhin 38 Prozesse, in denen "Schultheiß und Schöffen des Hl. Reichs Gerichts der Stadt Franckfurt am Mayn" über die Wirksamkeit des Eheschlusses befanden[692].

Der andere maßgebliche Streitgegenstand, mit dem sich die reichsstädtischen Ehegerichte befassen mussten, war die Ehescheidung. Mit nur zwei Ehescheidungsprozessen in Nürnberg, aber immerhin dreizehn Klagen auf Ehescheidung in Frankfurt, trat er zwar hinter den Streitigkeiten um das Eheversprechen zurück. Dennoch belegen die Zahlen, dass die Bevölkerung dort, wo - wie in Frankfurt - die Bereitschaft der Gerichte zur Scheidung von Ehen grundsätzlich bestand, die neuen Möglichkeiten rasch annahmen.

Der Wunsch, für die Heirat mit einem anderen Partner frei zu sein, spielte regelmäßig eine tragende Rolle bei den untersuchten Ehescheidungsprozessen. Aus diesem Grund tritt auch Christina Huder im Jahr 1548 vor das Nürnberger Stadtgericht und bittet, sie von dem Eheversprechen, das sie Hans Hufnagel "ungeverlich acht tag vor pfingsten Nechst verschynnen" gegeben hatte, zu entbinden[693]. Als ausschlaggebend für ihr Begehren schildert sie den Ehebruch ihres Mannes und nennt damit einen nach protestantischen Vorstellungen "klassischen" Scheidungsgrund[694]. Hans Hufnagel hat seine "Eegelübdenuß vergessen und verprochen und sich nach solcher mit ainer anndern Margretthen Wyllhelm Strobelß von Hambach Tochter leyplich vermischt, die wie vor Augen geschwengert und Ime offene Wyrttshaus zur Ee genommen". Spätestens

691. Vgl. StadtAN, Rep. B 14/I.
692. Vgl. StadtAF, Iudicialia, Rep. 481.
693. StadtAN, Rep. B 14/I, Nr. 185.
694. Vgl. Köhler, Die Anfänge des protestantischen Eherechts, S. 299.

als Ehemann und Freundin sich "zu Happurg Inn der Pfarrkyrchen zur Ee offentlich verkunden lassen haben" muss es der betrogenen Ehefrau zu viel geworden sein. Sie "verhofft und byttet nun (...) den recht zuerkommen declariren und auß zusprechen das er Hanns Hufnagel durch solch sein Unrecht und Mißhandlung geregt Eegelübdt zwyschen Inen beyden thailes aufgelöst unnd verwurckt dardurch sie clägerin nun zumal billich gelediget und hierauff macht und recht habe, sich zu Irer gelegner zeyt, hie unverhyndert anderswo zuverheyratten".

Doch nicht nur Frauen suchten durch eine gerichtlich legitimierte Trennung ein neues Eheglück. Auch mancher Ehemann begehrte die endgültige Trennung von seiner Frau, um ein neues Leben beginnen zu können. Bei den Scheidungsanträgen, die von männlicher Seite an den Rat herangetragen wurden, dominierten andere Gründe als bei den Anträgen der Frauen. So gibt der von seiner Ehefrau Anna verlassene Frankfurter Schneider Hartmann Meurer an, dass er sich unbedingt anderweitig verheiraten müsse, weil er "weder für sein persohn das Handwerck treiben, noch bey einem Meister gebietten dörffe, Ihme auch alhie die Bürgerschaft abgeschlagen, unnd also er in solchem standt sich nicht erhalten köntte[695].

Die Scheidung wurde regelmäßig denjenigen gestattet, die das ehebrecherische Verhalten ihres Partners beweisen konnten oder, wie der Schneider Hartmann Meurer, durch dreimalige erfolglose öffentliche Ladung den Nachweis des böswilligen Verlassens erbrachten. Voraussetzung für eine legale Trennung war neben dem Vorbringen eines anerkannten Scheidungsgrundes das Wohlverhalten und die Schuldlosigkeit der klagenden Partei und - wie die Frankfurter Schöffen anlässlich der Scheidung der von ihrem Ehemann böswillig verlassenen Anna Walter in ihrem Urteil formulieren - "dz sie ermeltem Hannsen Waltern zur geclagten tersertion keine ursach gegeben habe"[696].

Nicht jeder Scheidungsantrag war jedoch erfolgreich. So stellte der bloße Hinweis auf möglicherweise wieder zu behebende Fehler des ungelittenen Ehegatten noch keine zulässige Begründung für einen Scheidungsantrag dar. Klagen, die eine Auflösung der Ehe wegen solcher Gründe begehrten, wurden dennoch nicht von vornherein abgewiesen. Wie der Fall der Catharina Rubers zeigt, nutzten die ratsherrlichen Eherichter die von Beginn an unbegründeten Scheidungsanträge, um die innere Ordnung der Ehe auf gerichtlichem Wege

695. StadtAF, Iudicialia M 347 (1593), fol. 16.
696. StadtAF, Iudicialia W 276 (1602), fol. 8.

wieder herzustellen und insbesondere vermögensrechtliche Aspekte eindeutig zu definieren[697].

Catharina gibt an, sich von ihrem Mann Hans Engels trennen zu wollen, da er verschwendungssüchtig und gewalttätig sei und ihr bestehende Krankheiten vor dem Eheschluss verschwiegen habe. Im Laufe des Rechtsstreits stellt sich jedoch heraus, dass Hans keinesfalls impotent war - nur dies hätte eine Trennung von Catharina gerechtfertigt, da der Eheschluss in solchen Fällen von Anfang an als unwirksam angesehen wurde[698]. Die weiteren Vorwürfe taugten aus Sicht der Richter ebenfalls nicht als Scheidungsgründe. Das Frankfurter Schöffengericht scheidet deshalb die Ehe nicht, sondern versucht, zwischen den Eheleuten zu vermitteln und mit einem Ehevertrag in finanzieller Hinsicht Klarheit und der Klägerin eine solide Versorgung zu verschaffen. Catharina, die nichts an Vermögen in die Ehe eingebracht hat, als das "was ihr der Allmechtig gott in künfftig wegen ihres kindtlichen Erbtheils verleihen mochte", sollen zweihundert Gulden, die ihr Schwiegervater ihrem Mann nach dem Kirchgang versprochen hat, "eigenthümlich verpleiben". Zudem ist vorgesehen, dass der Schwiegervater, ein "Handellsman", den Eheleuten einen Laden samt Warenbestand überlässt, "von welchen Wahrenn sie beyde Junge Eheleut, den nutzen unndt gewinn haben unndt behaltten" sollen. Catharina hat sich auf diesem Wege eine achtbare existenzielle Grundlage erkämpft. Die finanziellen Anreize des gerichtlichen Vergleichs überdecken die Unmöglichkeit, in einer Zeit, der Liebesheiraten noch fremd waren, aus Gründen bloßer Abneigung gegenüber dem Ehepartner geschieden zu werden.

4. Zusammenfassung

Die Gesamtschau auf das reichsstädtische Gerichtswesen zeigt, dass es grundsätzlich verschiedene Prozessarten gab, innerhalb derer eine Befassung mit Ehe- und Sittlichkeitsverstößen möglich war. Dabei bestand die Besonderheit der reichsstädtischen Justiz aber darin, dass für alle diese Verfahren letztendlich Gerichte des Rates zuständig waren. Die Feststellung, dass der frühneuzeitliche reichsstädtische Rat eine "unangefochtene Zentralstellung" einnahm, die Gerd SCHWERHOFF für Köln trifft[699], kann auch für Frankfurt und Nürnberg nur bejaht werden. Als Eckpunkte für die Erlangung dieser Monopolstellung sind in beiden Städten neben dem Erwerb der Schultheißenämter im 14. Jahrhundert der

697. Vgl. StadtAF, Iudicialia R 317 (1592).
698. Vgl. Köhler, Die Anfänge des protestantischen Eherechts, S. 302.
699. Vgl. Schwerhoff, Köln im Kreuzverhör, S. 82.

ehegerichtlich so bedeutsame Übergang ursprünglich bischöflicher katholischer Spruchkompetenzen infolge der protestantischen Glaubensreformation zu nennen. Lebhaft verteidigten die Ratsherren ihre Jurisdiktionsrechte gegenüber den Gerichten der katholischen Herren und der Frankfurter Rat stellte auch hinsichtlich der Zunftgerichte bei Strafe klar, dass jemand, "he were in zunfften, in hantwerken, uz hantwerken adir wer he were"[700] sich an kein anderes Gericht als an das ratsherrliche zu wenden habe.

Der Zuwachs dieser Kompetenzen trug zum Ausbau der ratsherrlichen Gerichtsvorherrschaft bei. Er weist gleichzeitig den Weg zu den verschiedenartigen, innerhalb des reichsstädtischen Rates gebündelten Gerichtszweigen. Für die Untersuchung bedeutsam sind die Verfahren vor dem ehemals stadtherrlichen Hochgericht, die autonom-städtische niedere Bürgermeister- und Policeygerichtsbarkeit sowie die städtischen Ehegerichte.

Die Festlegung, für welche Delikte die einzelnen Gerichtszweige zuständig waren, erweist sich für den außerhalb der Zeit lebenden Betrachter als schwierig. Deshalb von "Chaos"[701] und "erheblicher Rechtsunsicherheit"[702] auszugehen, ist gleichwohl nicht angebracht. Zwar kann nach unseren heutigen Maßstäben nicht von einer klar strukturierten Gerichtsbarkeit in den frühneuzeitlichen Reichsstädten ausgegangen werden, nach dem Ordnungsverständnis dieser Zeit aber war sie durchaus strukturiert und überschaubar[703]. Festzuhalten ist insoweit, dass die städtischen Ehegerichte in aller Regel nur die zivilrechtlichen Begutachtungen ehelicher Streitfragen vornahmen, während für Straftaten im Bereich von Ehe und Sittlichkeit eine Zuweisung an die Strafinstanzen regelmäßig nach der Schwere des Delikts erfolgte. Hierbei wurden nur die mit dem Tod zu bestrafenden Ehe- und Sittlichkeitsverbrechen vor dem Hohen Gericht angeklagt und abgeurteilt. Alle leichteren Vergehen aber wurden vor die niedere Bürgermeister- oder Policeygerichtsbarkeit gewiesen. Nicht gänzlich geklärt ist, wie die Verfahrensaufteilung an die Niedergerichte erfolgte. Nach Durchsicht der Akten spricht jedoch einiges für die Annahme, dass die Hauptentscheidungsstelle bei leichteren Sittlichkeitsvergehen die bürgermeisterlichen Schiedsgerichte waren,

---

700. Alt Geseczbuch von 1349/52, abgedr. bei Wolf, Gesetze Nr. A 17.
701. Schwerhoff, Köln im Kreuzverhör, S. 49.
702. Ebenda.
703. Von einer klaren Strukturierung geht aber Hofmann, S. 55, für Nürnberg aus. Hofmann führt dies darauf zurück, dass sich die Gerichtsbarkeit "ja ausschließlich aus dem allein für die Stadt zuständigen Königsgericht entwickelt" (S. 55) habe.

während etwa den Nürnberger Fünfern nur die Policeygerichtsbarkeit für die Aburteilung unsittlicher Injurien zukam[704].

Aufgrund seiner jurisdiktionellen Vorherrschaft besaß der nachreformatorische reichsstädtische Rat die Möglichkeit, die Leitlinien einer sittlichen Lebensführung qua Gerichtsentscheid zu bekräftigen und durchzusetzen. Dabei machte die direkte Einflussmöglichkeit auf abweichendes Verhalten nicht bei der Stadtbevölkerung halt. Als oberster Gerichtsherr war der reichsstädtische Rat auch in der Lage, seine Ordnungsvorstellungen den ihm zugehörigen Dorfgemeinschaften zu vermitteln und ihnen seine Verfahrensvorschriften aufzuerlegen. So durften etwa die Richter auf den Frankfurter Ratsdörfern nur die Sachen, die "fur sie gehoren, nach irem besten verstandt und nach des gerichts rechte und herkommen" beurteilen[705]. Alles andere aber - "wes sie nit verstehn" - mussten sie schwören, "an den Schöffen zu Franckenfurt zu erlernen" und diesen zur freien Entscheidung nach städtischen Rechtsnormen zu überlassen.

III. Urteilsgrundlagen

1. Der schöffengerichtliche Prozess

Die große Vielfalt[706] des reichsstädtischen Gerichtswesens setzte sich in der Art und Weise, in der diese Gerichte ihre Entscheidung trafen, fort. Obwohl sie allesamt Spruchkörper ein und desselben Rates waren, beruhten ihre Beurteilungen je nach Tradition und Herkommen der einzelnen Verfahrenszweige auf völlig unterschiedlichen rechtlichen Grundlagen. Wurde ein Ratsherr also bei mehreren städtischen Gerichten eingesetzt - was bei einer Gesamtmitgliederzahl der regimentsführenden Ratsteile von 34 Personen in Nürnberg und 29 Personen in Frankfurt am Main gemessen an 15[707] bzw. (mindestens) 8[708] verschiedenen Gerichtsstellen kein Ausnahmefall gewesen sein dürfte - musste er seine richterliche Vorgehensweise auf die jeweilige

---

704. Vgl. StaatsAN, Haderbücher des Fünfergerichts, Rep. 52 b Nr. 197; dieselbe Auffassung vertritt Hofmann, S. 58.
705. Schöffeneid auf den Frankfurter Ratsdörfern, um 1540, abgedr. bei Wolf, Gesetze Nr. 401.
706. Die viel beschriebene "mittelalterliche Vielfalt" trifft man noch allenthalben in den Gerichtsverfassungen der frühneuzeitlichen Städte, vgl. dazu am Beispiel der Gerichtsverfassung von Koblenz Dilcher, Die stadtbürgerliche Gesellschaft, S. 112.
707. Vgl. Hofmann, S. 55 ff.
708. Vgl. Bothe, Frankfurt, S. 62 f., der acht solcher Gerichte beispielhaft aufzählt.

Prozessart abstimmen und seine Entscheidungsgründe dem dafür bestehenden Normenkomplex entnehmen. Dies stellte zum Teil hohe Anforderungen an die Flexibilität der nicht immer juristisch gebildeten Ratsherren. Dennoch gewinnt man anhand der untersuchten Quellen nicht den Eindruck, dass sich dies nachteilig auf den Ausgang der Verfahren ausgewirkt haben könnte. Die Akten der relevanten Gerichtszweige weisen vielmehr eine innerhalb der einzelnen Verfahren konstante, jeweils gleichartige Vorgehensweise und Entscheidungsfindung auf,

a. Peinliches Hoch- bzw. Halsgericht (Strafinstanz)

aa. Der peinliche Prozess im Spätmittelalter

Der schöffengerichtliche Prozess des peinlichen Hoch- bzw. Halsgerichts orientierte sich noch im Spätmittelalter überwiegend an formalistischen Beurteilungsgrundsätzen. Maßgeblich für das bis ins 14. Jahrhundert hinein übliche Leumundsverfahren war die Erfüllung formeller Prozessbedingungen - etwa das Vorweisen einer bestimmten Anzahl von Eidesgenossen, die dem Kläger aus persönlicher Verbundenheit halfen, seine Aussage zu bekräftigen. "So sol er die sehse dar stellen die im dez helfen sweren" bestimmt die Nürnberger Halsgerichtsordnung von 1249[709] als Kernpunkt der klägerischen Beibringungspflicht.

Im Inquisitionsprozess[710], dessen Wesensmerkmale die Ermittlung der materiellen Wahrheit und die obrigkeitliche Initiative bei der Bekämpfung des Verbrechens waren, wurde demgegenüber das Geständnis des Täters als ausschlaggebend angesehen. Um dies zu erreichen, wurde neben ausgedehnter Kerkerhaft im Wesentlichen die Folter als Mittel der Geständniserzwingung eingesetzt[711].

---

709. Abgedr. bei Knapp, Das Alte Nürnberger Kriminalrecht, S. 245 ff., S. 249 Zeile 207-209.
710. Der "Baculus iudicii saecularis in Franckenford" erwähnt um 1400 bereits den Inquisitionsprozess, vgl. Bund, in: Frankfurt, S. 110.
711. Vgl. Erler, Art. "Inquisition", Sp. 372; für Nürnberg versucht Knapp erste Schilderungen der Tortur bereits ab dem Jahr 1349 nachzuweisen, vgl. Knapp, Das Alte Nürnberger Kriminalrecht, S. 231.

Die spätmittelalterlichen Hochgerichtsverfahren lassen in ihren zunehmend schriftlich niedergelegten Entscheidungen[712] keine gesetzte Rechtsgrundlage erkennen. Eine Verteidigung unter Verweis auf die tatbestandsmäßigen Voraussetzungen der strafbaren Handlung war somit von vornherein undenkbar. Ein Angeklagter konnte dann der Strafe entgehen, wenn es ihm gelang, die peinliche Befragung ohne Eingeständnis durchzuhalten. Im Falle der vermeintlichen Kindsmörderin Elsa Gerhart blieb dem Frankfurter Rat daher keine andere Wahl, als die Inhaftierung aufzuheben und von der vorgesehenen Todesstrafe Abstand zu nehmen[713]. Obgleich sich "alle anzaig einer Kindtbetterin an Ihr befanden", konnte der Frau ein Kindsmord nicht nachgewiesen werden, "dieweill sie solcher bezichtigung als sie In d Gute und mit Wehe befragt worden nit gesteen wollen". Ganz sicher waren sich die Schöffen bei ihrer Entscheidung allerdings wohl nicht, denn sie erlegten Elsa Gerhart auf, "aines Erbarn Rats gepiet und die Stat" ihr lebenlang zu verschwören.

bb. Die Peinliche Halsgerichtsordnung Kaiser Karls V. (Carolina) als Rechtsgrundlage des frühneuzeitlichen Hochgerichtsverfahrens

Eine Neuordnung des strafrechtlichen Verfahrens fand erst durch die Peinliche Halsgerichtsordnung Kaiser Karls V. (Carolina), die im Jahr 1532 verkündet wurde, statt. Sie stellt das Ergebnis der gegen Ende des 15. Jahrhunderts auf Anregung des Reichskammergerichts einsetzenden Reformbestrebungen des Reichs auf dem Gebiet des Strafverfahrens und des Strafrechts dar. Mit Hilfe der Carolina sollte der zunehmenden Rechtszersplitterung in Deutschland Einhalt geboten und die Strafrechtspflege vereinheitlicht werden[714].

Die Auswirkungen der Strafrechtsreform sind zumindest im hochgerichtlichen Verfahren eindeutig erkennbar. Für die vorliegende Untersuchung ist dabei von besonderer Bedeutung, dass die Beteiligten und das Gericht in ihren Ausführungen seit dem Zeitpunkt der Verkündung der Carolina regelmäßig auf deren Bestimmungen Bezug nahmen. Dabei erfolgte eine Bezugnahme nicht nur in prozessualer Hinsicht. Auch die materiellrechtlichen Voraussetzungen deliktischen Verhaltens nach den Vorgaben der Carolina fanden Beachtung. So

712. Frankfurt begann 1464, die ersten Schöffenverfahren schriftlich aufzuzeichnen, vgl. Bund, in: Frankfurt, S. 112; das Nürnberger Achtbuch verzeichnet erste Eintragungen bereits ab 1285.
713. Vgl. StadtAF, Strafenbuch, Eintrag vom 28. Okt. 1578.
714. Vgl. Lieberwirth, Art. Carolina, Sp. 592 f.

erfolgten nicht nur die Anklageerhebung und die anschließenden anwaltlichen Schriftsätze unter ausdrücklicher Erwähnung der Tatbestandsnorm. Auch die Gutachten der Rechtsgelehrten und das abschließende Urteil des Gerichts orientierten sich regelmäßig an der Frage, ob die Tat die Voraussetzungen für eine Verurteilung auf Grundlage der Carolina erfüllte.

Das belegen die Urteile des Nürnberger Halsgerichts, die nach der Carolina damit begründet wurden, dass dem Delinquenten ein bestimmter Tatvorwurf nachgewiesen werden konnte, "er dann sträfflich und bößlich gehandelt hat, und derwegen in die Straff und Peen der Recht und deß Heiligen Reichs Halßgerichtsordnung gefallen ist, und sein Leben verwürckt hat"[715]. Im Fall des Nürnberger "teütschen Schulmeisters" Endres Feuerstein hatte der von ihm begangene "Nottzwang und hochverbottene Unzucht" mit Schulkindern zur Folge, dass er gemäß Art. 119 CCC "eynem rauber gleich mit dem schwert vom leben zum todt gericht" werden sollte[716]. Ein anderer Täter, Hans Wolf Martin, wird wegen Mordes und "abscheulicher hochverbottener Sodomitischer Unzucht" gleich zweimal hingerichtet: Zunächst wird er "als ein mördtlicher Übelthäter" gemäß Art. 137 CCC mit dem Schwert enthauptet. Dann wird "sein Cörper (...) Ins Feüer geworffen und verprennt" - denn Art. 116 CCC sieht vor, dass widernatürliche Unzüchter "mit dem fewer vom leben zum todt" gerichtet werden sollen.

In den Verfahren vor dem Frankfurter Hochgericht ist seit der Einführung der Carolina eine ähnliche Vorgehensweise zu beobachten. Als der "oberste weltlich Richter" Jakob Schwartz den Angeklagten Max Madern und dessen Stieftochter Anna Koler im Jahr 1604 den Prozess vor den Frankfurter Schöffen macht, stützt er sich deshalb auf die Regelungen der Halsgerichtsordnung[717]. "Anno 1602 in der herbstmeß" sei erstmals der Vorwurf lautbar geworden, die beiden hätten sich des "abscheulichen lasters der blutschandt" schuldig gemacht. In einer öffentlichen Ladung weist er das - mittlerweile flüchtige - Paar an, sie mögen "uff einen bestimmten Termin am Peinlichen Halsgericht alhie (...) erscheinen, Eurer bekanten unnd notorischen mißhandlung wegen begangenen crimen incestus, ob ihr köndet Euch zuverantworten, unnd der contumaciam endlich zu geschehen was die Peinliche Halßgerichts Ordnung dießfals vermag unnd recht sein würdt".

Trotz dieser Drohung ziehen die Angeklagten es vor, dem Prozess fern zu bleiben und über ihren Verteidiger mit dem Gericht über die Ausgestaltung der

715. Vgl. etwa StadtAN, Achtbuch Nr. 217 (1612-15).
716. Vgl. ebenda.
717. Vgl. StadtAF, Criminalia Nr. 500 (1614).

Strafe zu verhandeln. Letzterer, ein gelehrter Jurist, versucht vergeblich, eine Strafmilderung zu erlangen. Er bezieht sich dabei auf Art. 117 CCC, der bei "straff der unkeusch mit nahenden gesipten freunden" den Schöffen freistellt zu strafen, "wie dauon inn vnsern vorfarn vnnd vnsern Keyserlichen geschriben rechten gesetzt, gebraucht, vnnd derhalb bei den rechtuerstendigen radts gepflegt werden". Der Jurist nimmt dies zum Anstoß, darauf zu verweisen, dass nach dem Kommentar von Julius Clarus im zu verhandelnden Fall "nicht höher alß Landesverweisung oder nemblicher geltsstraf gestrafft werden" könne. Auch seien andere Fälle bekannt, "darinnen dergleiche blutschand einmahl fustigatione, das andernmal poena statuti pecunaria etc. gestrafft (so) auch die constitutio saxonica und ander löbliche Peinliche Landsordnung halten". Das Gericht geht auf derlei Argumentationen indes nicht näher ein. Lapidar weist es den gelehrten Verteidiger darauf hin, dass auf der Grundlage von Art. 117 CCC eine härtere Bestrafung grundsätzlich möglich sei. Die Haltung der Schöffen war zutreffend - waren mit den "kaiserlichen Rechten", die die Carolina anspricht doch die Bestimmungen des römischen Rechts gemeint[718], die bei Inzest eine peinliche Strafe vorsahen.

Dennoch boten die zahlreichen Tatbestände, in denen die Carolina es den Schöffen freistellte, ohne eine bestimmte Angabe der Strafe nach Gelegenheit der Person und der Sache zu bestrafen, den Schöffen die Möglichkeit, eigene, von den Strafbestimmungen der Carolina unabhängige, strafmaßausfüllende Festsetzungen zu treffen. Unter diesen Voraussetzungen konnte der Rückgriff auf reichsstädtische Ordnungen erfolgen, wie der Fall des Posamentierers Hans Metzger zeigt, der im Jahr 1605 vor den Frankfurter Schöffen verhandelt wurde[719]. Metzger, ein verheirateter Mann, wird angeklagt, er habe "des Niclaus Hossi wittiben beneben seiner ehefrauwen, alß ein Concubin oder Beyschläfferin ein ziembliche zeit uber bey sich im Hauß gehabt und ussgehalten". Die Frankfurter Richter wollen dem Mann dafür eigentlich nur die nach Frankfurter Ordnung übliche, beim erstmaligen Bekanntwerden eines Ehebruchs fällige Geldbuße von 10 Gulden auferlegen[720]. Die Carolina stand einer solchen Lösung nicht im Weg, denn sie bestimmte nur, dass in Fällen wie dem des Hans Metzger der Täter "nit weniger dann die ehebrüchigen"[721] gestraft werden solle.

Den Frankfurter Schöffen erwachsen allem Anschein nach trotzdem Zweifel, ob die Strafe angesichts der von Metzger verübten Handlung angemessen sei. Denn er habe schließlich nicht nur die Freundin und die Ehefrau gemeinsam mit ihm

---

718. Vgl. Radbruch/Gwinner, S. 14.
719. Vgl. StadtAF, Criminalia Nr. 501.
720. Vgl. StadtAF, PO v. 10. Okt. 1598, Edikte: "Straff des Ehebruchs: Soll die uberfärig person für das erst ubertretten / zehen / und dan für das ander / zwentzig gülden geben".
721. CCC Art. 121.

im Bett schlaffen lassen, sondern seine Gemahlin zudem auch noch "ubel tractiert", um zu erreichen, dass sie das Haus verlässt. Daher lassen die ratlosen Richter den Fall von dem Advokaten Johann Baptist rechtlich begutachten. Dieser kommt zu dem Schluss, dass bei Hans Metzger sehr wohl Umstände vorliegen, "welche den Ehebruch höchlich aggravieren". Zwar dürfe dies trotzdem "mehr nicht als ein Ehebruch genennt, und dafür gehalten, auch bestraft werden". Als Begründung hierfür verweist er auf die Festlegungen der Carolina: "Angesehen auch Im fall einer In gestalt der Ehe eine nement, der zuvor ein Ehefrauen hatt, nach besag der Peinlichen HalßgerichtsOrdnung Jus 121. articul dannach anderst nicht, als ein anderer Ehebrecher, bestrafft wurde".

An diesem Punkt angelangt, sieht sich der Jurist Baptist aber gezwungen, Artikel 121 der Carolina auszufüllen. Die Norm - "Straff des übels das inn gestalt zwifacher ehe geschicht" - bestimmt nämlich keine exakte Strafe für denjenigen, der neben seiner Ehefrau einer Konkubine zuhält. Auch der (Grund-) Ehebruchstatbestand des Art. 120 der Carolina hilft nicht weiter, stellt er doch den Richtern frei, Ehebrecher "nach sage vnser vorfarn, vnd vnser Keyserlichen rechten" zu strafen. Johann Baptist gelangt deshalb zu dem Schluss, dass die Bestimmung des Strafmaßes im Falle Hans Metzgers und Katharina Hoß' nach städtischen Ordnungen erfolgen könne: "Wann es aber alhie dießfals eine gewise ordnunge hatt, wurdt E. Erb. Rathe denselbigen, meines erachtens, auch nachgehen". Allerdings rät er "umb des groben, und vielfältigen Verbrechens willen es bej gesetzter geldstraff nicht (zu) lassen, sondern dieses ubel, andern bürgern zum Exempel, wie albereit mehr beschehn, an beden mißthätigen Personen mit ewigen Verweisung der Statt, und gepiets zu bestraffen". Diese Form der Bestrafung sei das mindeste, schließlich hätten Hans Metzger und Katharina Hoß "der ubermässigen excess halben" in anderen Städten ihr Leben "untzweiventlich verwürkhet". Und eigentlich, so schließt der Advokat sein Gutachten, müssten die Angeklagten angesichts der von ihnen begangenen Straftaten auch noch gestäupt werden. "Dieweiln aber die verhafftin groß schwanger, habe Ich es Ihrer Person halber bedenckhens, doch stelle Ich es Zu E. Erb Raths discretion, wheilen zwischen einer Leibs- und Lebensstraff ein merckhlich underschied Ist, und die bestraffunge umb den excess willen, vermög Rechtens, wol gescharpffet werden mögen".

Die Frankfurter Schöffen folgen bei ihrer Entscheidung dem Gutachten des gelehrten Juristen, obgleich sie sich nicht entschließen können, die Delinquenten peinlich zu bestrafen. Sie wählen vielmehr eine geringere Stufe der nach der Frankfurter Ordnung üblichen Form der Strafschärfung bei Ehebruch - üblich sind zu dieser Zeit als "Einstiegsstrafe" eine Geldstrafe von 10 Gulden, die auf 20 Gulden geschärft werden kann, danach ist Gefängnis und Stadtverweisung und dann erst die peinliche Bestrafung vorgesehen[722] - und weisen das Paar aus der Stadt.

So weit der Blick auf die Strafpraxis hochgerichtlicherVerfahren zur Abstrafung von Ehe- und Sittlichkeitsdelikten im Zeitalter der Carolina. Er belegt die umfassende Orientierung dieses Gerichtszweigs an den tatbestandlichen Regelungen der Peinlichen Halsgerichtsordnung genauso wie die Möglichkeiten des Rückgriffs auf städtische Ordnungen in den vielen Fällen, in denen das Gesetz die Festlegung des Strafmaßes in das freie Ermessen der Schöffenrichter stellte und dadurch die Rechtssicherheit im Reich beeinträchtigte.

Dort, wo die Carolina eindeutige Festlegungen traf, fand sie in den untersuchten Gerichtsverfahren regelmäßig Beachtung. Juristische Streitigkeiten wurden auf ihrer Grundlage erörtert; sie bildete den rechtlichen Ausgangspunkt nicht nur des prozessualen Verfahrensablaufs, sondern auch bei der Beurteilung des materiellen Rechts. Bei alledem erleichterte die Carolina durch ihre umfassende Regelung aller Schwerstverbrechen auf dem Gebiet von Ehe und Sittlichkeit eine Bezugnahme. Zum ersten Mal gab es für das städtische Hochgericht geschriebene Normgrundlagen für die Beurteilung von Sodomie und Blutschande. Auch die übrigen Bestimmungen - von Entführung über Notzucht sowie die differenzierte Regelung verschiedener Ehebruchs- und Kuppeleitatbestände - waren sehr ausführlich gehalten und ermöglichten eine genaue Einordnung der Tatbestandsmäßigkeiten einer Handlung.

Trotz der salvatorischen Klausel zu Beginn der Carolina, die den städtischen Gerichten ein Festhalten an "jren alten wolherbrachten rechtmessigen vnnd billigen gebreuchen" grundsätzlich erlaubte, waren Abweichungen von den gesetzten Festlegungen daher sehr selten. Es stellte eine absolute Ausnahme dar, dass der Nürnberger Rat im Jahr 1580 anlässlich eines Verfahrens gegen drei Kindsmörderinnen beschließt, in diesen Fällen abweichend von den Bestimmungen der Carolina zu strafen. Fortan sollen die Täterinnen mit dem Schwert gerichtet werden anstatt sie - wie Art. 131 CCC es vorsieht - zu ertränken. Dem Beschluss gehen ratsinterne Gutachten und "Bedenckhen" voraus[723], die in der Entscheidung gipfeln, dass die Kindsmörderinnen eigentlich "vermöge desz H. Römischen reichs Peinlicher ordtnung nach ertrencket werdten muszen. Dieweill aber solch Supplicium abscheuslich, vndt vill vbelthätterin darob in Verzweiflung geratten wollten, wir Lieber rathen, dz sie mit dem schwerdt gerichtet würdte"[724].

722. Vgl. StadtAF, PO v. 10. Okt. 1598, Edikte.
723. Abgedr. bei Bode, S. 471 f.
724. Nürnberger Ratschlagbuch Nr. 61, Ratschlag von 1580, im Wortlaut abgedr. bei Bode, S. 470 f.

Die Schöffen hatten im Hochgerichtsverfahren regelmäßig nur dann die Möglichkeit, auf eigene Bestimmungen zurückzugreifen, wenn die Carolina keine eindeutigen Festsetzungen traf. Bezüglich der Strafandrohungen für Ehe- und Sittlichkeitsdelikte war der Rückgriff allerdings regelmäßig denkbar, denn die Carolina legte die strafbewehrten Tatbestände zwar eindeutig fest, außer für Sodomie, für Notzucht (Vergewaltigung) und für Kindsmord stellte sie die Auswahl der dafür zu erfolgenden Bestrafung jedoch in das freie Ermessen der Richter. Typische Formulierungen wie die, dass der Täter "nach gelegenheyt vnd gestalt der personen vnd vnderstanden missethat"[725] oder "nach satzung vnser vorfarn, vnd vnser Keyserlichen recht"[726] gestraft werden solle, eröffneten die Möglichkeit einer ergänzenden Gesetzesauslegung. Hielten die Schöffen dann die analoge Anwendung der "Kaiserlichen", römisch-rechtlichen Bestimmungen aus irgendeinem Grund nicht für gegeben, war ihnen der Weg eröffnet, um die Gesetzeslücke nach eigenem Herkommen auszufüllen und die in den städtischen Ordnungen festgelegten Strafmaßregeln anzuwenden.

b. Ehegericht (Zivilinstanz)

Als infolge der protestantischen Reformation das Verfahren in Ehesachen den Zivilinstanzen der städtischen Schöffengerichte angegliedert wurde, hatten die ratsherrlichen Eherichter ein bislang unter den differenzierten Grundsätzen des kanonischen Rechts geführtes Verfahren übernommen. Luther lehnte dies ab. Gleichwohl konnte die Rechtspraxis auch unter der protestantischen Regierung nicht gänzlich auf die umfassenden und detaillierten Regelungen des Corpus iuris canonici verzichten[727]. Die städtischen Verfahren lassen jedoch gerade für die materiell-rechtliche Beurteilung der gängigen Ehesachen die Bestrebung erkennen, die rechtliche Lösung außerhalb des kanonischen Sponsalienrechts zu suchen. Das Evangelium als solches war allerdings nicht gerichtsfest. Luther hatte diesbezüglich schon 1529 verlauten lassen, dass dies ein rein geistliches Gesetz sei, "danach man nicht regieren kann"[728].

---

725. Art. 119 CCC: Versuchte Notzucht.
726. Art. 118 CCC: Straff der jhenigen so eheweiber oder jungkfrawen entführen.
727. Vgl. auch Erler, Kirchenrecht, S. 39, der insoweit ausführt: "Rechtsquelle im echten Sinne blieb für die evangelischen Kirchen trotz Luthers Verbrennungsakt das Corpus juris canonici, soweit es nicht den evangelischen Bekenntnissen oder neu gesetztem Kirchenrecht widersprach".
728. Schreiben Martin Luthers an den Rat der Stadt Danzig von 1529.

Anwendbar waren hingegen die von der protestantischen Obrigkeit adaptierten bzw. neu geschaffenen Ehenormen[729]. So wehrt sich der Frankfurter Bürger Kaspar Krauß unter Bezugnahme auf die Bestimmungen der Frankfurter Reformation, als er erfährt, dass sein Mündel Margarethe Eydecker ohne seine Zustimmung ein Eheversprechen abgegeben haben soll[730]. Der dies behauptet ist Niclaus Volmar, ein lediger Schneidergeselle aus dem Kurkölnischen. Nach Darstellung Kraußens hat er die noch sehr junge Margarethe mit seinen Ehewünschen regelrecht verfolgt und versucht, sie zu überreden, "anfangs mitt glatt und geschmierten wortten unnd solchem nach auch, ob Ich der hatte Ihme gleich solches hefftig undersagt, unndt der ursachen wegen gar auß dem Hause geschafft, mitt losen nachgültigen Briefen".

Der Frankfurter Schöffenrat in seiner Funktion als Ehegericht ist nach diesen Angaben zunächst ohne weiteres bereit, Margarethe von den Eheverpflichtungen loszusagen. Schließlich ist rechtlich festgesetzt, dass ein Eheschluss nach "unserer Stadt erneuerter Reformation part. 3 tit. 1 § 1 lett. 2 (...) anders nicht dann ehrbarlich vermittels vorgehender ehelicher Werbung ahn die eltern, nebst verwandte freundte unndt Vormunder geschehen" kann. Dennoch gerät der bis dahin eindeutige Prozessverlauf letzten Endes ins Wanken. Volmar kontert, rechtlich ebenfalls begründet durch Teil 3, Titel 1 § 1 Lett. 2 der Frankfurter Reformation von 1579. Er behauptet, Margarethe habe ihm die Ehe zwar ohne Zustimmung des Vormundes, dafür aber mit Wissen und Willen ihrer Mutter zugesagt: Eine Vorgehensweise, die den juristischen Tatbestand der Reformationsregelung nicht ausfüllte.

Bei dem Beschluss über die Unwirksamkeit einer ohne die Zustimmung von Eltern bzw. Vormündern geschlossenen Winkelehe ließen sich die Schöffen regelmäßig von gesetztem Recht, nämlich den reichsstädtischen Rechtsreformationen leiten. Lag die Zustimmung nicht vor, war die Ehe nicht wirksam zustandegekommen. Schwieriger gestaltete sich der Rechtsstreit in den Fällen, in denen eine der Parteien die Abgabe des Eheversprechens als solche in Frage stellte. Solange noch kein förmliches Aufgebot oder gar eine öffentliche Trauhandlung stattgefunden hatte, untersuchten die Richter nur, ob ein mit dem übereinstimmenden Willen beider Partner abgegebener Ehekonsens vorlag. Bei der Auslegung der jeweiligen Willenserklärungen orientierte das Gericht sich - wie im kanonischen Recht - an Indizien. Urteilsrelevant waren dabei neben der Art und den äußeren Umständen des Treueschwurs die Höhe der erhaltenen Brautgeschenke, die Häufigkeit der gegenseitigen Besuche oder auch - wie im

729. S. oben, S. 115 ff.
730. Vgl. StadtAF, Iudicialia L 191 (1617).

Fall der Nürnbergerin Katharina Eyssenhofer[731] - ob das Versprechen mit Billigung der Eltern erfolgte.

Katharina bittet die Eherichter zu erkennen, dass der Beklagte Gallus Berbauer "sein zusagen der Ee ir Clagerin zehalten unnd Ir eelich beyzuwohnen schuldig sey". Als Begründung hierfür gibt sie an, sie habe "Ime und dagegen er Ir alß bede einander In Irer Mutter Hauß als er sie für die Stub thür herauß gefordert versprochen wie er dann auch an der clagerin Mutter sie Ime zu aignem Eheweib zugeben unnd zuverheyraten selbst in aygner Person begert hat, daruff bey der Clagerin Mutter gessen und truncken als ain Ayden auß unnd ein gangen".

Das bloße gegenseitige Versprechen, die Zustimmung der Mutter, ein gemeinsames Essen und das symbolhafte Aus- und Wiedereintreten als „Eidam" durch die Haustüre: Derartige Ausführungen konnten ausreichen, um den Beklagten zur Einlösung des Gelöbnisses beim öffentlichen Kirchgang zu zwingen, wenn nur der Ehekonsens in Frage stand und der beklagte Teil nicht mittels anderer Indizien das Gegenteil beweisen konnte.

Schwieriger war die Widerlegung des Eheschlusses aber dann, wenn die Eheabsicht bereits öffentlich kundgetan worden war und es Zeugen für ein solches Versprechen gab. Wollte einer der Partner nach solchen Verlautbarungen doch noch auf die Trauung verzichten, musste er ausführlich darlegen und beweisen, warum das Versprechen doch nicht verbindlich sein sollte. Diese Last trifft im Jahr 1560 auch die Sodenerin Anna Stroschneider, als sie vor die Frankfurter Schöffen - als für Soden zuständige Gerichtsherrn - zitiert wird[732]. Ihr vermeintlicher Bräutigam, Veltin Kayen, klagt auf Bestätigung der Ehe, denn Anna habe ihm diese nicht nur versprochen und zugesagt, sondern sie auch Dritten gegenüber "articuliert". Deshalb sei sie schuldig, die "ehe zuhalten und dieselbig christlicher ordnung nach, mit dem kirchgang und ehelicher beywohnung zubestettigen". Anna wehrt sich heftig gegen das Vorbringen Kayens. Dennoch ist der vom Gericht gefasste Beschluss später nicht in ihrem Sinne - zu hoch war wohl der Beweiswert der Zeugenaussagen, die Annas öffentliches Eheversprechen bestätigten.

Der Wert des Beweises, den unabhängige Zeugen durch ihre Aussage erbrachten, wurde nur dann übertroffen, wenn bereits Teile der in Kirchen- bzw. Policeyordnungen obrigkeitlich festgelegten Eheschließungshandlung stattgefunden hatten. Sie begründeten eine nahezu unwiderlegbare Vermutung

731. Vgl. StadtAN, Rep. B 14/IV Nr. 179.
732. Vgl. StadtAF, Iudicialia F 148.

für das Vorliegen des Ehekonsenses mit der Folge, dass das Paar zumeist gezwungen war, auch noch den Rest der Trauzeremonie - meist den Kirchgang - zu absolvieren. Im schon erwähnten Rechtsstreit Elisabeth Wassermanns gegen Wolf Haas[733] ist deshalb für die Nürnberger Schöffen ausschlaggebend, dass Haas sich bereits zweimal auf offener Kanzel mit Elisabeth hat verkünden lassen, bevor er seine Eheabsichten änderte. Die Richter reden dem Abtrünnigen zu und geben ausdrücklich zu erkennen, dass er nun schon einen sehr starken Gegenbeweis erbringen müsse, um die Wirksamkeitsvermutung des Eheversprechens zu erschüttern. Angesichts der erdrückenden Beweislast kehrt Haas zu seinem ursprünglichen Entschluss zurück - "also hat er anglobd und zugesagt daßelbige zuthun" - und erklärt sich bereit, als letzten Akt der Trauhandlung nun auch den "christlichen Kirchgang" mit Elisabeth zu vollziehen.

Nach dem christlichen Kirchgang, d. h. der öffentlichen Trauung durch einen Priester im Beisein der Gemeinde und mindestens zweier Trauzeugen[734], gab es nur noch wenige Möglichkeiten, um sich von einem Eheversprechen zu lösen. Grundsätzlich bestand aber in beiden hier untersuchten Reichsstädten die Möglichkeit der Ehescheidung - entgegen der Auffassung Luthers, der die Scheidung so kategorisch ablehnte, dass er ihr sogar eine Doppelehe vorzog[735].

Als für die Ehescheidung ausreichend erkannten die protestantischen Eherichter regelmäßig nur zwei Gründe an, nämlich die Darlegung eines Ehebruchs sowie die Angabe, die beklagte Partei habe die Klagende böswillig verlassen (Desertion). Dabei stützten sie ersteren auf die wortwörtliche Auslegung entsprechender Schriftstellen bei Matthäus[736]. Die Desertion als Scheidungsgrund war hingegen nicht durch wörtliche Schriftauslegung gedeckt, sodass die städtischen Eherichter eine eigenständige Kasuistik entwickelten, die ihre Wurzeln größtenteils im römischen, aber auch im kanonischen Recht hatte[737].

So bietet die Klage der Nürnbergerin Barbara Moßbacher, die von ihrem Ehemann Hans Zoll verlassen wurde und die nun die Eherichter um Stattgabe der Scheidung bittet, grundsätzlich realistische Erfolgsaussichten[738]. Zu diesem Zweck erscheint ihr "gevolmechtigter Anwaldt", Paul Sengeisen, vor Gericht. Er führt zur Begründung der Klage aus, es liege der Scheidungsgrund der

733. StadtAN, Rep. B 14/IV Nr. 142; s. vorne S. 125 ff..
734. S. oben S. 126 f.
735. Vgl. Dilcher, Ehescheidung und Säkularisation, S. 318.
736. Vgl. ebenda, S. 320.
737. Vgl. ebenda, S. 320.
738. Vgl. StadtAN, Rep. B 14/IV Nr. 130.

böswilligen Verlassung vor. Seine Mandantin sei mit dem "Desertor" seit 16 Jahren in wirksamer Ehe verbunden. Dies ergebe sich nicht allein daraus, dass Hans Zoll Barbara das Eheversprechen gegeben habe und "sich für Gott unndt der Christlichen Kirchen mit handtgegebener Treüen oblicirt unndt verbunden hatt". Dass beide "durch einen redtlichen Priester nach christlicher Ordnung und allen wollhero gebrachten geprauch ehelichen zusammen gegeben und eingelaidett worden" sind, werde auch "auß dem Pfarrbuch S. Johannis Baptista zu Goßmanßdorff alda sie copulirt worden", bewiesen - letzteres "wirdt wahr gemacht mit beygelegtem schein des Pfarrbuchs sub Lit. A".

Nachdem er die Grundbedingung einer jeden Scheidung, nämlich eine zuvor wirksam geschlossene Ehe, hinreichend belegt hat, wendet Sengeisen sich den übrigen Voraussetzungen einer Scheidung wegen böswilligen Verlassens zu. Es sei wahr, so gibt er an, dass die wirksam geschlossene Ehe auch vollzogen worden sei. Hans Zoll habe dem "Eheverlübnis eine Zeitlang nachgesetzt, und der Clegerin ehelichen cohabitirt unndt beygewohnet". Bereits in dieser Zeit habe Zoll sich aber schon "allerley leichtfertigkeit gebraucht" und Barbara schließlich, mitsamt ihrer zwei kleinen Kinder, "schendlich verlaßen". Hierfür habe sie ihm keine Veranlassung gegeben. Sie trage keine Schuld an der Trennung, habe sie sich doch , "wie einem ehelichen Weib geburt, fleißig erzeigt unndt ihrn Kindern Treülich begert vorzustehen".

Dieses Vorbringen, das Hans Zoll die alleinige Schuld an der eigenmächtigen Trennung von seiner rechtmäßig angetrauten Ehefrau zuweist und ihn darüber hinaus als Ehebrecher ausdeutet - "Auch wahr, das Er sich vor 4 Jarn mit einer Andern zum Neüstättlein im Bohaimer Landt verheürath" - reicht den Nürnberger Eherichtern aus, den Abtrünnigen öffentlich laden zu lassen. Sie stellen ihm in Aussicht, dass er auch in Abwesenheit von Barbara Moßbacher geschieden werden könne, da deren Angaben die Annahme einer böswilligen Verlassung rechtfertigen. Könne sie ihre Angaben beweisen, so dürfe das Gericht, unabhängig von seiner Anwesenheit im Termin, "mit Urtl und Recht (...) erkennen, das sie euch für Iren ehemann ufzunehmen, oder euch ehelich beizuwohnen nit schuldig, sondern das die zwischen Ir und euch gewesene Ehe zertrennt gelediget und entbrochen, und dieweil sie bestendig gebliben, und Irer ehelichen Pflichten treülich nachkommen, das sie sich Irer gelegenheit nach anderweit zuverheiraten macht haben soll".

Hierzu kommt es aber schließlich doch nicht. Zwar bleibt Hans Zoll dem Gerichtstag fern. Aber als das Gericht dennoch mit der Beweisaufnahme beginnen will, springen dem Anwalt Sengeisen die Hauptbelastungszeugen - ausgerechnet die Schwester Hans Zolls und deren Ehegatte sind benannt - ab und erscheinen nicht. Der gelehrte Jurist muss sich daraufhin vom Gericht bescheinigen lassen, dass seine übrigen Ausführungen weder geeignet sind, "die desertio noch das adulterium" zu beweisen und er "derowegen (...) auff mehr beweisung (...) bedacht sein" müsse. Denn ohne stichhaltige Beweise kann das Ehegericht selbst bei noch so zutreffenden Ausführungen keine Scheidung durchführen. Sengeisen unternimmt einen letzten Versuch und benennt die Frau, bei der Barbara Moßbacher nach ihrer Trennung gearbeitet hatte, als Zeugin für ihre Behauptungen. - als bloße Zeugin vom Hörensagen ein denkbar schwacher Beweis. Der weitere Verlauf des Prozesses ist in den Akten nicht verzeichnet, sein Ausgang ist ebenso ungewiss. Es ist allerdings nicht auszuschließen, dass der im römischen Sponsalienrecht so gewandte Anwalt Sengeisen letztendlich der Beweislastverteilung des Zivilprozesses zum Opfer fiel.

Der Blick über die ehegerichtliche Praxis im 16. und beginnenden 17. Jahrhundert verdeutlicht die Eigenart der vom protestantischen Rat neu erworbenen Spruchkompetenz. Anders als im Strafverfahren, dem die Carolina als zentrales, reichsrechtlich errichtetes Gesetz galt, unterlag die Beurteilung von Ehesachen einem regelrechten Normenkomplex, in dem die Eherichter Rechtssätze unterschiedlichster Herkunft zu vereinen suchten. In Ermangelung eines einheitlichen dogmatisch fundierten Gesetzeswerks und unter Druck der Rechtspraxis entstand so de facto ein neuartiges protestantisches Ehe- bzw. Ehescheidungsrecht[739]. In ihm verschmolzen die Auslegung biblischer Forderungen mit stadtrichterlicher Kasuistik, die auf römisch-rechtlichen Grundlagen basierte. Lücken mussten durch die Anwendung der Rechtsgedanken des kanonischen Rechts geschlossen werden - seine differenzierte Ausgestaltung sowie die grundlegende Bedeutung seiner modernen prozessualen Normen[740] ließen einen gänzlichen Verzicht auf das katholisch geprägte Regelungswerk auch auf dem religiös sensiblen Gebiet der Ehesachen nicht zu.

Die Eheregelungen der reichsstädtischen Policey- und Kirchenordnungen fungierten innerhalb dieses Normengeflechts nicht als gesetzte, tatbestandsmäßig ausgeformte rechtliche Beurteilungsgrundlagen. Vielmehr dienten sie der Konkretisierung von Beweisregeln. Der Nachweis einer ordnungsgemäßen, nach mehrmaligem Aufgebot vor der christlichen Gemeinde im Beisein zweier Trauzeugen durch den Pfarrer vollzogenen Trauhandlung erbrachte den fast unumstößlichen Beweis für die Wirksamkeit der so geschlossenen Ehe. Hatten die vermeintlichen Eheleute ihr gegenseitiges Versprechen entgegen den städtischen Verordnungen nicht öffentlich gemacht -

---

739. Vgl. auch Dilcher, Ehescheidung und Säkularisation, S. 317 ff.

740. Vgl. Coing, Die Rezeption des römischen Rechts in Frankfurt am Main, S. 104 ff. zur großen Bedeutung, die die Regeln des römisch-kanonischen Prozesses für die schriftlichen Verfahren seit dem Ende des 15. Jahrhunderts besaßen.

was trotz eindeutiger Regelungen in Policey- und Kirchenordnungen häufig der Fall war -, erfolgten regelmäßig langwierige Gerichtsverfahren mit Zeugenbefragungen und juristisch-theologischen Fallgutachten, deren rechtlicher Ausgang mangels eindeutiger Handlungen oftmals völlig unvorhersehbar war.

2. Das niedergerichtliche, autonom-städtische Verfahren

Anders als die schöffengerichtlichen Prozesse stellten die Verfahren vor den niedergerichtlichen Ämtern bzw. Ratsteilen die weitaus weniger an formale Grundsätze gebundene Art der Rechtsfindung dar. Zur Einleitung des Verfahrens bedurfte es keiner förmlichen Klageschrift. Die bloße Anzeige einer Unregelmäßigkeit oder das Aufgreifen einer verdächtigen Person durch Stadtbedienstete reichte aus, um den Prozess in Gang zu setzen. Ebenso wurde die Entscheidung nicht mittels eines den Rechtsstreit beendenden Urteils getroffen. Ein formloser Beschluss, der den Sachverhalt sowie die dafür zu treffende Sanktions- bzw. Ausgleichsmaßnahme aus Sicht des Entscheidungsträgers kurz darstellte, reichte aus, um den städtischen Frieden und die städtische Ordnung wieder herzustellen.

Die Menge der in den niederen Verfahren entschiedenen Rechtsstreitigkeiten überwog - zumindest im Ehe- und Sittenbereich - bei weitem die Anzahl der vergleichbaren Hochgerichtsprozesse. Als Beispiel mag die Kapazitätsauslastung der Nürnberger ratsherrlichen Gerichte im Jahr 1609 dienen: Die Problematik um Ehe und/oder Sittlichkeit wurde in diesem Jahr ein einziges Mal Thema eines hochgerichtlichen Schöffenprozesses. Diese geringe Quote ist nichts Ungewöhnliches, im ganzen Untersuchungszeitraum schwankt die Zahl der Hochgerichtsprozesse im relevanten Themenkreis von Null bis maximal 3; lediglich das Jahr 1623 bildet insoweit mit vier nachgewiesenen Verfahren eine Ausnahme[741]. Im 2. Halbjahr 1609, also von Mai bis Ende Dezember, standen dem einen Hochgerichtsprozess 21 niedere Verfahren, die sich mit dieser Problematik befassten, gegenüber[742], wobei die Injurien hier noch nicht mit berechnet wurden. Sie machten die größte Masse an Streitigkeiten aus. An den drei Terminen, die es pro Woche zur Verhandlung von Injurien gab, standen zeitweise bis zu drei Fälle von unsittlichen Beleidigungen zur Entscheidung an, deren Ergebnisse als Beschlüsse Eingang in die reichsstädtischen Akten fanden[743].

741. Vgl. StadtAN, Rep. F 1, Chroniken 109.
742. Vgl. StaatsAN, Rep. 52 b, Nr. 200.
743. Vgl. StaatsAN, Rep. 52 b Nr. 197.

Diese Beschlüsse sind die einzigen überlieferten Zeugnisse der autonom-städtischen Verfahren, die ansonsten ausschließlich mündlich verhandelt wurden. Sie lassen gesetzte Verfahrensgrundlagen ebenso wenig erkennen wie die materiell-rechtliche Grundlage, auf der die Entscheidung beruhte. In keinem der untersuchten Fälle wurde ein Rechtssatz zitiert. Beobachtungen wie die, die GUDIAN für die mittelalterlichen Schöffensprüche trifft[744] und die besagt, dass bereits zu diesem Zeitpunkt in seltenen Ausnahmefällen zwischen Tatbestand und Entscheidung der befolgte Rechtssatz eingeschoben erscheint, können nicht bestätigt werden.

Der Betrachter gelangt vielmehr zu dem Eindruck, dass die Entscheidung innerhalb der autonom-städtischen Verfahren zuweilen erheblich durch die Person der Beurteilenden bestimmt war. Im Bereich der Ehe- und Sittlichkeitsvergehen konnten die Amtsinhaber schon bei dem geringsten Anlass, je nach Ansehen und Stand des Verdächtigen, hart sanktionieren oder - umgekehrt - auch bei größeren Verstößen ein vergleichsweise mildes Vorgehen an den Tag legen. Diese, aus heutiger Sicht recht subjektiv anmutende Vorgehensweise bekommt auch die Nürnbergerin Brigita Redlin zu spüren[745]. Ein Stadtknecht greift sie "nachtens bei St. Jakob" auf und bringt sie vor das Bürgermeisteramt, da er sie für "ein Nachtvettel" hält. Aus seiner Sicht erscheint dieser Schluss nur logisch, hält sich doch - wie bereits beschrieben - zu Nachtzeiten kein anständiges Mädchen mehr auf öffentlichen Straßen auf und schon gar nicht in der Umgebung eines Gotteshauses, das zu dieser Uhrzeit bevorzugt einen Treffpunkt profanerer Absichten bildet. Trotz des eindeutigen äußeren Anscheins ist Brigita nicht der Unzucht geständig. Zudem findet sich ein Bürge, der bestätigt, dass sie keine Prostituierte ist. Zwar ist dieser nur Soldat von Beruf - was den Beweiswert seiner Aussage nicht gerade erhöht haben dürfte -, er erreicht aber, dass Brigita vorübergehend frei gelassen wird. Der Unzuchtsvorwurf kann auch in der Folgezeit nicht verifiziert werden. Dennoch lautet der Spruch der Bürgermeister letztendlich auf Stadtverweisung; welche Gründe hierfür angesichts der "klaren" Beweislage ausschlaggebend gewesen sein mögen, verschweigt die Quelle.

Weitaus bessere Erfahrungen mit der bürgermeisterlichen Justiz durfte der Priester Jörg Lochinger machen. Dem Nürnberger Bürgermeisteramt war am 17. Juli 1527 unter dem Vorsitz der Bürgermeister Hans Volkamer und Matthes Löffelholz zugetragen worden, dass der Kirchenmann des öfteren "mit unzüchtigen Weibern umgehe und sonst auch einen unpristerlichen und un-

744. Vgl. Gudian, Die Begründung in Schöffensprüchen des 14. und 15. Jahrhunderts, S. 23.
745. Vgl. StaatsAN, Rep. 52 b Nr. 200, fol. 29.

gebührlich ärgerlichen Lebenswandel führe"[746]. Besagter Lochinger - immerhin Probst zu Unserer Frauen - war bereits im Vorfeld des Verfahrens von einer seiner Freundinnen wegen Vielweiberei gerichtlich belangt worden, stellte also keineswegs ein unbeschriebenes Blatt dar. Dennoch beschlossen die Bürgermeister, ihm kein ordentliches Verfahren zu machen, sondern schalteten den Bruder des Priesters, einen in der Stadt angesehenen Küchenmeister ein. Man zeigte diesem an, dass ein Prozess an sich unvermeidbar sei, die Bürgermeister aber ihm zu Ehren darauf verzichteten. An den Verzicht knüpfte sich aber die Bedingung, dass der Küchenmeister seinen sündigen Bruder zur Aufgabe seiner Kirchenpfründe bewege und dieser "sich von hinnen mache und seinen Pfennig anderswo zehre".

Die hohe Flexibilität des bürgermeisterlichen Verfahrens ließ es zu, Veränderungen im obrigkeitlichen Sittenbild Rechnung zu tragen, ohne zuvor eine Veränderung von Rechtsnormen herbeigeführt zu haben. Der Rat konnte vormals übliche Verhaltensformen den gewandelten Sittlichkeitsvorstellungen einfach dadurch anpassen, dass er die entsprechende Verhaltensweise als unzüchtig abstrafte. Dieses Vorgehen verdeutlicht ein Beispiel aus Frankfurt[747]. Dort badeten an einem Sommertag des Jahres 1541 acht junge Männer unbekleidet im Main. Ein solches Verhalten war in Zeiten mangelnder Badebekleidung gerade bei den ärmeren Bevölkerungsschichten nichts ungewöhnliches, stellte es doch die preisgünstigte Form der Körperreinigung dar. Dennoch wird das Verhalten der Jugendlichen als anstößig empfunden. Das hat zur Folge, dass sie festgenommen werden. Nach ihrer Festnahme werden sie vor die Bürgermeister geführt, befragt und - da sie nichts zu ihrer Verteidigung vorbringen können - vier Wochen lang bei Wasser und Brot auf dem Turm eingesperrt.

Fasst man die oben gewonnen Erkenntnisse zusammen, so ist festzuhalten, dass die Entscheidungen im quantitativ größten städtischen Verfahren, dem autonomstädtischen, nicht auf der Basis gesetzten Rechts getroffen wurden. Bereits die Festlegung des als verfahrensrelevant empfundenen Verhaltens oblag - genauso wie der nachfolgende Beschluss - den verfahrensleitenden Ratsherren, die aufgrund ihrer obrigkeitlich legitimierten Gewalt zu einer Entscheidung berufen waren. Angesichts dieser Unabhängigkeit des Richters von gesetzten Rechtsvorschriften ist es nicht einfach, die Aufgabe der Policeyordnungen für die niederen städtischen Verfahren zu bestimmen. Fest steht, dass sich viele Entscheidungen durchaus im Einklang mit den policeyordnungsrechtlichen Regelungen befanden. So etwa, wenn Unzucht oder Kuppelei geahndet oder

---

746. Vgl. Ratsverlässe der Stadt Nürnberg aus dem Jahr 1527, abgedr. bei v. Soden, S. 280 f..
747. Vgl. Ratsprotokolle von 1541, Nachweis bei Kriegk, Deutsches Bürgerthum Bd. 2, Fn. 2.

nicht ordnungsgemäßes Tanzen verboten wird. Auf der anderen Seite mussten sich die Entscheidungsträger nicht an die Ordnungsvorgaben halten. Wenn sie entgegen überkommenen Vorstellungen nacktes Baden als unsittlich empfanden oder in einem Ehezwist regelnd eingreifen wollten[748], blieb ihnen das aufgrund ihrer richterlichen Rechte unbenommen - die niederen Verfahren erlauben es, derartigen stadteigenen Bedürfnissen nach mehr Sitte und Moral in hohem Maße Rechnung zu tragen.

IV. Die Anwendungspraxis als Indikator für Aufgabenstellung und Wirkungsmöglichkeit von Policeyordnungen

1. Der frühneuzeitliche Prozess vor den Schöffen: Ein Verfahren nach gesetztem Recht

"Wenn ich wüßte, daß mein Sohn ein Doktor würde, wollte ich, daß er bei der Taufe ersäuft wäre".

Nach Angaben des Historikers Friedrich BOTHE war es ein Frankfurter Patrizier, der diese Verwünschung ausgesprochen haben soll[749]. Unterstellt man die Authentizität derartiger Überlieferungen, so deckt sich die Denkweise des Frankfurter Stadtoberen durchaus mit der seiner Nürnberger Standesgenossen. Hier wie dort sah man mit einem gewissen Argwohn auf den neuen "Juristenadel", und obwohl es gegen Ende des 15. Jahrhunderts unter den Höhergestellten beider Städte zunehmend üblich wurde, die Söhne zur juristischen Ausbildung ins - italienische - Ausland und später auch an die neu gegründeten deutschen Rechtsfakultäten zu schicken[750], mussten die Nürnberger Ratsherren ihren Söhnen ausdrücklich vom Erwerb der Doktorwürde abraten: Im Nürnberger Rat fanden Doktoren der Jurisprudenz keine Aufnahme[751].

748. Vgl. z. B. StaatsAn, Rep. 52 b Nr. 200 (30. Dez. 1609), fol. 71: Fall des Hans Gast, der von seiner Ehefrau bezichtigt wird, dass er sie im Haus herumjage, sie hart schlage und "sehr ubel haltte", wenn sie ihm nichts zum Essen und Trinken vorsetzt, so er vom Zechen kommt. Hans Gast klagt seinerseits über die schlechte Haushaltung seiner Frau, kann aber nicht verhindern, dass er für "etliche Wochen" ins Loch muss - und erst auf Supplication seiner mittlerweile infolge akuter Geldnot reuigen Ehefrau wieder frei kommt.
749. Bothe, Frankfurt am Main, S. 155.
750. Vgl. Bund, in: Frankfurt, S. 112; vgl. Reicke, Nürnberg, S. 695.
751. Vgl. Reicke, Nürnberg, S. 712.

Dennoch dominierten die gelehrten Juristen zu Beginn der frühen Neuzeit bereits die schriftlichen Verfahren vor den Schöffengerichten. Die "Herren Advokaten"[752] standen als Gutachter und Ratskonsulenten im Dienste der Stadt oder traten als Anwälte ihrer Mandantschaft vor die Schöffen. Sie waren geschult, gesetztes Recht auf einen Lebenssachverhalt anzuwenden, unklare Gesetze mit Hilfe gelehrter Kommentare auszudeuten und Regelungslücken durch analoge Anwendung von Rechtssätzen auszufüllen[753]. Ihre am römischen Recht und am kanonischen Verfahren orientierte Art, einen Prozess zu führen und vor allem ihre Formen des Umgangs mit rechtlichen Normen prägten in der Folgezeit das reichsstädtische Schöffengerichtsverfahren[754].

In den Verfahren vor den Schöffen waren Normen des gesetzten Rechts für die Sachverhaltsbeurteilung ausschlaggebend. Grundlage der richterlichen Entscheidungsfindung und Basis juristischer Erwägungen waren im Ehe- und Sittenbereich die Regelungen der Carolina, im Strafprozeß und im Verfahren vor den Eherichtern der Zivilinstanz die protestantischen Ehebestimmungen. Sie waren als herrschaftlich gesetzte Norm gleichzeitig "gesetztes Recht", an dem jede Entscheidung ausgerichtet sein musste und auf das - wo immer möglich - Bezug genommen wurde. Die reichsstädtischen Policeyordnungen dagegen hatten eher deklamatorischen Charakter, in dem Sinne, dass die Bürgerschaft zu einem bestimmten Verhalten aufgerufen wurde. Als verbindlich für die Spruchpraxis aber wurden sie nicht angesehen. Eine Ausnahme galt nur dann, wenn das gesetzte Recht Unklarheiten aufwies, die eine Konkretisierung notwendig machten. Dies eröffnete den reichsstädtischen Schöffen die Möglichkeit, nach eigener Ordnung zu strafen oder - wie im Eherecht - die Trauung gemäß städtischer Ordnung als ausschlaggebenden Beweis für die Wirksamkeit des so begründeten Ehebandes anzusehen.

2. Das niedergerichtliche, autonom-städtische Verfahren: Ein Verfahren nach Willkürrecht

Dem an Grundsätzen des gelehrten Rechts orientierten Prozess vor den Schöffen standen die niedergerichtlichen Verfahren vor Bürgermeistern, Ämtern und anderen Ratsteilen weniger formal strukturiert gegenüber. Sie stellten eher eine Art Verwaltungsverfahren dar, in dem für jedermann die Möglichkeit bestand, Probleme von einem Vertreter der städtischen Obrigkeit begutachten und entscheiden zu lassen. Dass dabei neben rechtlichen Streitigkeiten auch

752. StadtAF, Criminalia Nr. 1123.

753. S. oben S. 175.

754. Vgl. Coing, Die Rezeption des Römischen Rechts in Frankfurt, S. 104.

zwischenmenschliche Schwierigkeiten gelöst werden mussten, offenbaren die vor die Bürgermeister getragenen Ehequerelen genauso wie die Vielzahl der emotionsgeladenen Beleidigungsfälle.

Die in diesen Verfahren urteilenden Richter mussten des gelehrten Rechts nicht kundig sein - und waren es wohl auch teilweise nicht, wie gelegentliche rechtliche "Ausrutscher" belegen. So gestattet ein Nürnberger Niedergericht im Jahr 1609 dem Ehemann einer gewissen Dorothea Schöber auf dessen Klage hin die Scheidung von seiner Frau und die Wiederverheiratung mit einer neuen Partnerin[755]. In der Sache war die Entscheidung durchaus zutreffend: Nachweislich hatte sich die beklagte Dorothea von ihrem Mann getrennt und sich mit einem Bauersknecht zusammengetan, von dem sie zudem mittlerweile ein Kind erwartete. Der Tatbestand der böswilligen Verlassung als materiell-rechtliche Voraussetzung einer Ehescheidung war demnach erfüllt. Verfahrensrechtlich überdehnte das Gericht bei seiner Entscheidung seine Kompetenzen allerdings weit, denn es ließ die in Ehesachen bestehende ausschließliche Zuständigkeit des städtischen Ehegerichts völlig außer Acht. Eine Verweisung des Rechtsstreits an das nach gesetztem Recht urteilende Ehegericht, wie sie in anderen Fällen regelmäßig erfolgte - "sie solten die Sach der Ehe halben am Stattgericht anbringen"[756] - zogen die ungelehrten Richter anscheinend nicht in Betracht. Sie entschieden den Rechtsstreit ohne Darlegung ihrer Beurteilungsmaßstäbe aufgrund eigener Machtvollkommenheit.

Diese Vorgehensweise - mag sie auch im vorbeschriebenen Einzelfall unter verfahrensrechtlichen Gesichtspunkten falsch sein - ist dennoch in anderer Hinsicht typisch für die autonom-städtischen Verfahren. Anders als bei der Untersuchung der schöffengerichtlichen Verfahren der frühen Neuzeit, die in ihren Urteilen und Gutachten den befolgten Rechtssatz zweifelsfrei erkennen lassen, ist die Grundlage der Rechtsfindung bei den Verfahren der autonom-städtischen Gerichtsbarkeit nicht leicht zu klären. Der schriftlich aufgezeichnete Beschluss lässt hierüber nichts verlauten und weitere Anhaltspunkte für die im übrigen mündlich durchgeführten Verfahren gibt es regelmäßig nicht. Sichtbar wird allein die Technik des Richterspruchs, die äußeren Umstände der richterlichen Erkenntnis. Das Gericht stellte den widerrechtlichen Charakter einer Handlung oder eines Unterlassens fest und belegte den des Verstoßes Beschuldigten deshalb mit einer Sanktion oder verwarnte ihn. Dabei konnte es sich an den bereits bestehenden, bekannten Grundsätzen und städtischen Ordnungen orientieren, musste es jedoch nicht. Eine Bestrafung gemeinwidrigen Verhaltens war vielmehr auch ohne zuvor fest geschriebenden Tatbestand

755. Vgl. StaatsAN, Rep. 52b Nr. 200 (1. Juli 1610), fol. 31.
756. StaatsAN, Rep. 52b Nr. 200, fol. 82; vgl. auch ebenda, fol. 56 und fol. 83.

möglich. Ein Rechtsverstoß wurde erst durch einen entsprechenden Beschluss sichtbar, mit dem Ausspruch der Entscheidung wurde gleichsam erst das Recht produziert[757].

Die Entscheidung im autonom-städtischen Verfahren spiegelt einen besonderen Typus der Urteilsfindung wider, denn sie erfolgte "willkürlich", um einen von Wilhelm EBEL zur Technik dieser Rechtsbildung als grundlegend bestimmten Begriff zu zitieren[758]. Anders als in der heutigen Umgangssprache bezeichnet Willkür jedoch nach spätmittelalterlichem und frühneuzeitlichem Sprachverständnis kein Handeln nach eigenem Gutdünken ohne Rücksicht auf Gesetze, sondern vielmehr die "freie Wahl" und eine "Erklärung nach freiem Entschluß"[759]. Ihrem Rechtsinhalt nach war die Verwillkürung ein bedingtes Selbsturteil, vermittels dessen die Willkürer sich in Form eines gegenseitigen Versprechens selbst einer bestimmten Rechtsfolge unterwarfen für den Fall, dass sie gegen von ihnen als Teil der Genossenschaft aufgestellte Verhaltensregeln verstießen[760].

Diese verwillkürten Regeln gehörten nicht zum gesetzten Recht, das unabhängig von der Genossenschaft galt, und mussten deshalb im Regelfall - so auch in Frankfurt und Nürnberg - auf dem alljährlich stattfindenen Schwörtag erneuert und bekräftigt werden. Grundlage dieser Erneuerung und damit der Willkür selbst war dabei das gegenseitige Versprechen, der Schwur des Bürgereides, mit dem sich die Schwörenden den verwillkürten Rechtsfolgen unterwarfen[761]. Gleichzeitig gewährleistete der Schwur des Bürgereides die Vollziehung des verwillkürten Rechts, denn der im Bürgereid ebenfalls zugeschworene Friede verbot die gewaltsame Konfliktaustragung und beinhaltete die Unterwerfung unter den Rat als Gericht der bürgerlichen Genossenschaft[762].

Die am stärksten differenzierte Form des Willkürrechts findet man in den stark genossenschaftlich organisierten Städten des 12. und 13. Jahrhunderts. In den darauffolgenden Jahrhunderten, in denen sich der städtische Rat in wachsendem Maße als Obrigkeit verstand und die Distanz zu den übrigen Bürgern und "Mitgenossen" immer größer wurde, entwickelte sich das ehemals genossenschaftliche Willkürrecht mehr und mehr zu einem ratsherrlichen

757. Vgl. Stintzing/Landsberg Bd. I, S. 50.
758. Vgl. Ebel, Die Willkür, S. 7 ff. und S. 68 ff.; vgl. Kroeschell, Deutsche Rechtsgeschichte Bd. II, S. 100; vgl. Schmidt-Wiegand, Art. "Willkür", in: HRG, Sp. 1438 m. w. N.; vgl. Gudian, Ingelheimer Recht, S. 1 ff. und Isenmann, S. 81.
759. Vgl. Schmidt-Wiegand, Art. "Willkür", Sp. 1438 f.
760. Vgl. Ebel, Die Willkür, S. 21 und 37.
761. Vgl. Bader/Dilcher, Deutsche Rechtsgeschichte, S. 613.
762. Vgl. Ebenda, S. 614.

Gebots- und Verordnungsrecht. Die Ordnungsbefugnis lag nun "kaum kontrolliert"[763] in den Händen des Rates. Allerdings bediente sich dieser dabei der alten Formalien willkürrechtlichen Ordnungsverständnisses. So erhielt der Rat formaliter nach wie vor erst durch den alljährlich von jedem Bürger zu leistenden Eid das Recht, Verstöße gegen die Ordnung des städtischen Rechtslebens zu ahnden.

Die Besonderheiten willkürrechtlicher Entscheidungsfindung zeigen sich auch bei der Betrachtung des autonom-städtischen Verfahrens. Oft bleibt unklar, weshalb ein bestimmtes Verhalten als unsittlich und damit als strafrechtlich relevant empfunden wurde. Den aufgezeichneten Beschlüssen fehlt dafür durchgehend die Erklärung. Nähere Begründungen über die Strafwürdigkeit eines bestimmten Verhaltens erlangten die dem Gericht Unterworfenen erst dann, wenn die städtische Obrigkeit sich aufgrund mehrerer gleichartiger Verstöße entschied, eine entsprechende Verordnung bzw. Satzung zu erlassen.

Die Abfolge "verstoßende Handlung - Bestrafung (= Rechtsproduktion) - eventuell Erlass einer Policeyordnung" wird eindrücklich durch eine Nürnberger Tanz- und Hochzeitsordnung von 1567 dargestellt[764]. Sie belegt den Gang der Rechtsbildung in den niederen Verfahren. Der Rat versucht, mit dieser Ordnung jegliche Formen öffentlicher Geselligkeiten, seien es "Schenk", "HochzeitSuppen" oder "Zech halben" einzudämmen. Ausgangspunkt der Regelung waren mehrere ausschweifende Zusammenkünfte "auf der Burg" und bei "Handwercker und andere(n) Hochzeiten". Die Bürgermeister hatten deshalb "verpot ausgeen lassen und dieselben abgestellt". Trotz dieser Maßnahmen, so befindet "ain Erbar Rath" und bringt damit eines der typischen Argumente für den Erlass einer Policeyordnung vor, hätte sich das Verhalten auf die Verbote hin nicht gebessert - "demselben bißhero nit gelebt oder nachkommen". Deshalb entschließt sich die städtische Obrigkeit, ihr Missfallen über die ausschweifenden Geselligkeiten publik zu machen und jedwedem mitzuteilen, dass die Ausrichtung einer solchen Gastlichkeit notwendig eine Sanktionierung nach sich ziehe. "So leßt ain Erbar Rathe, allen Iren Bürgern, Wirthen und Gastgebern alhie zu dieser Stat, zu Wörd und Gostenhof, hiemit ernstlich und bey nachfolgender Peen geprisen" - es folgen Ausführungen, wie die Feierlichkeiten nach Vorstellung des Rates zu gestalten sind. In der Policeyordnung finden die Betroffenen dann auch eine Begründung dafür, warum die Obrigkeit die Ausrichtung fröhlicher Zusammenkünfte überhaupt als strafwürdig erachtet: Es wird "mer dann zu rechten gewonlichen Hochzeitmalen verzehrt", "übermessig unnützlich" gepraßt, das Zutrinken würde gefördert und "auch das unzüchtige

763. Ebenda, S. 617.
764. Vgl. StadtAN, WBF, fol. 143.

Leben und Gotloß wesen, so durch die Gesellen hernach bey den Tänzen gegen Jungfrauen und Frauen getriben". Schließlich sei es auf solchen Festen auch zu "palgen" und "hadern" gekommen. Dies alles errege "inn Bedacht dieser Beschwerlichen leufften (...) nicht wenig mißfallens" - was nun "hinfüro" jedermann wissen müsse und sich danach zu richten habe.

3. Die Aufgabe der Policeyordnungen

Stattliche 55 ehe- und sittlichkeitsregulierende Policeyordnungen wurden in Nürnberg von 1450 bis 1650 erlassen, immerhin 17 von ihnen brachte der weniger regelungsfreudige Frankfurter Rat zustande. In beiden Städten bildeten diese Zahlen den Ausgangspunkt für eine in den darauffolgenden Jahrzehnten und Jahrhunderten stetig ansteigende Ordnungsflut, deren späterer Umfang eindrucksvoll durch mehrbändige Sammlungen wie die von Johann Conradin BEYERBACH für Frankfurt belegt wird. Allein die Menge der innerhalb eines so eng umgrenzten Regelungsfeldes erlassenen Policeyordnungen scheint ein Hinweis für deren Bedeutung zu sein und den Beginn eines Zeitalters zu markieren, in dem - wie Wilhelm EBEL es beschreibt - Policeyordnungen und Landesordnungen die "Hauptform der Gesetzgebung"[765] bildeten.

Was lässt sich nun über die Aufgabe der so zahlreich vorhandenen ehe- und sittlichkeitsregulierenden Policeyordnungen in der frühneuzeitlichen Reichsstadt sagen?

Als Antwort auf diese Frage ist zunächst grundsätzlich festzustellen, dass die untersuchten Policeyordnungen keine unmittelbare rechtliche Anwendung in der Urteilspraxis der frühneuzeitlichen reichsstädtischen Gerichte fanden. Sie bildeten keine normative, materiell-rechtliche Grundlage zur Beurteilung eines Sach- und Streitstandes. Ebenso wenig entfalteten sie rechtliche Bindungswirkung: Auch wer sich "ordnungsgemäß" verhielt, indem er die vorhandenen Regelungen beachtete, erlangte dadurch keine Rechtssicherheit, denn Policeyordnungen waren jederzeit abänderbar. Allerdings erschöpfte sich der Sinn der Policeyordnungen auch nicht allein in der bloßen Bekanntgabe des obrigkeitlichen Willens gegenüber einer aufgrund von Zuwachs und Fluktuation immer schwerer zu erreichenden Stadtbevölkerung.

Als Ordnungsmaßnahme traten die Policeyordnungen als eigenständige Größe neben das Recht und übten eine mittelbare Wirkung auf die nach gesetztem

765. Ebel, Geschichte der Gesetzgebung, S. 60.

Recht oder nach Willkürrecht zu treffenden Entscheidungen aus[766]. Diese Entwicklung vollzog sich allmählich. Bereits im 16. Jahrhundert ist eine zunehmende Ausfüllung des Rechts durch städtische Policeyordnungen zu erkennen, etwa da, wo die Carolina das Strafmaß zu lückenhaft bestimmt oder dort, wo die ehegerichtlichen Entscheidungen einer aussagekräftigen Beweisvermutung bedurften. Dennoch sind Verweise auf die "hiesige Ordtnung"[767] in rechtlichen Gutachten und richterlichen Anordnungen die Ausnahme; in den Urteilen der städtischen Gerichte fehlen sie ganz. Erst in den Policeyordnungen des 18. Jahrhunderts findet man schließlich die ausdrückliche Parallelstellung von Recht und städtischer Ordnung: So klagt der Frankfurter Rat in einer Verordnung von 1733[768], dass die Entführung minderjähriger Frauen zum Zwecke ungestörter sexueller Kontakte "allzusehr eingerissen und gemein geworden" sei, "unerachtet der in der Peinlichen Halß-Gerichts-Ordnung Kayser Carls des Fünfften, denen gemeinen Kayserlichen Rechten, und dahin sich beziehenden hiesigen Reformation, und Unserm wegen der boßhafften Entführer den 1. Feb. an. 1700 allschon in Druck gebrachten und gewöhnlicher Maßen publicirten Edict".

Der Befund einer schrittweisen Veränderungen des Rechtscharakters der Policeyordnungen, die nur zögerliche Annäherung an "richtiges Recht" - wie Hans MAIER es beschreibt[769] -, wird durch die vorliegende Untersuchung gestützt. Die Entwicklung von der größtenteils außerrechtlichen Ordnung hin zu "Recht und Ordnung" ist bis Mitte des 17. Jahrhunderts zwar bereits sichtbar, jedoch bei weitem noch nicht abgeschlossen. Eine Überordnung der Ordnung vor Recht[770] kann zumindest für den untersuchten Zeitraum und Themenkreis nicht bestätigt werden. So weit ein gesetztes Recht bestand, wurden die Entscheidungen danach getroffen. Im Verfahren nach Willkür besaßen die frühneuzeitlichen Richter weiterhin das Recht, wie im schon mittelalterlichen Gerichtswesen üblich, einen Rechtsverstoß erst qua Sanktion festzustellen - zwei Komponenten, die die rechtliche Durchsetzungskraft frühneuzeitlicher Policeyordnungen beschränkt haben dürften.

766. Deshalb ist eine Einordnung der Policeymaterien und die Begriffe Strafrecht/ Privatrecht/Öffentliches Recht, wie die ältere Forschungsliteratur es zuweilen versuchte - vgl. Schmelzeisen, Das polizeiliche Rechtsgebot, S. 7 - auch so wenig sinnvoll, denn die Policeyordnungen besitzen nicht - wie oben, S. 192, dargelegt - den Charakter gesetzten Rechts.

767. StadtAF, Iudicialia Nr. L 191; vgl. auch StadtAF, Criminalia Nr. 501 (1605).

768. PO v. 15. Sept. 1733, abgedr. bei Beyerbach, S. 555 ff., 556.

769. Vgl. Maier, Die ältere deutsche Staats- und Verwaltungslehre, S. 87.

770. Vgl. ebenda, S. 88.

Die Policeybestimmungen begleiteten aber das Recht als Ordnung und griffen dadurch mittelbar auch in die richterliche Entscheidungsfindung ein. Es wäre deshalb verfehlt, ihnen jegliche rechtliche Einflusskraft abzusprechen - eine Hypothese, die schon aufgrund der Masse der erlassenen Verordnungen kaum ernsthaft aufgestellt werden dürfte. Das obrigkeitlich erklärte Ziel, durch den Erlass entsprechender policeylicher Regelungen die gute Ordnung des Gemeinwesens, Zucht, Sitte und Ehrbarkeit (wieder) herzustellen oder zu erhalten, war damit auch rechtlich lenkbar. Im Vordergrund stand allerdings noch in der Mitte des 17. Jahrhunderts der Wunsch, die Bevölkerung über die städtische Ordnung zu informieren, "Deßwegen dann und darmit ein jeder desto mehrers in vorgemelter PoliceyOrdnung sich ersehen / gehorsamb leisten / und für den Bestraffungen verhüten"[771] könne sowie die Hoffnung, "daß ohne Oberkeitliche Bemü- und Verordnung / ein jeder sich guter Policey gebrauchen / und selbsten / auß Christlicher Tugend (...) den gerechten Gott / durch solche demütige Bezeigung / widerumb zuversöhnen und dessen gefaste Straffruht abwenden zuhelffen / genaigt und begirig"[772] sei.

771. StadtAF, PO v. 14. Juni 1631.
772. StadtAF, PO v. 8. Juni 1658.

D. Resümee: Das Konzept der reichsstädtischen Policeyordnungen und ihre Anwendung in der Spruchpraxis

Der Umgang einer bürgerlichen Gemeinschaft mit dem Phänomen „Sittlichkeit“ ist heute wie früher in vielerlei Hinsicht bezeichnend. Seine Betrachtung verdeutlicht nicht nur die Toleranz und Aufgeschlossenheit einer städtischen Kommune gegenüber Regelabweichungen, sondern ermöglicht auch Rückschlüsse auf die Wertvorstellungen der führenden Schichten und deren Willen und Vermögen, diese zu verwirklichen. Typisch ist dabei die Ausnutzung und Verwertung der den Umgang prägenden Ideale durch eine politische Macht genauso wie die Form der Einflussnahme auf die Bürgerschaft. Insbesondere bei sittenverändernden oder –erzeugenden Belangen sowie auf dem Gebiet der ehelichen Sittlichkeit ist bis heute eine öffentliche Auseinandersetzung mit religiösen Standpunkten zu beobachten. Sei es nun in der Frage der Zulässigkeit gleichgeschlechtlicher Ehen oder bei der in jüngerer Zeit äußerst kontrovers geführten Diskussion um die Möglichkeit eines legalen Schwangerschaftsabbruches: In beiden Fällen ist nicht nur das theoretische Konzept der Regelung, sondern auch dessen Umsetzung umstritten.

Ziel der vorliegenden Untersuchung war, über die Betrachtung des obrigkeitlichen Umgangs mit der Sittlichkeit Aufschluss nicht nur über die richtungweisenden Determinanten bei dem Erlass von Policeyordnungen zu erhalten, sondern auch deren Anwendungsmöglichkeiten innerhalb der Rechtspraxis zu begutachten, um so Hinweise auf Konzept und Charakter reichsstädtischer Policeyordnungen in Spätmittelalter und früher Neuzeit zu erhalten.

I. Determinanten der Entwicklung des inhaltlichen Konzepts

Trotz vieler Überschneidungen sind die Entwicklungen des inhaltlichen Konzepts, bestimmt im vorliegenden Falle durch den Themenkomplex der Ehe und der Sittlichkeit einerseits sowie der Policeyordnungen als Instrument der städtischen Normgebung und Grundlage der Spruchpraxis andererseits, nicht identisch. Das inhaltliche Konzept folgt den Wandlungen der Auffassungen und der Lehrmeinungen zum Komplex Ehe und Sittlichkeit, aber auch ordnungspolitischer Absichten und Aktualitäten. Das Instrument "Policeyordnung" und seine Durchsetzung entwickelt sich eingebettet in eine Entwicklung der Zuständigkeiten für Normsetzung und Rechtsprechung, aber auch der Jurisdiktion selbst.

1. Sittlich-religiöse Determinanten

Der Einfluss moralisch-religiöser Anschauungen auf Ordnungsbestrebungen im Hinblick auf die sittliche Lebensführung und die Geschlechterbeziehungen war naturgemäß von Anfang an sehr groß. Fiel dieser Themenbereich zunächst im wesentlichen in die Zuständigkeit der Kirchen und ihrer Rechtsprechung, wurde er seit Mitte des 15. Jahrhunderts mehr und mehr Aufgabe der sich emanzipierenden Städte.

Innerhalb der Policeyordnungen der Reichsstädte Frankfurt und Nürnberg entwickelte sich bereits im späten Mittelalter ein Normkonzept, das allein die Aufrechterhaltung und/oder Wiederherstellung der Sittlichkeit in der Ehe und anderen Geschlechterbeziehungen zum Inhalt hatte. Die Wurzeln einer stringenten, konzeptionell abgestimmten "Sündenpolicey"[773], wie Lyndal ROPER sie für die stark von der protestantischen Glaubensreformation geprägte Politik des Augsburger Rates ausmacht, sind in beiden Städten bereits ab der zweiten Hälfte des 15. Jahrhunderts anhand einer einschlägigen Ordnungsgebung erkennbar. In dieser Periode lassen sich die ausschlaggebenden Faktoren einer auf die Erhaltung und Wiederherstellung von Sitte und Moral ausgerichteten Politik von ihren Ansätzen her verfolgen. Strömungen gesellschaftlicher, politischer wie religiöser Art, die zumeist frischer und unvermischter vorhanden waren als im nachfolgenden 16. und 17. Jahrhundert, zeigen die Grundlage, auf der die ratsherrliche Ehe- und Sittenpolicey gedieh.

2. Weltliche Determinanten

Neben der protestantisch-religiösen Orientierung des Ordnungskonzepts lässt der theoretische Entwurf des reichsstädtischen Ehe- und Sittenlebens durch die Policeyordnungen den Erhalt und die Wiederherstellung der Ehre als weitere maßgebliche Determinante erkennen. Der Umgang mit ihr, die eindringliche Betonung der Notwendigkeit sittlichen Verhaltens für den Erhalt der Ehre durch die Policeyordnungen, belegt die Bedeutung von Sitte und Moral für die soziale Achtung innerhalb der Stadtgemeinschaft. Obgleich von religiösen Werten erfüllt, erhält die Sittlichkeit im Umfeld der Ehre eine weitaus weniger metaphysische Bedeutung. Wichtig war in diesem Zusammenhang nicht so sehr, dass der Stadtbewohner sich gottesfürchtig und christlich verhielt als vielmehr, dass er einen entsprechenden Schein erzeugte und aufrechterhielt.

---

773. Roper, Das fromme Haus, S. 54 ff.

Die Policeyordnungen lassen erkennen, dass die Gefahren, in ein schlechtes Licht gesetzt zu werden, bei bestimmten Personengruppen - wie etwa den jungen Frauen - größer waren, bei anderen - den Junggesellen - hingegen deutlich geringer. Auch war die Möglichkeit, einer entehrenden Sanktion innerhalb eines gerichtlichen Verfahrens trotz vorangegangenen unsittlichen Verhaltens doch noch zu entkommen, bei Delinquenten aus angesehenen wohlhabenden Elternhäusern weitaus größer als bei armer Leute Kinder und bei Jungfrauen größer als bei jungen Männern. Das obrigkeitliche Handeln kannte zahlreiche Schlupflöcher, die es erlaubten, trotz unsittlichen Verhaltens keine strafende Entehrung zu erfahren und so den Anforderungen an ein ehrenhaftes Dasein als höchstem sozialem Wert der stadtbürgerlichen Gemeinschaft auch weiterhin zu genügen. Dies stand der ratsherrlichen Absicht, in christlichem Auftrag die Sittlichkeit innerhalb der Geschlechterbeziehung zu ordnen, zum Teil kontraproduktiv gegenüber.

Darüber hinaus war die Ordnungsgebung des Rates von Gemeinwohlerwägungen getragen. Der „gemeine Nutzen" begründete seit dem Ende des 15. Jahrhunderts regelmäßig den Erlass von Policeyordnungen jedweden Regelungsinhaltes. Der Rekurs auf das Gemeinwohl diente in erster Linie der Legitimation ratsherrlich-obrigkeitlichen Handelns und schuf die Berechtigung des reichsstädtischen Rates, auf allen Gebieten regelnd einzugreifen. Daneben bestimmte noch eine Reihe anderer Motive die Ordnungsgebung des Rates, wie die Fürsorge für die Bürger, das Bestreben, sie vor Verarmung zu bewahren oder auch Anlässe wie Naturkatastrophen oder Seuchen. Diese Motive traten regelmäßig in einem bestimmten situationsgebundenen Kontext auf und waren nicht auf die Begründung sittlicher Ordnungsbestrebungen begrenzt.

II. Die Entwicklung der Policeyordnung als Instrument städtischer Normsetzung und Grundlage der Rechtsprechung

1. Die Emanzipation der städtischen Ordnungsgebung und Rechtsprechung und die besondere Rolle der Policeyordnungen

Mehr als ein halbes Jahrhundert vor der offiziellen Einführung des protestantischen Glaubens erließen beide Reichsstädte schon erste Policeyordnungen auf dem Gebiet von Sitte und Moral, für das zu diesem Zeitpunkt noch die (katholische) Kirche zuständig war. In Frankfurt, wo im 15.

Jahrhundert gerade das Ehebruchsdelikt immer weniger durch das Gericht des Erzbischofs von Mainz geahndet wurde[774], kam es darüber hinaus schon ab 1449 zu ersten ratsherrlichen Entscheidungen, die in den kirchlichen Gerichtsstand eingriffen. Zeitgleich zu dieser Entwicklung ist der Erlass erster Policeyordnungen in Zusammenhang mit ehebrecherischem Verhalten zu beobachten. Am 31. Oktober 1452 erläßt der Frankfurter Rat die erste Policeyordnung wider die sündhafte "ebricherii"[775] - ein Zeichen des Beginns einer Vorherrschaft, die der Rat nun auch in geistlichen Belangen ausübte.

Der zunehmend erstarkende Rat war sowohl in Frankfurt als auch in Nürnberg schon im 14. Jahrhundert bestrebt, die Macht des Klerus zu begrenzen, indem er dessen Möglichkeiten der Einnahme von Vermögen beschränkte. Seine Entscheidungsmacht in allen weltlichen Belangen der städtischen Gemeinschaft stand nach dem Erwerb zahlreicher rechtlicher Privilegien und Kompetenzen und der damit de facto erlangten weitreichenden Unabhängigkeit vom Kaiser als obersten Stadtherren ohnehin außer Frage. Aber erst der fortschreitende Verfall altkirchlicher Hierarchien sowie die von Ratsseite in zunehmendem Maße als schlecht empfundene Wahrnehmung der Seelsorge durch eine wenig bibelgetreu lebende Ortsgeistlichkeit verschaffte den reichsstädtischen Räten die Gelegenheit, eigene Aktivitäten zu entwickeln. Inwieweit sie in dieser Situation tatsächlich tätig werden mussten, weil sich die Klagen der Bürger über das exzessive Sexualleben der Geistlichen gemehrt hatten[776] oder gar, wie es der Frankfurter Historiker Friedrich BOTHE blumig beschreibt, gegen Ende des 15. Jahrhunderts "die Ehre schlafen gegangen"[777] war, konnte anhand der vorliegenden Quellen nicht überprüft werden. Fest steht jedoch, dass die Stadträte es nun wagten, sich der alten Kirche zu widersetzen und hinsichtlich der Regelung von Sexualbeziehung und Eheleben eigene Wege zu gehen.

Der Übertritt zum protestantischen Glauben setzte in beiden Reichsstädten die einmal losgetretene Bewegung fort, verstärkte und kanalisierte sie dahingehend, dass die Ordnung von Ehe und Sittlichkeit nunmehr im christlichen Auftrag erfolgte, dem der Rat als christliche Obrigkeit unterlag. Der Glaubensübertritt gewann zusätzlich machtpolitische Dimensionen, da hierdurch die Spruch- und Regelungskompetenzen für Ehesachen in beiden Reichsstädten auch offiziell auf die Räte übergingen. Die damit verbundene Notwendigkeit der Neuregelung des Eherechts zeigt deutlich, dass die Ratsherren den neu gewonnenen göttlichen Auftrag ernst nahmen und keinesfalls nur die machtpolitische Komponente nutzten. Die Policeyordnungen lassen erkennen, dass sich die ratsherrlichen

---

774. Vgl. Kriegk, Deutsches Bürgerthum Bd. II, S. 288 Fn. 228.
775. PO v. 31. Okt. 1452, abgedr. bei Wolf, Gesetze, Nr. 255.
776. Dies sieht Heitzenröder, S. 40 Fn. 204, für Frankfurt als ausschlaggebend an.
777. Bothe, Geschichte der Stadt Frankfurt, S. 97.

Ordnungsgeber intensiv mit den protestantischen Ehe- und Sittenvorstellungen auseinander gesetzt haben und diese auch vielfach übernahmen.

Die Zusammenarbeit mit der protestantischen Ortsgeistlichkeit in Glaubensfragen gestaltete sich in beiden Reichsstädten unterschiedlich. Der politisch starke Nürnberger Rat dominierte den Klerus, regelte aber in den glaubenspolitisch wichtigen Neuordnungspunkten - wie etwa der Frage nach der Wirksamkeit heimlicher Verlöbnisse - nur nach vorhergegangenem intensiven Diskurs mit den Ansichten der Reformatoren, wobei insbesondere die direkte Auseinandersetzung mit den Ansichten Luthers und Melanchthons erhebliche Bedeutung für seine Entscheidung besaßen.

Demgegenüber kam es beim Frankfurter Rat, dessen Abhängigkeit vom katholischen Kaiser aufgrund der Messe als Haupteinnahmequelle und der dafür notwendigen kaiserlichen Privilegien weitaus größer war als die Nürnbergs, zu einer eher kollegial gestalteten Zusammenarbeit mit der protestantischen Geistlichkeit. Trotz der starken Abhängigkeit vom Kaiser weisen die ehe- und sittenpoliceylichen Regelungen Frankfurts jedoch protestantische Prägungen auf, die sich auch dann nicht verändern, als die Stadt ab 1548 durch das auf dem Augsburger Reichstag beschlossene Interim faktisch zu einer gemischtkonfessionellen Stadt wird. Insoweit bestätigen die Policeyordnungen, was Sigrid JAHNS mit Blick auf die gesamte politische Verwaltung bereits deutlich herausstellte: "In Frankfurt herrschten (erg.: während der gesamten Frühen Neuzeit, B. G.) die Lutheraner"[778]. Die Policeyordnungen wurden so Ausdruck eines Machtkampfes der nach Unabhängigkeit gegenüber anderen Einflüssen strebenden Reichsstadt ebenso wie des reformatorischen Anspruchs gegen altkirchliche Vorstellungen und Regelungen.

2. Die Entwicklung der Policeyordnungen von der deklamatorischen Verlautbarung zur Normengrundlage

Die Umsetzung des von christlichen Forderungen und stadtbürgerlichen Ehrvorstellungen geprägten und nur teilweise von sozialpolitischen und pragmatischen Determinanten überlagerten Konzepts zur Ordnung von Ehe und Sittlichkeit wird in der reichsstädtischen Rechtspraxis nur bedingt sichtbar.

Dies liegt nicht allein an den vielfältigen Möglichkeiten, innerhalb der spätmittelalterlichen und frühneuzeitlichen Justiz, Gnade zu erlangen. Die

---

778. Jahns, in: Frankfurt, S. 202.

Problematik, den Nachweis einer Umsetzung zu erbringen, ist vielmehr auch im speziellen Charakter der Policeyordnungen begründet. Es erweist sich als schwierig, den Rechtscharakter städtischer Policeyordnungen eindeutig festzulegen und definitorisch zu erfassen. Schon Wilhelm EBEL[779] und Hans MAIER[780] wiesen auf die progressive Entwicklung des Policeyordnungsbegriffs hin, die inhaltlich die Spanne von einer umfassenden minderrechtlichen Ordnung des Gemeinwesens bis hin zu einer neben die alten Formen der Gesetzgebung tretende Normgrundlage umfasst.

Die Betrachtung der Policeyordnungen der Reichsstädte Frankfurt und Nürnberg lässt nur Ansätze dieser Veränderungen erkennen. Es überwiegt die anhand der ratsherrlichen Gerichtsakten und Amtsprotokolle gewonnene Erkenntnis, dass zumindest bezüglich der Regelung von Ehe und Sittlichkeit die Policeybestimmungen bis ins 17. Jahrhundert hinein nur ergänzende Ordnungen zum gesetzten Recht waren.

Zum Schluss wird man jedoch anhand der gewonnenen Erkenntnisse zu der Überzeugung gelangen, dass das Konzept der Sozialdisziplinierung in den untersuchten Reichsstädten im Bereich der Ehe- und Sittenordnung bis zur Mitte des 17. Jahrhunderts aufgrund der eingeschränkten Möglichkeiten einer rechtlichen Durchsetzung nur bedingt gesellschaftsprägende Kraft entfalten konnte. Zwar bestand bereits im 15. Jahrhundert aufgrund der immer wiederkehrenden Erlasse und öffentlichen Verkündungen die Möglichkeit der obrigkeitlichen Einflussnahme. Die reichsstädtischen Räte waren so in der Lage, die Stadtbewohner über ihr aktuelles Rechtsempfinden zu informieren. Dieses Rechtsempfinden konnte auch bei den unter willkürrechtlichen Gesichtspunkten getroffenen Entscheidungen eine Rolle spielen, die Gerichte waren aber nicht an die in den Policeyordnungen normierten Grundsätze gebunden. Auch im darauf folgenden 16. und 17. Jahrhundert fungierten die untersuchten Policeyordnungen zu keiner Zeit als eigenständige materielle Grundlage zur Beurteilung einer rechtlichen Streitigkeit oder zur Entscheidung über die Strafbarkeit eines Angeklagten. Allerdings traten im 16. Jahrhundert zunehmend Bestandteile ordnungsrechtlicher Normvorgaben neben das gesetzte Recht der Carolina oder das städtischer Ehebestimmungen. Die Ratsobrigkeit konnte hierdurch insbesondere Einfluss auf die Bestimmung des Strafmaßes sowie auf die formale Gestaltung der Eheordnung erlangen. In Anbetracht der bis ins ausgehende 18. Jahrhundert bestehenden Vorherrschaft der Carolina bedarf die Möglichkeit des Rates, auf Mentalität und Verhalten der Stadtbewohner durch eigene Normgebung Einfluss zu nehmen, zumindest für die einschlägigen Bereiche der

779. Vgl. Ebel, Geschichte der Gesetzgebung, S. 59 ff., S. 60.
780. Vgl. Maier, Die ältere deutsche Staats- und Verwaltungslehre, S. 774 ff., S. 87.

reichsstädtischen Sittenordnung einer Relativierung. Erst später – im 18. Jahrhundert – wird sich die Policeyordnung zur verbindlichen Normengrundlage für die Rechtsprechung gewandelt haben. Dies wird das Ergebnis des Einflusses gelehrter Juristen sein, die die Policeyordnungen ebenso einsetzen wie sie dies von der Anwendung der Carolina oder des römischen Rechts her gewohnt sind. Im hier gewählten Zeitraum aber hat die Policeyordnung dieses Entwicklungsstadium noch nicht erreicht.

Anhang: Quellen- und Literaturverzeichnis

I. Nichtveröffentlichte Quellen

1. Stadtarchiv Frankfurt am Main

- Geschriebene Rollen und Ordnungen (1329 – 1650)
- Gedruckte Ordnungen und Bekanntmachungen (1508 – 1676)
- Ediktensammlung
- Concepta Edictorum

- Reformacion der stat Franckenfort am Meine des heiligen Romischen richs cammer anno 1509 (Gesetze 29 1. Teil)
- Der Statt Franckenfurt am Mayn ernewerte Reformation, 1578 (Gesetze 29a)
- Erneuerte Reformation, 1611 (Gesetze 31b und 32)

- Bürgermeisterbücher
- Ratsprotokolle
- Ratschlagungsprotokolle
- Strafenbuch
- Criminalia (Rep. 254)
- Iudicialia (Rep. 481)
- Inhaltsverzeichnis der lutherischen Kirchenakten von 1522 bis 1645 (Rep. 231)

2. Stadtarchiv Nürnberg

- Gedruckte Mandate, Urkunden und Verordnungen der Reichsstadt Nürnberg (Rep. A6/I)
- Wandelbuch Fünfergericht (Rep. B14)

- Stadtgerichtsakten – Unterabteilung Ehegericht (Rep. B14/I)
- Chroniken Nr. 109 (Rep. F1)
- Articuli von Synodis und Capituln was darinnen gehandelt werden solle, 4. Nov. 1578 (Rep. B5 II Nr. 191)
- Materialsammlung Sittengeschichte Nürnbergs (Rep. E10 – Nachlässe)

3. Staatsarchiv Nürnberg

- Mandatensammlung (Rep. 63 I a-c)
- "Lose Mandate" (Rep. 63 II)
- "Dekrete und Ordnungen" – Nürnberger Druckschriften (Rep. 56)

- Ratsverlässe (Rep. 60a und 60b/f)
- Briefbücher des Rates und der älteren Herren (Rep. 61a/b)
- Amts- und Standbücher – „Litualien" (Rep. 52b)
  - Nr. 197 Haderbuch des Fünfergerichts von 1549-1551
  - Nr. 198 desgl. von 1551-1554
  - Nr. 200 Verzeichnis von Personen, die wegen kleinerer Vergehen verhaftet wurden
  - Nr. 208 Aktenauszüge aus alten Acht- und Strafbüchern („etliche Akten, so aus alten Acht- und Strafbüchern gezogen seyen, bedreffend die Ubeltheter und Mißthetige Personen, so je zu Zeiten uf de Land hin und wider auch ains tayls in anderer Herrschaften Gepiet fengklich an genommen gen Nuremberg gefhüret und alda gerichtfertigt worden seyen")
  - Nr. 209-220 Achtbücher 1578-1637
  - Nr. 221-224 Malefizurteilsbücher 1487-1685
  - Nr. 226 Frommoders Elaborat
  - Nr. 226 b-e Verhörsprotokolle des Stadtgerichts in Strafsachen von 1576-1618
- Nürnberger Malefizbuch
- Gemeinakten SIL (Rep. 40 a)

II. Veröffentlichte Quellen und Literatur

Achterberg, Norbert/Krawitz, Werner/Wyduckel, Dieter (Hg.): Recht und Staat im sozialen Wandel. Festschrift für Hans Ulrich Scupin zum 80. Geburtstag, Berlin 1983

Albrecht, Dieter/Kraus, Andreas/Reindel, Kurt (Hg.): Festschrift für Max Spindler zum 75. Geburtstag, München 1996

Altenburg, Detlef/Jarnut, Jörg/Steinhoff, Hans-Hugo (Hg.): Feste und Feiern im Mittelalter. Paderborner Symposium des Mediävistenverbandes, Sigmaringen 1991

Baader, J. (Hg.): Nürnberger Polizeiverordnungen aus dem 13. bis 15. Jahrhundert, Stuttgart 1861 (Neudruck Amsterdam 1966)

Bader, Karl S./Dilcher, Gerhard (Hg.): Deutsche Rechtsgeschichte. Land und Stadt - Bürger und Bauer im Alten Europa, Berlin 1999
Zit.: Bader/Dilcher, Deutsche Rechtsgeschichte

Baruch, Friedrich: Das Hebammenwesen im Reichsstädtischen Nürnberg, Nürnberg 1955

Bastian, Hagen: Mummenschanz. Sinneslust und Gefühlsbeherrschung im Fastnachtspiel des 15. Jahrhunderts, Frankfurt am Main 1983

Bátori, Ingrid (Hg.): Städtische Gesellschaft und Reformation, Stuttgart 1980

Bauer, Thomas: Im Bauch der Stadt. Kanalisation und Hygiene in Frankfurt, 16. – 19. Jahr-hundert, Frankfurt 1998

Bayley, David H.: Police Function, Structure, and Control in Western Europe and North America, Comparative and Historical Studies, in: Eric H. Monkkonen (Hg.), Policing an crime control (Crime and justice in American history 5) München u. a. 1992, S. 25 – 59

Beccaria, Cesare: Über Verbrechen und Strafen, übersetzt und hg. von W. Alff, Frankfurt am Main 1988

Becher, Werner/Fischer, Roman (Hg.): Die alte Nikolaikirche am Römerberg. Studien zur Stadt- und Kirchengeschichte, Frankfurt am Main 1992

Becker, Hans-Jürgen/Dilcher, Gerhard/Gudian, Gunter/Kaufmann, Ekkehard/Sellert, Wolfgang (Hg.): Rechtsgeschichte als Kulturgeschichte. Festschrift für Adalbert Erler zum 70. Geburtstag, Aalen 1976

Beer, Mathias: Ehealltag im späten Mittelalter. Eine Fallstudie zur Rekonstruktion historischer Erfahrungen und Lebensweisen anhand privater Briefe, in: Zeitschrift für Württembergische Landesgeschichte 53 (1994), S. 101 ff.

Behrends, O./Link, Chr. (Hg.): Zum römischen und neuzeitlichen Gesetzesbegriff, 1987

Behringer, Wolfgang: Mörder, Diebe, Ehebrecher. Verbrechen und Strafen in Kurbayern vom 16. bis 18. Jahr-hundert, in: von Dülmen, Richard (Hg.):Verbrechen, Strafe und soziale Kontrolle. Studien zur historischen Kulturforschung III, Frankfurt am Main 1990, S.85 ff.
Zit.: Behringer, Mörder, Diebe, Ehebrecher

Ders.: Weibliche Kriminalität in Kurbayern in der Frühen Neuzeit, in: Ulbricht, Von Huren und Rabenmüttern, S. 62 – 82
Zit. Behringer, Weibliche Kriminalität

Bendlage, Andrea/Schuster, Peter: Hüter der Ordnung. Bürger, Rat und Polizei in Nürnberg im 15. und 16. Jahrhundert, in: Mitteilungen des Vereins für Geschichte der Stadt Nürnberg 82 (1995), S. 37 – 55

Bennewitz, Nadja: Frauen im Konflikt mit dem Strafrecht im spätmittelalterlichen und frühneu-zeitlichen Nürnberg. Weibliche Kriminalität als schichtenspezifisches Problem, in: Jahrbuch für fränkische Landesforschung 59 (1999), S. 129 – 166

Berding, Helmut/Klippel, Diethelm/Lottes, Günther (Hg.): Kriminalität und abweichendes Verhalten. Deutschland im 18. und 19. Jahrhundert, Göttingen 1999

Beyerbach, Johann Conradus: Sammlung der Verordnungen der Reichsstadt Frankfurt, Theile I - IX Frankfurt am Main 1798 -1799, Theil X Frankfurt am Main 1801, Theil XI, Frankfurt am Main 1818

Blänkner, Reinhard/Jussen, Bernhard (Hg.): Institutionen und Ereignis. Über historische Praktiken und Vorstellungen gesellschaftlichen Ordnens (Veröffentlichungen des Max-Planck-Instituts für Geschichte; 183), Göttingen 1998

Blanke, Dieter: Die Kindstötung in rechtlicher und kriminologischer Hinsicht, Kiel 1966

Blauert, Andreas/Schwerhoff, Gerd (Hg.): Kriminalitätsgeschichte. Beiträge zur Sozial- und Kulturgeschichte der Vormoderne, Konstanz 2000
Zit.: Blauert/Schwerhoff, Kriminalitätsgeschichte

Dies. (Hg.): Mit den Waffen der Justiz. Zur Kriminalitätsgeschichte des späten Mittelalters und der Frühen Neuzeit, Frankfurt am Main 1993
Zit.: Blauert/Schwerhoff, Waffen der Justiz

Blickle, Peter: Religion, politics and social protest, London 1984
Zit. Blickle, Religion

Ders.: Gute Polizei oder Sozialdisziplinierung, in: Theo Stammen u. a. (Hg.), Politik – Bildung – Religion. Hans Maier zum 65. Geburtstag, Paderborn u. a. 1996, S. 97 – 107
Zit.: Blickle, Gute Polizei

Blickle, P./Kunisch, J. (Hg.): Kommunalisierung und Christianisierung, Berlin 1989

Bode, Gustav: Kindstötung und ihre Bestrafung in Nürnberg des Mittelalters, in: Archiv für Strafrecht und Strafprozess 61 (1941), S. 430 ff.

Böhmer, Johann Friedrich: Codex diplomaticus Moenofrancofurtanus. Urkundenbuch der Reichsstadt Frankfurt, Frankfurt am Main 1836

Borst, Otto: Alltagsleben im Mittelalter, Frankfurt am Main 1983

Bothe, Friedrich: Geschichte der Stadt Frankfurt am Main, 3. Auflage, Nachdruck der Ausgabe von 1929, Frankfurt am Main 1977
Zit.: Bothe, Geschichte der Stadt Frankfurt

Ders.: Brauch und Sitte im alten Frankfurt, Frankfurt am Main 1941
Zit.: Bothe, Brauch und Sitte

Bourdieu, Pierre: Entwurf einer Theorie der Praxis auf der ethnischen Grundlage der kabylischen Gesellschaft, Frankfurt am Main 1979

Brand, Jürgen: Vollzugsdefizit oder Grenzen der eigenen Rechtsordnung? Zur Herausbildung der Gewerbe- und Arbeitsgerichtsbarkeit im 18. und 19. Jahrhundert, in: Mohnhaupt, Heinz/Simon, Dieter (Hg.), Verträge zur Justizforschung. Geschichte und Theorie Band 1, Frankfurt am Main, 1992, S.293 ff.

Brant, Sebastian: Das Narrenschiff. Nach der Erstausgabe (Basel 1494) mit den Zusätzen der Ausgaben von 1495 und 1499, hg. von Manfred Lemmer, Tübingen 1962

Bräuer, K. (Hg.): Studien zur Geschichte der Lebenshaltung in Frankfurt am Main während des 17. und 18. Jahrhunderts, Frankfurt am Main 1915

Brauneder, Wilhelm: Der soziale und rechtliche Gehalt der österreichischen Polizeiordung des 16. Jahrhunderts, in: ZHF 3 (1976), S.205 ff.
Zit.: Brauneder, Polizeiordnung

Ders.: Die Policeygesetzgebung in den österreichi-schen Ländern des 16. Jahrhunderts. Derzeitiger Forschungsstand und Perspektiven, in: Stolleis, Policey im Europa der Frühen Neuzeit, S. 299 – 316
Zit.: Brauneder, Policeygesetzgebung

Brecht, Martin: Luthertum als politische und soziale Kraft in den Städten, in: Petri, Frank: Kirche und gesellschaftlicher Wandel in deutschen und niederländischen Städten der werdenden Neuzeit, Köln/Wien 1980, S.1 ff.
Zit.: Brecht, Luthertum

Ders.: Protestantische Kirchenzucht zwischen Kirche und Staat. Bemerkungen zur Forschungssituation, in: Schilling, Heinz (Hg.), Kirchenzucht und Sozialdisziplinierung im frühzeitlichen Europa (Zeitschrift für historische Forschung Beiheft 16), Berlin 1994, S.41 ff.
Zit.: Brecht, Protestantische Kirchenzucht

Breit, Stefan: „Leichtfertigkeit" und ländliche Gesellschaft. Voreheliche Sexualität in der frühen Neuzeit (Ancien Régime, Aufklärung und Revolution 23), München 1991

Breuer, Stefan: Sozialdisziplinierung. Probleme und Problemverlagerungen eines Konzepts bei Max Weber, Gerhard Oestreich und Michel Foucault, in: Sachße/Tennstedt, Soziale Sicherheit und soziale Disziplinierung, S. 45 – 69

Broockmann, Hartmut/Grenzmann, Ludger/Moeller, Bernd/Staehelin, Martin (Hg.): Recht und Verfassung im Übergang vom Mittelalter zur Neuzeit. I. Teil. Bericht über Kolloquien der Kommission zur Erforschung der Kultur des Spätmittelalters 1994 bis 1995, Göttingen 1998

Brunner, Otto: Neue Wege der Verfassungs- und Sozialgeschichte, Göttingen 1968
Zit.: Brunner, Verfassungs- und Sozialgeschichte

Ders.: Souveränitätsproblem und Sozialstruktur in den deutschen Reichsstädten der frühen Neuzeit, in: Brunner, Otto: Neue Wege der Verfassungs- und Sozialgeschichte, Göttingen 1968
Zit.: Brunner, Souveränitätsproblem

Ders.: Vom „ganzen Haus“ zur „Familie“, in: Rosenbaum Heidi: Seminar: Familie und Gesellschaftsstruktur, 4. Aufl., Frankfurt am Main 1988
Zit.: Brunner, Vom ganzen Haus

Brunner,Otto/Conze, Werner/Koselleck, Reinhard (Hg.): Geschichtliche Grundbegriffe. Historisches Lexikon zur politischen Sprache in Deutschland, Stuttgart, Bd.1 (1972) - Bd. 8, Teilbd. 2 (1997)

Brunotte, Heinz / Müller, Karl / Smend, Rudolf (Hg.): Grundfragen des Kirchenrechts heute. Festschrift für Erich Ruppel, Hannover 1968

Buchholz, Werner: Anfänge der Sozialdisziplinierung im Mittelalter. Die Reichsstadt Nürnberg als Beispiel, in: ZHF 18 (1991), S. 129 ff.

Bücher, Karl: Die sociale Gliederung der Frankfurter Bevölkerung im Mittelalter. Berichte des freien deutschen Hochstifts, N. F. 3, 1887, S. 149-172

Bückle, Peter: Gemeindereformation. Die Menschen des 16. Jahrhunderts auf dem Weg zum Heil, München 1985

Budewig, Karen: Die Kriminalakten der freien Reichsstadt Frankfurt am Main der Jahre 1600 bis 1632. Betrachtet unter gerichts-medizinischen und soziologischen Gesichtspunkten, Aachen 1995

Bulst, Neidhard: Zum Problem städtischer und territorialer Kleider-, Aufwands- und Luxusgesetzgebung in Deutschland (13. - Mitte 16. Jahrhundert), in: Gourdon, André/Rigaudière, Albert (Hg.): Renaissance du pouvoir législatif généré de l'Etat, Montpellier 1988, S.29 ff.
Zit.: Bulst, Kleider-, Aufwands- und Luxusgesetzgebung

Ders.: Feste und Feiern unter Auflagen. Mittelalterliche Tauf-, Hochzeits- und Begräbnisordnungen in Deutschland und Frankreich, in: Altenburg/Jarnut/ Steinhoff, Feste und Feiern, S. 39 – 51
Zit.: Bulst, Feste und Feiern

Bund, Konrad: Frankfurt am Main im Spätmittelalter 1311-1519, in: Frankfurt am Main. Die Geschichte der Stadt in neun Beiträgen, hg. Von der Frankfurter Historischen Kommission, Sigmaringen 1991, S. 53 ff.

Burghartz, Susanna: Disziplinierung oder Konfliktregelung? Zur Funktion städtischer Gerichte im Spätmittelalter: Das Züricher Ratsgericht, in: ZHF 16 (1989), S. 385 ff.
Zit.: Burghartz, Disziplinierung oder Konfliktregelung?

Dies.: Rechte Jungfrauen oder unverschämte Töchter? Zur weiblichen Ehe im 16. Jahrhundert, in: Journal Geschichte 1 (1991), S. 39 ff.
Zit.: Burghartz, Rechte Jungfrauen oder unverschämte Töchter?
Dies.: Leib, Ehre und Gut. Delinquenz in Zürich Ende des 14. Jahrhunderts, Zürich 1990
Zit.: Burghartz, Leib, Ehre und Gut

Burghartz, Susanna/Gildmen, Hans-Jörg/Marchal, Guy P./Schwinges, Rainer C./Simon-Muscheid, Katharina (Hg.): Spannungen und Widersprüche, Sigmaringen 1992

Coing, Helmut: Die Frankfurter Reformation von 1578 und das Gemeine Recht ihrer Zeit. Eine Studie zum Privatrecht der Rezeptionszeit. Weimar 1935
Zit.: Coing, Die Frankfurter Reformation

Ders.: Die Rezeption des römischen Rechts in Franfurt am Main. Frankfurt am Main 1962
Zit.: Coing, Die Rezeption des römischen Rechts in Frankfurt am Main

Ders. (Hg.): Handbuch der Quellen und Literatur der neueren europäischen Privatrechtsgeschichte (Veröffentlichungen des Max-Planck-Instituts für Europäische Rechtsgeschichte), München, Bd. 1 (1973) - Bd. 3 (1988)
Zit.: Coing, Handbuch

Conrad, Herman: Deutsche Rechtsgeschichte. Band II: Neuzeit bis 1806, Karlsruhe 1966

Danckert, Werner: Unehrliche Leute. Die verfemten Berufe. Bern/München 1963

Dechent, Hermann: Geschichte der Stadt Frankfurt in der Reformationszeit oder Frankfurter Reformationsbüchlein, Halle an der Saale, 1906

Dehesselles, Thomas: Policey, Handel und Kredit im Herzogtum Braunschweig-Wolfenbüttel in der frühen Neuzeit, Frankfurt am Main 1999

Dettlaff, Susanne: Sittliche Verstöße und niedergerichtliche Straftätigkeit. Aufschlüsse aus Bücherregistern in schleswig-holsteinischen Amtsrechnungen, in: Volksleben, Kirche und Obrigkeit in Schleswig-Holstein, S. 309 – 435

Dieterich, Hartwig: Das protestantische Eherecht in Deutschland bis zur Mitte des 17. Jahrhunderts, Tübingen 1970

Dilcher, Gerhard: Zum Bürgerbegriff im späten Mittelalter. Versuch einer Typologie am Beispiel von Franfurt am Main, in: Fleckenstein, Josef/ Stackmann, Karl (Hg.): Über Bürger, Stadt und städtische Literatur im Spätmittelalter. Göttingen 1980, S. 59 ff.
Zit.: Dilcher, Bürgerbegriff

Ders.: Die genossenschaftliche Struktur von Gilden und Zünften, in: Schwineköper, Berent (Hg.): Gilden und Zünfte, Sigmaringen 1985, S.71 ff.
Zit.: Dilcher, Die genossenschaftliche Struktur

Ders.: Art. „Stadtrecht", in: Handwörterbuch zur deutschen Rechtsgeschichte Bd. IV (Pronotarius Apostolicus – Strafprozeßordnung), hg. von Adalbert Erler und Ekkehard Kaufmann, Berlin 1990, Sp. 1863 ff.
Zit.: Dilcher, Art. „Stadtrecht"

Ders. (Hg.): Die Stadtbürgerschaft zwischen Widerstand und Repräsentation, in: Bürgerrecht und Stadtverfassung im europäischen Mittelalter, hg. von Gerhard Dilcher, Berlin 1996, S. 335-369
Zit.: Dilcher, Die Stadtbürgerschaft zwischen Widerstand und Repräsentation

Ders.: Die Ordnung der Ungleichheit. Haus, Stand und Geschlecht, in: Frauen in der Geschichte des Rechts, hg. von Ute Gerhard, München 1997, S. 55-72
Zit.: Dilcher, Die Ordnung der Ungleichheit

Ders.: Die stadtbürgerliche Gesellschaft und die Verrechtlichung der Lebensbeziehungen im Wandlungsprozeß zwischen Mittelalter und Neuzeit, in: Recht und Verfassung im Übergang vom Mittelalter zur Neuzeit. I. Teil, hg. von Hartmut Broockmann u. a., Göttingen 1998, S. 93-114
Zit.: Dilcher, Die stadtbürgerliche Gesellschaft

Ders.: Ehescheidung und Säkularisation, in: Christentum und modernes Recht, hg. Von Gerhard Dilcher und Ilse Staff, Frankfurt am Main 1984, S. 304-351
Zit.: Dilcher, Ehescheidung und Säkularisation

Dilcher, Gerhard/Diestelkamp, Bernhard (Hg.): Recht, Gericht, Genossenschaft und Policey. Studien zu Grundbegriffen der germanischen Rechtshistorie. Symposium für Adalbert Erler, Berlin 1986

Dilcher, Gerhard/Staff, Ilse (Hg.): Christentum und modernes Recht, Frankfurt am Main 1984

Dinges, Martin: Die Ehre als Thema der Stadtgeschichte. Eine Semantik im Übergang vom Ancien Régime zur Moderne, in: ZHF 16, S. 409-440
Zit.: Dinges, Die Ehre als Thema der Stadtgeschichte

Ders.: Frühneuzeitliche Armenfürsorge als Sozialdisziplinierung? Probleme mit einem Konzept, in: Geschichte und Gesellschaft 17 (1991), S. 5-29
Zit.: Dinges, Frühneuzeitliche Armenfürsorge

Ders.: Formenwandel der Gewalt in der Neuzeit. Zur Kritik der Zivilisationstheorie von Norbert Elias, in: Kulturen der Gewalt. Ritualisierung und Symbolisierung von Gewalt in der Geschichte, hg. Von Rolf Peter Sieferle/Helga Breuninger, Frankfurt am Main u. a. 1998, S. 171 – 194
Zit.: Dinges, Formenwandel

Ders.: Frühneuzeitliche Justiz. Justizphantasien als Justiznutzung am Beispiel von Klagen bei der Pariser Polizei im 18. Jahrhundert, in: Heinz Mohnhaupt/ Dieter Simon (Hg.), Vorträge zur Justizforschung. Geschichte und Theorie, Bd. 1, Frankfurt am Main 1992, S. 269 – 292
Zit.: Dinges, Frühneuzeitliche Justiz

Ders.: Normsetzung als Praxis? Oder: Warum werden die Normen zur Sachkultur und zum Verhalten so häufig wiederholt und was bedeutet dies für den Prozeß der „Sozialdisziplinierung"?, in: Norm und Praxis im Alltag des Mittelalters und der Frühen Neuzeit. Internationales Round-Table-Gespräch Krems an der Donau 7. Oktober 1996, Wien 1997, S. 39 – 53
Zit.: Dinges, Normsetzung

Dinzelbacher, Peter/Mück, Hans-Dieter (Hg.): Volkskultur des europäischen Spätmittelalters, Stuttgart 1987

Dirlmeyer, Ulf: Obrigkeit und Untertan in oberdeutschen Städten des Spätmittelalters. Zum Problem der Interpretation städtischer Verordnungen und Erlasse, in: Paravicini/Werner/Werner, Karl Ferdinand (Hg.), Histoire comparée de l'administration (IVe - XVIIIe Siècles), München 1980, S. 437 ff.

Duby, Georges: Unseren Ängsten auf der Spur. Vom Mittelalter zum Jahr 2000, Köln 1996

van Dülmen, Richard (Hg.): Armut, Liebe, Ehre. Studien zur historischen Kulturforschung I, Frankfurt am Main 1988
Zit.: van Dülmen, Armut, Liebe, Ehre

Ders.: Fest der Liebe. Heirat und Ehe in der frühen Neuzeit, in: van Dülmen, Richard (Hg.), Armut, Liebe, Ehre. Studien zur historischen Kulturforschung I, Frankfurt am Main 1988
Zit.: van Dülmen, Fest der Liebe

Ders. Theater des Schreckens. Gerichtspraxis und Strafrituale in der Frühen Neuzeit, 3. Aufl., München 1988
Zit.: van Dülmen, Theater des Schreckens

Ders.: Verbrechen, Strafen und Soziale Kontrolle. Studien zur historischen Kulturforschung III, Frankfurt am Main 1990
Zit.: van Dülmen, Verbrechen, Strafe und Soziale Kontrolle

Ders.: Kultur und Alltag in der frühen Neuzeit. Band 1: Das Haus und seine Menschen: 16. - 18. Jahrhundert, München 1990
Zit.: van Dülmen, Kultur und Alltag I

Ders.: Kultur und Alltag in der frühen Neuzeit. Band 2: Dorf und Stadt 16. - 18. Jahrhundert, München 1992
Zit.: van Dülmen, Kultur und Alltag II

Ders.: Frauen vor Gericht. Kindsmord in der früheren Neuzeit, Frankfurt am Main 1991
Zit.: van Dülmen, Frauen vor Gericht

Ders. (Hg.): Dynamik der Tradition. Studien zur historischen Kulturforschung IV, Frankfurt am Main 1992
Zit.: van Dülmen, Dynamik der Tradition

Ebel, Wilhelm: Über die rechtsschöpferische Leistung des mittelalterlichen deutschen Bürgertums, in: VuF 11, Stuttgart 1956
Zit.: Ebel, Über die rechtsschöpferische Leistung

Ders.: Bursprake, Echteding, Eddach in den niederdeutschen Stadtrechten, in: Ebel, Wilhelm: Rechtsgeschichtliches aus Niederdeutschland, Göttingen 1978
Zit.: Ebel, Bursprake

Ders.: Rechtsgeschichtliches aus Niederdeutschland, Göttingen 1978
Zit.: Ebel, Rechtsgeschichtliches aus Niederdeutschland

Ders.: Geschichte der Gesetzgebung in Deutschland, Göttingen 1958
Zit.: Ebel, Geschichte der Gesetzgebung

Ders.: Die Willkür, Göttingen 1953
Zit.: Ebel, Die Willkür

Eberhard, Winfried: „Gemeiner Nutzen" als oppositionelle Leitvorstellung im Spätmittelalter, in: Gerwind, Manfred/Ruppert, Godehard (Hg.): Renovatio et Reformatio. Wider das Bild vom „finsteren" Mittelalter. Festschrift für Ludwig Hödl zum 60. Geburtstag, Münster 1985, S. 195 ff.
Zit.: Eberhard, „Gemeiner Nutzen"

Ders.: Klerus- und Kirchenkritik in der spätmittelalterlichen deutschen Stadtchronistik, in: Historisches Jahrbuch 114/2 (1994), S. 349 ff.
Zit.: Eberhard, Klerus- und Kirchenkritik

Ders.: Der Legitimationsbegriff des „Gemeinen Nutzens" im Streit zwischen Herrschaft und Genossenschaft im Spätmittelalter, in: Zusammenhänge, Einflüsse, Wirkungen. Kongressakten zum ersten Symposium des Mediävistenverbandes in Tübingen, 1984
Zit.: Eberhard, Legitimationsbegriff

Eckert, Britta: Der Gedanke des gemeinen Nutzen in der lutherischen Staatslehre des 16. und 17. Jahrhunderts, Frankfurt am Main 1976

Ehbrecht, Wilfried: Verlaufsformen innerstädtischer Konflikte in nord- und westdeutschen Städten im Reformationszeitalter, in:
Möller, Bernd (Hg.): Stadt und Kirche im 16. Jahrhundert, Gütersloh 1978

Ehbrecht, Wilfried/Schilling, Heinz (Hg.): Niederlande und Nordwestdeutschland. Festschrift für Franz Petri zum 80. Geburtstag, Köln / Wien 1983

Eibach, Joachim: Mehr als Mord und Totschlag. "Verbrechen" und städtische Lebenswelt in den Frankfurter Criminalia (Institut für Stadtgeschichte Frankfurt, Archivbrief) Frankfurt am Main 1997

Eisenbart, Liselotte Constanze: Kleiderordnungen der deutschen Städte zwischen 1350 und 1700. Ein Beitrag zur Kulturgeschichte des deutschen Bürgertums, Göttingen/Berlin/Frankfurt 1962

Elias, Norbert: Über den Prozeß der Zivilisation. Soziogenetische und psychogenetische Untersuchungen. Erster Band: Wandlungen des Verhaltens in den westlichen Oberschichten des Abendlandes, 17. Aufl., Frankfurt 1992

Ellrichshausen, Egon Conrad: Die uneheliche Mutterschaft im altösterreichischen Polizeirecht des 16. bis 18. Jahrhunderts, dargestellt am Tatbestand der Fornication, Berlin 1988

Emsley, Clive/Knafla, Louis A. (Hg.): Crime History and Histories of Crime. Studies in the historiography of crime and criminal justice in modern history, London 1996

Ennen, Edith: Frauen im Mittelalter, 5. Auflage München 1994
Zit.: Ennen, Frauen im Mittelalter

Erler, Adalbert/Kaufmann, Ekkehard (Hg.): Handwörterbuch zur deutschen Rechtsgeschichte, Berlin, Bd. 1 (1971) - Bd. 5 (1998)

Erler, Adalbert: Artikel „Inquisition“, in: Handwörterbuch zur deutschen Rechtsgeschichte, Bd. II, hg. von Adalbert Erler und Ekkehard Kaufmann, Berlin 1978, Sp. 370-375
Zit.: Erler, Art. „Inquisition“

Ders.: Kirchenrecht, 4. Auflage München 1975
Zit.: Erler, Kirchenrecht

Eylbär, Hans: Geschichte der Nürnberger Polizei, Stadtarchiv Nürnberg AV 4097 4

Farr, James R.: Authority and Sexuality in Early Modern Burgundy (1550 – 1730), Oxford/New York 1995

Felber, Alfons: Unzucht und Kindsmord in der Rechtsprechung der freien Reichsstadt Nördlingen vom 15. bis 19. Jahrhunderts, Bonn 1961

Fichte, Joerg O./Göller, Karl-Heinz/Schimmelpfennig, Bernhard (Hg.): Zusammenhänge, Einflüsse und Wirkungen. Kongressakten zum ersten Symposium des Mediävistenverbandes in Tübingen 1984, Berlin/New York 1986

Fischer, Roman: Die Nikolaikirche im Mittelalter, in: Becker, Werner/Fischer, Roman (Hg.): Die alte Nikolaikirche am Römerberg. Studien zur Stadt- und Kirchengeschichte, Frankfurt am Main 1992, S.77 ff.

Flatten, H.: Artikel „Send“, in: Lexikon für Theologie und Kirche. Neunter Band, hg. von Josef Höfer und Karl Rahner, Freiburg 1964, Sp. 658 ff.

Fleckenstein, Josef/Stackmann, Karl (Hg.): Über Bürger, Stadt und städtische Literatur im Spätmittelalter. Bericht über Kolloquien und Kommission zur Erforschung der Kultur des Spätmittelalters, Göttingen 1980

Frank, Michael: Ehre und Gewalt im Dorf der Frühen Neuzeit. Das Beispiel Heiden (Grafschaft Lippe) im 17. und 18. Jahrhundert, in: Klaus Schreiner/ Gerd Schwerhoff (Hg.), Verletzte Ehre. Ehrenkonflikte in Gesellschaften des Mittelalters und der Frühen Neuzeit, Köln u. a. 1995, S. 320 – 338

Frankfurter Historische Kommission (Hg.): Die Geschichte der Stadt in neun Beiträgen, Sigmaringen 1991

Frehsee, Detlev/Löschper, Gabi/Schumann, Karl F. (Hg.): Strafrecht, soziale Kontrolle, soziale Disziplinierung, Opladen 1993

Fuchs, Walther Peter (Hg.): Staat und Kirche im Wandel der Jahrhunderte, Stuttgart/Berlin/Köln/Mainz 1966

Fumagalli, Vito: Wenn der Himmel sich verdunkelt. Lebensgefühl im Mittelalter, Berlin 1999

Gedeon, Andreas: Zur Rezeption des römischen Privatrechts in Nürnberg, Nürnberg 1957

Gerhard, Ute (Hg.): Frauen in der Geschichte des Rechts. Von der Frühen Neuzeit bis zur Gegenwart, München 1997

Gerwing, Manfred/Ruppert Godehard (Hg.): Wider das Bild vom „finsteren“ Mittelalter. Festschrift für Ludwig Hödl zum 60. Geburtstag, Münster 1985

Gleixner, Ulrike: „Das Mensch“ und „der Kerl“. Die Konstruktion von Geschlecht im Unzuchtsverfahren der frühen Neuzeit (1700 -1760), Frankfurt am Main/New York 1994
Zit.: Gleixner, Mensch und Kerl

Dies.: Die „Gute" und die „Böse". Hebammen als Amtsfrauen auf dem Land. Eine Fallstudie (Altmark/Brandenburg 18. Jahrhundert), in: Wunder, Heide/ Vanja,Christina (Hg.), Wandel der Geschlechterbeziehungen zu Beginn der Neuzeit, Frankfurt am Main 1991, S, 96 – 122
Zit.: Gleixner, Gute und Böse

Görtz, Hans-Jürgen: Pfaffenhaß und groß Geschrei. Die reformatorischen Bewegungen in Deutschland 1517 - 1529, München 1987

Gouran, André/Rigaudière, Albert (Hg.) : Renaissance du pouvoir législatif et génèse de l'Etat, Montpiellier 1988

Grabau, Richard: Das evangelisch-lutherische Predigerministerium der Stadt Frankfurt am Main, Frankfurt am Main/Leipzig 1913

Gröbner, Valentin: Ökonomie ohne Haus. Zum Wirtschaften armer Leute in Nürnberg am Ende des 15. Jahrhunderts, Veröffentlichung des Max-Planck-Instituts für Geschichte, Göttingen 1993

Gudian, Gunter: Geldstrafrecht und peinliches Straf-recht im Mittelalter, in: Becker/Dilcher/Gudian/Kaufmann/Sellert (Hg.): Rechtsgeschichte als Kulturgeschichte. Festschrift für Adalbert Erler zum 70 Geburtstag, Aachen 1976, S. 273 ff.
Zit.: Gudian, Geldstrafrecht und peinliches Strafrecht

Ders.: Die Begründung in Schöffensprüchen des 14. und 15. Jahrhunderts, Frankfurt am Main 1960
Zit.: Gudian, Die Begründung in Schöffensprüchen des 14. und 15. Jahrhunderts

Habermas, Rebekka: Wunder, Wunderliches und Wunderbares. Zur Profanisierung eines Deutungsmusters in der frühen Neuzeit, in: van Dülmen, Richard: Armut, Liebe, Ehre. Studien zur historischen Kulturforschung, Frankfurt am Main 1988, S. 38 ff.
Zit.: Habermas, Wunder

Dies.: Frauen und Männer im Kampf um Leib, Ökonomie und Recht. Zur Beziehung der Geschlechter im Frankfurt der Frühen Neuzeit, in: van Dülmen, Dynamik der Tradition, S. 109 – 136
Zit.: Habermas, Frauen und Männer

Härter, Karl (Hg.): Policey und frühneuzeitliche Gesellschaft (Ius Commune Sonderhefte 129), Frankfurt am Main 2000
Zit.: Härter, Policey und frühneuzeitliche Gesellschaft

Ders.: Erfahrungen in der frühneuzeitlichen Strafjustiz, in: „Erfahrung" als Kategorie der Frühneuzeitgeschichte, hg. von Paul Münch (Historische Zeitschrift, Beihefte), München 2001
Zit.: Härter, Erfahrungen

Ders.: Fastnachtslustbarkeiten, Hochzeitsfeiern, Musikantenhalten und Kirchweih: Policey und Festkultur im frühneuzeitlichen Kurmainz, in: Mainzer Zeitschrift, Mittelrheinisches Jahrbuch für Archäologie, Kunst und Geschichte 92/93 (1997/98, erschienen 1999), S. 57 – 87
Zit.: Härter, Fastnachtslustbarkeiten

Ders.: Kriminalität und Praxis der Strafjustiz im geistlichen Territorialstaat des Alten Reiches: Sexuelle Delinquenz und Justiznutzung im frühneuzeitlichen Kurmainz, in: Criminalità e giustizia in Germania e in Italia. Pratiche giudiziarie e linguaggi giuridice tra tardo Medioevo ed Età moderna, hg. Von Marco Bellabarba, Gerd Schwerhoff und Andrea Zorzi, Trient 2001
Zit.: Kriminalität und Praxis der Strafjustiz

Ders.: Soziale Disziplinierung durch Strafe? Intentionen frühneuzeitlicher Policeyordnungen und staatliche Sanktionspraxis, in: ZHF 26 (1999), S. 365 - 379
Zit.: Härter, Soziale Disziplinierung

Ders.: Strafverfahren im frühneuzeitlichen Territorialstaat: Inquisition, Entscheidungsfindung, Supplikation, in: Blauert, Andreas/Schwerhoff, Gerd (Hg.), Kriminalitätsgeschichte, Konstanz 2000, S. 459 – 480
Zit.: Härter, Strafverfahren

Ders.: Policey und Strafrecht in Kurmainz, Habil. TH Darmstadt 2001
Zit.: Härter, Policey und Strafrecht in Kurmainz

Härter, Karl / Stolleis, Michael (Hg.): Repertorium der Policeyordnungen der Frühen Neuzeit
Bd. 1: Deutsches Reich und geistliche Kurfürsten (Kurmainz, Kurtrier, Kurköln), hg. von Karl Härter, Frankfurt am Main 1996
Bd. 2: Brandenburg/Preußen mit Nebenterritorien (Kleve-Mark, Halberstadt und Magdeburg), hg. von Thomas Simon, Frankfurt am Main 1998
Bd. 3: Wittelsbachische Territorien (Kurpfalz, Bayern, Pfalz-Neuburg, Pfalz-Sulzbach, Jülich-Berg, Pfalz-Zweibrücken), hg. von Lothar Schilling und Gerhard Schuck, Frankfurt am Main 1999
Bd. 4: Baden und Württemberg, hg. von Achim Landwehr und Thomas Simon, Frankfurt am Main 2001

Hampe, Theodor: Die Nürnberger Malefizbücher als Quellen der reichstädtischen Sittengeschichte vom 14. bis zum 18. Jahrhundert, Bamberg 1927

Hartleif, Wolfgang Wilhelm: Das Polizeirecht in Düsseldorf bis zum Jahre 1806, Diss. Köln 1990

Harster, Theodor: Das Strafrecht der freien Reichsstadt Speyer in Theorie und Praxis, Breslau 1900

Haverkamp, Alfred (Hg.): Haus und Familie in der spätmittelalterlichen Stadt, Köln/Wien 1984

Heckel, Johanna: Kirche und Kirchenrecht nach der Zwei-Reiche-Lehre, in: ZRG (KA) 48 (1962), S. 222 ff.

Heckel, Martin: Art. „Luther, in: HRG, Sp. 105 ff.

Heitzenröder, Wolfram: Reichsstädte und Kirche in der Wetterau. Der Einfluß des städtischen Rates auf die geistlichen Institute vor der Reformation (Studien zur Frankfurter Geschichte Heft 16), Frankfurt am Main 1982

Helmholz, Richard H./Mikat, Paul/Müller, Jörg/Stolleis, Michael (Hg.): Grundlagen des Rechts. Festschrift für Peter Landau zum 65. Geburtstag, Paderborn u. a. 2000

Herzog, R.: Art.“Gemeinwohl“, in: Historisches Wörterbuch der Philosophie, Band 3: G - H, hg. von Joachim Ritter und Karlfried Gründer, Darmstadt 1974

Hibst, Peter: Utilitas Publica - Gemeiner Nutz – Gemeinwohl. Untersuchungen zur Idee eines politischen Leitbegriffs von der Antike bis zum späten Mittelalter, Frankfurt am Main u. a., 1991

His, Rudolf: Das Strafrecht des deutschen Mittelalters. Teil 2: Die einzelnen Verbrechen, Aalen 1964 (Neudruck der Ausgabe Weimar 1935)

Höfer, Josef/Rahner, Karl (Hg.): Lexikon für Theologie und Kirche, Freiburg, Bd. 1 (1957) - Bd. 10 (1965)

Hofmann, Hans Hubert: Historischer Atlas von Bayern. Teil Franken (Nürnberg - Fürth), München 1954

Holenstein, Andre: Die „Ordnung" und die „Mißbräuche". „Gute Policey" als Institution und Ereignis, in: Institutionen und Ereignis, hg. von Reinhard Blänkner und Bernhard Jussen (Veröffentlichungen des Max-Planck-Instituts für Geschichte; 183), Göttingen 1998, S. 253-273

Huizinga, Johan: Herbst des Mittelalters. Studien über Lebens- und Geistformen des 14. und 15. Jahrhunderts in Frankreich und in den Niederlanden, hg. von Kurt Köster, 11. Auflage Stuttgart 1975

Hull, Isabel V.: Sexuality, State, and Civil Society in Germany 1700 – 1815, Ithaca/London 1996

Irsigler, Franz/Lasotta, Arnold: Bettler und Gaukler, Dirnen und Henker. Außenseiter in einer mittelalterlichen Stadt, Köln 1300 – 1600, 4.Auflage München 1991

Isenmann, Eberhard: Die deutsche Stadt im Spätmittelalter (1250 – 1500), Stuttgart 1988

Jahns, Sigrid: Frankfurt am Main im Zeitalter der Reformation (um 1550 - 1555), in: Frankfurter Historische Kommission (Hg.): Frankfurt am Main. Die Geschichte der Stadt in neun Beiträgen, Sigmaringen 1991, S. 151 ff.
Zit.: Jahns, in: Frankfurt

Dies.: Frankfurt, Reformation und Schmalkaldischer Bund. Die Reformations-, Reichs- und Bündnispolitik der Reichsstadt Frankfurt am Main 1525 - 1536, Frankfurt am Main 1976
Zit.: Jahns, Frankfurt, Reformation und Schmalkaldischer Bund

Jakobs, Jürgen Carl/Röllecke, Heinz (Hg.): Das Tagebuch des Meisters Franz, Scharfrichter zu Nürnberg (Kommentar), Nachdruck der Buchausgabe von 1801, Dortmund 1980

Janssen, Johannes: Frankfurter Reichskorrespondenz nebst anderen verwandten Aktenstücken von 1376 - 1519.
Zweiter Band/Erste Abtheilung: Aus der Zeit Kaiser Friedrich III. bis zur Wahl Königs Maximilians I. (1440 - 1486), Freiburg im Breisgau 1866; Zweiter Band/Zweite Abtheilung: Aus der Zeit Kaiser Maximilians I. 1486 - 1519, Freiburg im Breisgau 1872

Jaritz, Gerhard: Kriminalität – Kriminalisierung. Zum „Randgruppenverhalten" von Gesellen im Spätmittelalter, in: Jahrbuch für Regionalgeschichte 17/2 (1990), S. 100 – 113

Jegel, August: Altnürnberger Hochzeitsbrauch und Eherecht, besonders bis zum Ausgang des 16. Jahrhunderts, in: Festschrift des Vereins für Geschichte der Stadt Nürnberg zu seinem 75jährigen Bestehen, Nürnberg, S. 239 - 274

Jerouschek, Günter: Mittelalter. Antikes Erbe, weltliche Gesetzgebung und kanarisches Recht, in: Jütte, Robert (Hg.): Die Geschichte der Abtreibung. Von der Antike bis zur Gegenwart, München 1993, S. 44 ff.

Jerouschek, Günter/Rüping, Hinrich (Hg.): „Auss liebe der gerechtigkeit vnd umb gemeines nutz". Historische Beiträge zur Strafverfolgung, Tübingen 2000
Johann, Anja: Kontrolle mit Konsens, Sozialdisziplinierung in der Reichsstadt Frankfurt am Main im 16. Jahrhundert, Frankfurt 2001

Johnson, Eric A./Monkkonen Eric H. (Hg.): The Civilization of Crime. Violence in Town and Country since the Middle Ages, Urbana/Chicago 1996

Jütte, Robert: Mythos Außenseiter: Neuerscheinung zur Geschichte der sozialen Randgruppen im vorindustriellen Europa, Manuskript 1993
Zit.: Jütte, Mythos Außenseiter

Ders.: Die Geschichte der Abtreibung. Von der Antike bis zur Gegenwart, München 1993
Zit.: Jütte, Die Geschichte der Abtreibung

Ders.: „Disziplin zu predigen ist eine Sache, sich ihr zu unterwerfen eine andere“ (Cervantes). Prolegomena zu einer Sozialgeschichte der Armenfürsorge diesseits und jenseits des Fortschritts, in: Geschichte und Gesellschaft 17 (1991), S. 92-101
Zit.: Jütte, Disziplin

Ders.: Geschlechtsspezifische Kriminalität im späten Mittelalter und in der frühen Neuzeit, in: ZRP G. AQ. 108 (1991), S. 86 – 116
Zit.: Jütte, Geschlechtsspezifische Kriminalität

Ders.: Obrigkeitliche Armenfürsorge in deutschen Reichsstädten der Frühen Neuzeit. Städtisches Armenwesen in Frankfurt am Main und Köln, Köln 1984
Zit.: Jütte, Obrigkeitliche Armenfürsorge

Kappl, Claus: Im Frauengäßlein. Die Prostitution in der Stadt des Spätmittelalters und der Einfluß der Reformation, aufgezeigt am Beispiel der Freien Reichsstadt Nürnberg. Zulassungsarbeit im Fach Geschichte (WS 1979/80) – nicht veröffentlicht -, Stadtarchiv Nürnberg AV 9911.4

Kienitz, Sabine: Sexualität, Macht und Moral. Prostitution und Geschlechterbeziehungen Anfang des 19. Jahrhunderts in Württemberg. Ein Beitrag zur Mentalitätsgeschichte, Berlin 1995

Kipfmüller, Bertha: Die Frau im Rechte der Freien Reichsstadt Nürnberg. Eine rechtsgeschichtliche Darlegung aufgrund der erneuerten Reformation des Jahres 1564, Dillingen 1929

Kirchgässner, Bernhard/Becht, Hans-Peter: Residenzen des Rechts, Sigmaringen 1993
Kirchner, Anton: Geschichte der Stadt Frankfurt am Main, 2 Teile, Frankfurt am Main 1807 – 1810

Kissling, Peter: „Gute Policey“ im Berchtesgadener Land. Rechtsentwicklung und Verwaltung zwischen Landschaft und Obrigkeit 1377 bis 1803, Frankfurt am Main 1999

Kluge, Dieter: eyn noch nit lebendig kindt. Rechts-historische Untersuchungen zum Abbruch der Schwangerschaft in den ersten 3 Monaten der Entwicklung der Frucht auf der Grundlage der Carolina von 1532, Frankfurt am Main 1986

Knapp, Hermann: Das alte Nürnberger Kriminalrecht, Berlin 1896
Zit.: Knapp, Das alte Nürnberger Kriminal-recht

Ders.: Das alte Nürnberger Kriminalverfahren bis zur Einführung der Karolina, in: Zeitschrift für die gesamte Strafrechts-wissenschaft12 (1892), S. 200-276
Zit.: Knapp, Nürnberger Kriminalverfahren

Knefelkamp, Ulrich: Das Heilig-Geist-Spital in Nürnberg vom 14. - 17. Jahrhundert. Geschichte, Struktur, Alltag (Nürnberger Forschungen Band 26), Nürnberg 1989

Knemeyer, Franz-Ludwig: Art. „Polizei", in: Brunner, Otto/Conze, Werner/Koselleck, Reinhart: Geschichtliche Grundbegriffe. Band, Stuttgart 1978
Zit.: Knemeyer, Art. „Polizei"

Ders.: Polizeibegriffe im Gesetz des 15. bis 18. Jahrhunderts, in: AoR 92 (1967), S. 154 ff.
Zit.: Knemeyer, Polizeibegriffe

Koch, Elisabeth: Die causa matrimonialis im Hause Amerbach/Fuchs, Frankfurt am Main 1981
Zit.: Koch, Elisabeth, Die causa matri-monialis

Dies.: Maior dignitas est in sexu virili. Das weibliche Geschlecht im Normensystem des 16. Jahrhunderts, Frankfurt am Main 1991
Zit.: Koch, Elisabeth, Maior dignitas

Koch, Rainer: Herrschaftsordnung und Sozialverfassung im frühneuzeitlichen Frankfurt am Main, in: Stolleis Michael (Hg.): Recht, Verfassung und Verwaltung in der frühzeitlichen Stadt, Köln / Wien 1991

Koch, Rainer/Stahl, Patricia (Hg.): Wahl und Krönung in Frankfurt am Main. Kaiser Karl VII. 1742 - 1745, Frankfurt am Main 1986

Kochendörfer, Karl: Zum Mittelalterlichen Badewesen, in: Zeitschrift für deutsche Philologie 24 (1892), S. 492 ff.

Köbler, Gerhard: Reformacion der Stat Franckenfort am Meine, Frankfurt am Main 1984
Zit.: Köbler, Franckenfort

Ders.: Reformation der Stadt Nürnberg, 1984
Zit.: Köbler, Nürnberg

Köhler, Walter: Die Anfänge des protestantischen Eherechts, in: SZR (KA) 61 (1941), S. 271 ff.

Kolde, Theodor: Über das Kirchenwesen in Nürnberg im Jahre 1525, in: Beiträge zur bayrischen Kirchengeschichte Bd. 19 (1913), S. 57 ff.

Kommunikation und Alltag in Spätmittelalter und Früher Neuzeit. Internationaler Kongreß Krems an der Donau, 9. bis 12. Oktober 1990 (Veröffentlichungen des Instituts für Realienkunde des Mittelalters und der frühen Neuzeit Nr. 15), Wien 1992

Konersmann, Frank: Städtische Strafgerichtsbarkeit unter dem Einfluss fürstenstaatlicher Policeyverwaltung. Das Schöffengericht der Residenzstadt Zweibrücken zwischen 1688 und 1796, in: Mitteilungen des historischen Vereins der Pfalz 96 (1998), S. 171 – 200

König, Benno: Luxusverbote im Fürstentum Münster, Frankfurt am Main 1999

König, Imke: Judenverordnungen im Hochstift Würzburg (15. – 18. Jh.), Frankfurt am Main 1999

Kriegk, G. L.: Deutsches Bürgertum im Mittelalter. Nach urkundlichen Forschungen. Neue Folge, Frankfurt am Main 1971

Kroeschell, Karl: Deutsche Rechtsgeschichte Band 2 (1250 – 1650), 7. Auflage Opladen 1989

Kühnel, Harry: Die städtische Fasnacht im 15. Jahr-hundert. Das disziplinierte und öffentlich finanzierte Volksfest, in: Dinzelbacher, Peter/Mück, Hans-Dieter (Hg.): Volkskultur des europäischen Spätmittelalters, Stuttgart 1987, S. 109 ff.
Zit.: Kühnel, Städtische Fasnacht

Ders.: Der Glückshafen. Zur kollektiven Festkultur des Spätmittelalters und der frühen Neuzeit, in: Jahrbuch für Landeskunde von Niederösterreich NF 62 (1996), S. 319 – 343
Zit.: Kühnel, Glückshafen

Kurras, Lotte/Machilek, Franz: Caritas Pirckheimer 1467 – 1532, Katalog zur Ausstellung in der Kaiserburg Nürnberg 26. Juni – 8. August 1982, München 1982

Labouvie, Eva: Selbstverwaltete Geburt. Landhebammen zwischen Macht und Reglementierung (17. – 19. Jahrhundert), in: GG 18 (1992), S. 477 – 506

Landau, Peter/Schroeder, Friedrich-Christian (Hg.): Strafrecht , Strafprozeß und Rezeption. Grundlagen, Entwicklung und Wirkung der Constitutio Criminalis Carolina (Juristische Abhandlungen 19), Frankfurt am Main 1984

Landwehr, Achim: „Normendurchsetzung" in der Frühen Neuzeit?, in: Zeitschrift für Geschichtswissenschaft 48 (2000). S. 146 – 162
Zit.: Landwehr, Normendurchsetzung

Ders.: Policey im Alltag. Die Implementation frühneuzeitlicher Polizeiordnungen in Leonberg, Frankfurt am Main 2000
Zit.: Landwehr, Policey im Alltag

Lange, Katrin: Gesellschaft und Kriminalität. Räuberbanden im 18. und frühen 19. Jahrhundert, Frankfurt am Main 1994

Leibrock-Plehn, Larissa: Frühe Neuzeit. Hebammen, Kräutermedizin und weltliche Justiz, in: Die Geschichte der Abtreibung. Von der Antike bis zur Gegenwart, hg. von Robert Jütte, München 1993, S. 68 ff.

Lenk, Werner: Das Nürnberger Fastnachtsspiel des 15. Jahrhunderts, Berlin 1966

Lieberich, Heinz: Die Anfänge der Polizeigesetzgebung des Herzogtums Baiern, in: Albrecht, Dieter/Kraus, Andreas/Reindel, Kurt (Hg.): Festschrift für Max Spindler zum 75. Geburtstag, München 1969, S. 307 ff.

Lieberwirth, R.: Artikel „Carolina", in: Handwörterbuch zur deutschen Rechtsgeschichte Bd. I, Berlin 1971, Sp. 592-595

von der Lith, Johann Wilhelm: Erläuterung der Reformationshistorie. Schwabach 1733

Lochner, Georg Wolfgang Karl: Zur Sittengeschichte von Nürnberg in der zweiten Hälfte des sechzehnten Jahrhunderts, in: Zeitschrift für deutsche Kulturgeschichte, Jahrgang 1856, Nürnberg

von Loewenich, Walter: Luthers Stellung zur Obrigkeit, in: Fuchs, Walther Peter (Hg.): Staat und Kirche im Wandel der Jahrhunderte, Stuttgart/Berlin/ Köln/Mainz 1966, S. 53 ff.

Lüdtke, Alf (Hg.): „Sicherheit" und „Wohlfahrt". Polizei, Gesellschaft und Herrschaft im 19. und 20. Jahrhundert, Frankfurt am Main 1992

Luther, Martin: Werke. Weimarer Ausgabe, 23 Bände, Weimar 1907

Maier, Hans: Die ältere deutsche Staats- und Verwaltungslehre, 2. Auflage, München 1980,
Zit.: Maier, Die ältere deutsche Staats- und Verwaltungslehre

Ders.: Artikel „Polizei", in: Handwörterbuch zur deutschen Rechtsgeschichte Bd. III , Berlin 1984, Sp. 1800 ff.
Zit.: Maier, Art. „Polizei"

Matsumoto, Naoko: Polizeibegriff im Umbruch. Staatszwecklehre und Gewaltenteilungspraxis in der Reichs- und Rheinbundpublizistik, Frankfurt am Main 1999

Meinert, H.: Artikel „Frankfurt am Main", in: Handwörterbuch zur deutschen Rechtsgeschichte, Bd. I, Berlin 1971, Sp. 1203 ff.
Zit.: Meinert, Art. „Frankfurt am Main"

Merzbacher, F.: Artikel „Ehe, kirchenrechtlich", in: Handwörterbuch zur deutschen Rechtsgeschichte Bd. I, Berlin 1971 Sp. 833 ff.

Meumann, Martens: Findelkinder, Waisenhäuser, Kindsmord. Unversorgte Kinder in der frühneuzeitlichen Gesellschaft, München 1995

Mikat, P.: Artikel „Ehe", in: Handwörterbuch zur deutschen Rechtsgeschichte, Bd. I, Berlin 1971, Sp.809 ff.

Merk, Walther: Der Gedanke des gemeinen Besten in der deutschen Staats- und Rechtsentwicklung,
Weimar 1934

Michaelis, Karl: Über Luthers eherechtliche Anschauungen und deren Verhältnis zum mittelalterlichen und neuzeitlichen Eherecht, in: Heinz Brunotte/Karl Müller/Rudolf Smend (Hg.): Grundlagen des Kirchenrechts heute. Festschrift für Erich Ruppel, Hannover 1968, S. 43 - 62

Möhle, Sylvia: Ehekonflikte und sozialer Wandel. Göttingen 1740 – 1840 (Geschichte und Geschlechter 18), Frankfurt am Main 1997

Moeller, Bernd: Frömmigkeit in Deutschland um 1500, in: Archiv für Reformationsgeschichte 56 (1965), S. 5 ff.
Zit.: Moeller, Frömmigkeit in Deutschland

Ders.: Reichsstadt und Reformation. Bearbeitete Neuausgabe. Berlin 1987
Zit.: Moeller, Reichsstadt und Reformation

Ders. (Hg.): Stadt und Kirche im 16. Jahrhundert, Gütersloh 1978
Zit.: Moeller, Stadt und Kirche

Mohnhaupt, Heinz/Simon, Dieter: Vorträge zur Justizforschung. Geschichte und Theorie. Band 1, Frankfurt am Main 1992

Molitor, Hansgeorg/Smolinsky, Heribert (Hg.): Volksfrömmigkeit in der Frühen Neuzeit (Katholisches Leben und Kirchenreform im Zeitalter der Glaubensspaltung 54), Münster 1994

Müller, Christa: Sozialdisziplinierung während Fastnacht und Fastenzeit in Tirol zwischen 1530 und 1650, Wien 1995

Müller, H.: Artikel „Sittlichkeitsverbrechen", in: Handwörterbuch zur deutschen Rechtsgeschichte Bd. IV (Protonotarius Apostolicus – Strafprozeßordnung), Berlin 1990, Sp. 1672 ff.

Müllner, J.: Die Annalen der Reichsstadt Nürnberg von 1623, hg. von G. Hirschmann, Teil 1: Von den Anfängen bis 1350, Nürnberg 1972; Teil 2: Von 1351 bis 1469, Nürnberg 1984

Münch, Paul: Zucht und Ordnung. Reformierte Kirchenverfassungen im 16. und 17. Jahrhundert (Nassau-Dillenburg, Kurpfalz, Hessen-Kassel), Stuttgart 1978
Zit.: Münch, Zucht und Ordnung

Ders.: Lebensformen in der frühen Neuzeit, Frankfurt am Main/Berlin 1992
Zit.: Münch, Lebensformen

Musculus, Andreas: Hosenteufel, Fluchtteufel, Eheteufel, Himmel und Helle. Teufels Tyranney, hg. von Ria Stambaugh, Berlin/New York 1978

Naucke, Wolfgang: Vom Vordringen des Polizeigedankens im Recht, in: Dilcher, Gerhard/Diestelkamp, Bernhard (Hg.): Recht, Gericht, Genossenschaft und Policey, Berlin 1986, S. 177 ff.

Naujoks, Eberhard: Obrigkeitsgedanke, Zunftverfassung und Reformation. Studien zur Verfassungsgeschichte von Ulm, Esslingen und Schwäbisch Gmünd, Stuttgart 1958

Nitschke, Peter (Hg.): Die deutsche Polizei und ihre Geschichte. Beiträge zu einem distanzierten Verhältnis (Schriftenreihe der Deutschen Gesellschaft für Polizeigeschichte 2), Hilden 1996
Zit.: Nitschke, Die deutsche Polizei

Ders.: Von der Politeia zur Polizei. Ein Beitrag zur Entwicklungsgeschichte des Polizei-Begriffs und seiner herrschaftlichen Dimensionen von der Antike bis ins 19. Jahrhundert, in: ZHF 19 (1992), S. 1 – 27
Zit.: Nitschke, Von der Politeia zur Polizei

Nowosadtko, Jutta: Betrachtungen über den Erwerb von Unehre. Vom Widerspruch „moderner“ und „traditionaler“ Ehren- und Unehrenkonzepte in der frühneuzeitlichen Ständegesellschaft, in: Ehre. Archaische Momente in der Moderne, hg. von Ludgera Vogt/Arnold Zingerle, Frankfurt am Main 1994, S. 230 - 248

Oberman, Heiko A.: Luther. Mensch zwischen Gott und Teufel, Berlin 1981

Oestreich, Gerhard: Strukturprobleme des europäischen Absolutismus, in: Ders., Geist und Gestalt des frühmodernen Staates, Berlin 1969, S. 179-197
Zit.: Oestreich, Strukturprobleme des europäischen Absolutismus

Ders.: Geist und Gestalt des frühmodernen Staates, Berlin 1969
Zit.: Oestreich, Geist und Gestalt

Ders.: Policey und Prudentia civilis in der barocken Gesellschaft von Stadt und Staat, in: Ders., Strukturprobleme der frühen Neuzeit, Berlin 1980, S. 367-379
Zit.: Oestreich, Policey und Prudentia civilis

Ders.: Strukturprobleme der frühen Neuzeit, Berlin 1980
Zit.: Oestreich, Strukturprobleme der frühen Neuzeit

Panzer, Marita A.: Sozialer Protest in süddeutschen Reichsstädten 1485 bis 1515. Anhand der Fallstudien: Regensburg, Augsburg und Frankfurt am Main, München 1982

Paravicini, Werner/Werner, Karl Ferdinand (Hg.): Histoire comparée de l'administration (IVe - XVIIIe Siècles), München 1980

Pauly, Johann Christian: Die Entstehung des Polizeirechts als wissenschaftliche Disziplin. Ein Beitrag zur Wissenschaftsgeschichte des öffentlichen Rechts, Frankfurt am Main 2000

Petri, Franz (Hg.): Kirche und gesellschaftlicher Wandel in deutschen und niederländischen Städten der werdenden Neuzeit, Köln/Wien 1980

Petsch, Günther: Das Nürnberger protestantische Kirchenrecht der reichsstädtischen Zeit. Eine kirchenrechtliche Studie, Düren 1933

Pfeiffer, Gerhard (Hg.): Nürnberg – Geschichte einer europäischen Stadt, München 1971
Zit.: Verfasser, Nürnberg

Pichler, Johannes W.: Necessitas. Ein Element des mittelalterlichen und neuzeitlichen Rechts. Dargestellt am Beispiel österreichischer Rechtsquellen. Berlin 1983

Plodeck, Karin: Zur sozialgeschichtlichen Bedeutung der absolutistischen Polizei- und Landesordnungen, in: Zeitschrift für bayerische Landesgeschichte 39 (1976), S. 79 ff.

Postel, Rainer: Horenjegers und Kökschen. Zölibat und Priesterehe in der hamburgischen Reformation, in: Städtische Gesellschaft und Reformation, hg. von Ingrid Bátori, Stuttgart 1980, S. 221

Quanter, Rudolf: Die Sittlichkeitsverbrechen im Laufe der Jahrhunderte und ihre strafrechtliche Beurteilung, Neudruck der 8. Auflage, Berlin 1925, Aalen 1970

Radbruch, Gustav/Gwinner, Heinrich: Geschichte des Verbrechens. Versuch einer historischen Kriminologie, Frankfurt am Main 1990

Raeff, Marc: The well-ordered police state. Social and institutional change through law in the Germanies and Russia, 1600 – 1800, New Haven and London 1983

Raiser, Thomas/Voigt, Rüdiger (Hg.): Durchsetzung und Wirkung von Rechtsentscheidungen. Die Bedeutung der Implementations- und der Wirkungsforschung für die Rechtswissenschaft. Tagung der Vereinigung für Rechtssoziologie an der Freien Universität Berlin, 19. und 20. Mai 1989, Baden-Baden 1990

Rau, Ferdinand: Beiträge zum Kriminalrecht der Freien Reichsstadt Frankfurt a. Main im Mittelalter bis 1532, Potsdam 1916

Reichel, Bernhard: Wahl und Krönung Kaiser Karls VII. in den Ratsverordnungen der Stadt Frankfurt am Main, in: Wahl und Krönung in Frankfurt am Main. Kaiser Karl VII. 1742-1745, hg. von Rainer Koch und Patricia Stahl, Frankfurt am Main 1986

Reicke, Emil: Geschichte der Reichsstadt Nürnberg von dem ersten urkundlichen Nachweis ihres Bestehens bis zu ihrem Übergang an das Königreich Bayern (1806), Nürnberg 1896 (Reprint Neustadt an der Aisch 1983)
Zit.: Geschichte der Reichsstadt Nürnberg

Ders.: Der Liebes- und Ehehandel der Barbara Löffelholz, der Mutter Willibald Pirckheimers, mit Sigmund Stromer zur goldenen Rosen, in: Mitteilungen des Vereins für Geschichte der Stadt Nürnberg 18 (1908), S. 134-196
Zit.: Reicke, Der Liebes- und Ehehandel der Barbara Löffelholz

Roeck, Bernd: Neighbourhoods and the Public in German Cities of the Early Modern Period: A Magician and the Neighbour-hood Network, in: Private Domain, Public Inquiry, Families and Life-Style in the Netherlands and Europe, hg. von Anton Schuurmann und Pieter Spierenburg, Hilversum 1996, S. 193-209
Zit.: Roeck, Neighbourhoods

Ders.: Lebenswelt und Kultur des Bürgertums in der Frühen Neuzeit (Enzyklopädie Deutscher Geschichte), München 1989
Zit.: Roeck, Lebenswelt und Kultur

Ders.: Außenseiter, Randgruppen, Minderheiten. Fremde im Deutschland der frühen Neuzeit, Göttingen 1993
Zit.: Roeck, Außenseiter

Roper, Lyndal: Das fromme Haus: Frauen und Moral in der Reformation, Frankfurt am Main/New York

Rosenbaum, Heidi (Hg.): Seminar: Familie und Gesellschaftsstruktur, 4. Auflage, Frankfurt am Main 1988

Ross, Friso/Landwehr, Achim (Hg.): Denunziation und Justiz. Historische Dimensionen eines sozialen Phänomens, Tübingen 2000

Rossiaud, Jacques: Dame Venus. Prostitution im Mittelalter, München 1994 (Nachdruck der Ausgabe von 1989)

Roth, Klaus: Artikel „Ehebruch", in: Lexikon des Mittelalters, Band III, Sp. 1658 f.

Rublack, Hans-Christoph: Political and Social Norms in Urban Communities in the Holy Roman Empire, in: Blickle, Peter: Religion, politics and social protest, London 1984

Rublack, Ulinka: Magd, Metz' oder Mörderin. Frauen vor frühneuzeitlichen Gerichten, Frankfurt am Main 1998

Rudeck, Wilhelm: Geschichte der öffentlichen Sittlichkeit in Deutschland, Jena 1897

Sachße, Christoph/Tennstedt, Florian (Hg.): Soziale Sicherheit und soziale Disziplinierung. Beiträge zu einer historischen Theorie der Sozialpolitik, Frankfurt am Main 1986

Sälter, Gerhard: Denunziation – Staatliche Verfolgungs-praxis und Anzeigeverhalten der Bevölkerung, in: Zeitschrift für Geschichtswissenschaft (47), 1999, S. 154 – 165
Zit.: Sälter, Denunziation

Ders.: Polizeiliche Sanktion und Disziplinierung. Die Praxis der Inhaftierung durch die Polizei in Paris am Beispiel des Zaubereidelikts (1697-1715), in: Kriminalitätsgeschichte, hg. von Andreas Blauert und Gerd Schwerhoff, Konstanz 2000, S. 481-500
Zit.: Sälter, Polizeiliche Sanktion

Safley, Thomas: Let no man put asunder. The control of marriage in the German southwest: a comparative study, 1550 – 1600, Kirksville 1984

Scheuermann, A.: Artikel „Eheprozeß, kanonischer", in: Lexikon für Theologie und Kirche. Dritter Band, hg. von Josef Höfer und Karl Rahner, Freiburg 1959

Schilling, Heinz: Reformierte Kirchenzucht als Sozialdisziplinierung? Die Tätigkeit des Emder Presbyteriums in den Jahren 1557 – 1562, in: Festschrift für Franz Petri zum 80. Geburtstag: Niederlande und Nordwestdeutschland, hg. Von Wilfried Endert und Heinz Schilling, Köln/Wien 1983, S. 261 ff.
Zit.: Schilling, Reformierte Kirchenzucht

Ders.: Konfessionskonflikt und Staatsbildung, Gütersloh 1981
Zit.: Schilling, Konfessionskonflikt

Ders. (Hg.): Kirchenzucht und Sozialdisziplinierung im frühneuzeitlichen Europa, (Zeitschrift für historische Forschung, Beiheft 16), Berlin 1994
Zit.: Schilling, Kirchenzucht und Sozialdisziplinierung

Ders. (Hg.): Institutionen, Instrumente und Akteure sozialer Kontrolle und Disziplinierung im frühneuzeitlichen Europa/Institutions, Instruments and Agents of Social ‚Control an Discipline in Early Modern Europe, hg. Von Heinz Schilling unter redaktioneller Mitarbeit von Lars Behrisch, (Ius Commune Sonderhefte; 127), Frankfurt a. M. 1999
Zit.: Schilling, Institutionen, Instrumente und Akteure

Schimmelpfennig, Bernhard: Zölibat und Lage der „Priestersöhne" vom 11. bis 14. Jahrhundert, in: HZ 227 (1978), S. 1 ff.

Schindler, Norbert: Karneval, Kirche und verkehrte Welt. Zur Funktion der Lachkultur im 16. Jahrhundert, in: Schindler, Widerspenstige Leute, S. 121 – 174
Zit.: Schindler, Karneval, Kirche und verkehrte Welt

Ders.: Widerspenstige Leute. Studien zur Volkskultur in der frühen Neuzeit, Frankfurt am Main 1992
Zit.: Schindler, Widerspenstige Leute

Schindling, Anton: Wachstum und Wandel vom konfessionellen Zeitalter bis zum Zeitalter Ludwigs XIV. Frankfurt am Main 1555 – 1685, in: Frankfurt am Main. Die Geschichte der Stadt in neuen Beiträgen, hg. von der Frankfurter Historischen Kommission, Sigmaringen 1991, S. 205 ff.

Schmelzeisen, Gustav Klemens: Polizeiordnungen und Privatrecht, Münster/Köln 1955
Zit.: Schmelzeisen, Polizeiordnungen und Privatrecht

Ders.: Das polizeiliche Rechtsgebot in der neueren Privatrechtsgeschichte, Karlsruhe 1967
Zit.: Schmelzeisen, Das polizeiliche Rechtsgebot

Ders.: Artikel „Polizeiordnungen", in: Handwörterbuch zur deutschen Rechtsgeschichte, Bd. III, Berlin 1984), Sp. 1803 ff.
Zit.: Schmelzeisen, Art. „Polizeiordnungen"

Ders.: Die Rechtsstellung der Frau in der deutschen Stadtwirtschaft, Stuttgart 1935
Zit.: Schmelzeisen, Die Rechtsstellung der Frau

Schmidt, Heinrich Richard: Die Christianisierung des Sozialverhaltens als permanente Revolution. Aus der Praxis reformierter Sittengerichte während der frühen Neuzeit, in: Kommunalisierung und Christianisierung, hg. von P. Blickle/J. Kunisch, Berlin 1989, S. 113 -163
Zit.: Schmidt, Heinrich Richard , Die Christianisierung des Sozialverhaltens

Ders.: Sozialdisziplinierung? Ein Plädoyer für das Ende des Etatismus in der Konfessionalisierungsforschung, in: HZ Bd. 265 (1997), S. 639-682
Zit.: Schmidt, Heinrich Richard, Sozialdisziplinierung

Ders,: Ehezucht in Berner Sittengerichten 1580 – 1800, in: R. Po-Chia Hsia/R. W. Scribner (Hg.), Problems in the Historical Anthropology of Early Modern Europe, Wiesbaden 1997, S87 – 321
Zit.: Schmidt, Heinrich Richard, Ehezucht

Schmidt, Benno (Hg.): Frankfurter Zunfturkunden bis zum Jahre 1612, 2 Bände (Veröffentlichungen der Historischen Kommission der Stadt Frankfurt am Main), Frankfurt am Main, Neudruck 1968

Schmidt-Wiegand, Ruth: Artikel „Willkür", in: Handwörterbuch zur deutschen Rechtsgeschichte, Bd. V, Berlin 1998, Sp. 1438 f.

Schmugge, Ludwig (Hg.): Illegitimität im Spätmittelalter, München 1994

Schormann, Gerhard: Strafrechtspflege in Braunschweig-Wolfenbüttel 1569 – 1633, in: Braunschweigisches Jahrbuch 55 (1974), S. 90 ff.

Schröter, Michael: „Wo zwei zusammenkommen in rechter Ehe ...". Sozio- und psychogenetische Studien über Eheschließungsvorgänge vom 12. Bis 15. Jahrhundert, Frankfurt am Main 1990

Schultheiß (sen.), Werner: Artikel „Nürnberg", in: Handwörterbuch zur deutschen Rechtsgeschichte, Bd. III, Berlin 1984, Sp. 1114 ff.
Zit.: Schultheiß, Art. „Nürnberg"

Ders.: Geschichte des Nürnberger Ortsrechtes, 2. Auflage, Nürnberg 1972
Zit.: Schultheiß, Nürnberger Ortsrecht

Schulz,Knut: Die Norm der Ehelichkeit im Zunft- und Bürgerrecht spätmittelalterlicher Städte, in: Illegitimität im Spätmittelalter, hg. von Ludwig Schmugge, München 1994, S. 67 ff.

Schultze, Alfred: Stadtgemeinde und Reformation, Tübingen 1918

Schulze, Reiner: Die Polizeigesetzgebung zur Wirtschafts- und Arbeitsordnung der Mark Brandenburg in der frühen Neuzeit, Aalen 1978
Zit.: Schulze, Reiner, Polizeigesetzgebung

Ders.: Polizeirecht im 18. Jahrhundert. Anmerkungen zu dem Beitrag von Wolfgang Naucke, in: Dilcher, Gerhard/Diestelkamp, Bernhard (Hg.): Recht, Gericht, Genossenschaft und Policey, Berlin 1986 , S. 199 ff.
Zit.: Schulze, Reiner, Polizeirecht

Schulze, Winfried: Gerhard Oestreichs Begriff „Sozialdisziplinierung in der frühen Neuzeit", in: ZHF 14 (1987), S. 265 ff.
Zit.: Schulze, Winfried, Sozialdisziplinierung

Ders.: Vom Gemeinnutz zum Eigennutz. Über den Normenwandel in der ständischen Gesellschaft der frühen Neuzeit, in: HZ 243 (1986), S. 591 ff.
Zit.: Schulze, Winfried, Vom Gemeinnutz zum Eigennutz

Schuster, Beate: Wer gehört ins Frauenhaus? Rügebräuche und städtische Sittlichkeitspolitik im 15. Und 16. Jahrhundert, in: Institutionen und Ereignis, hg. von Reinhard Blänkner und Bernhard Jussen (Veröffentlichungen des Max-Planck-Instituts für Geschichte; 138), Göttingen 1998, S. 185-252

Schuster, Peter: Das Frauenhaus. Städtische Bordelle in Deutschland (1350 bis 1600), Paderborn/München, Wien, Zürich 1992
Zit.: Schuster, Peter, Das Frauenhaus

Ders.: Hinaus oder ins Frauenhaus. Weibliche Sexualität und gesellschaftliche Kontrolle an der Wende vom Mittelalter zur Neuzeit, in: Mit den Waffen der Justiz. Zur Kriminalitätsgeschichte des Spätmittelalters und der Frühen Neuzeit, hg. von Andreas Blauert und Gerd Schwerhoff, Frankfurt am Main 1993, S. 17 ff.
Zit.: Schuster, Peter, Hinaus oder ins Frauenhaus

Ders.: Eine Stadt vor Gericht: Recht und Alltag im spätmittelalterlichen Konstanz, Paderborn-München-Wien-Zürich 2000
Zit.: Schuster, Peter, Eine Stadt vor Gericht

Schuurmann, Anton/Spierenburg, Pieter (Hg.): Private Domain, Public Inquiry, Families and Life-Style in the Netherlands and Europe, 1550 to the Present, Hilversum 1996

Schwab, Dieter: Artikel „Ehe- und Familienrecht", in: Staatslexikon, 2. Bd., 7. Auflage, Freiburg/Basel/Wien 1987, Sp. 118 ff.
Zit.: Schwab, Art. „Ehe- und Familienrecht"

Ders.: Artikel „Familie", in: Brunner, Otto/Conze, Werner/Koselleck, Reinhart (Hg.): Geschichtliche Grundbegriffe, Band 2, Stuttgart 1975, S. 253 ff.
Zit.: Schwab, Art. „Familie"

Ders.: Grundlagen und Gestalt der staatlichen Ehegesetzgebung in der Neuzeit, Bielefeld 1967
Zit.: Schwab, Grundlagen und Gestalt
Schwerhoff, Gerd: Devianz in der alteuropäischen Gesellschaft. Umrisse einer historischen Kriminalitätsforschung, in: ZHF 19 (1992), S., 385 ff.
Zit.: Schwerhoff, Devianz

Ders.: Köln im Kreuzverhör. Kriminalität, Herrschaft und Gesellschaft in einer frühneuzeitlichen Stadt, Bonn/Berlin 1991
Zit.: Schwerhoff, Köln im Kreuzverhör

Ders.: Verordnete Schande? Spätmittelalterliche und frühneuzeitliche Ehrenstrafen zwischen Rechtsakt und sozialer Sanktion, in: Mit den Waffen der Justiz. Zur Kriminalitätsgeschichte des späten Mittelalters und der Frühen Neuzeit, hg. von Andreas Blauert und Gerd Schwerhoff, Frankfurt am Main 1993, S. 158-188
Zit.: Schwerhoff, Verordnete Schande?

Schwineköper, Berent (Hg.): Gilden und Zünfte. Kaufmännische und gewerbliche Genossenschaften im frühen und hohen Mittelalter, Sigmaringen 1985

Scribner, Robert W.: Reformation, Carnival and the World Turned upside-down, in: Städtische Gesellschaft und Reformation, hg. von Ingrid Bátori, Tübingen 1980, S. 234 ff.
Zit.: Scribner, Reformation, Carnival

Ders.: Sozialkontrolle und die Möglichkeit einer städtischen Reformation, in: Moeller, Bernd (Hg.): Stadt und Kirche im 16. Jahrhundert, Gütersloh 1978
Zit.: Scribner, Sozialkontrolle

Seebaß, Gottfried: Stadt und Kirche in Nürnberg im Zeitalter der Reformation, in: Moeller, Bernd (Hg.): Stadt und Kirche im 16. Jahrhundert, Gütersloh 1978, S. 66 - 86

Segall, Josef: Geschichte und Strafrecht der Reichspolizeiordnung von 1530, 1548 und 1577, Breslau 1914

Sellert, Wolfgang: Die Bedeutung und Bewertung des Inquisitionsprinzips aus rechtshistorischer Sicht, in: Recht und Staat im sozialen Wandel, Festschrift für Hans Ulrich Scupin zum 80. Geburtstag, hg. von Norbert Achterberg/ Werner Krawietz/Dieter Wyduckel, Berlin 1983, S. 161 ff.
Zit.: Sellert, Inquisitionsprinzip

Ders.: Artikel „Ehebruch", in: Handwörterbuch zur deutschen Rechtsgeschichte Bd. III, Berlin 1984, Sp. 1650
Zit.: Sellert, Art. „Ehebruch"
Sellert, Wolfgang/Rüping, Hinrich: Studien- und Quellenbuch zur Geschichte der deutschen Strafrechtspflege. Band 1: Von den Anfängen bis zur Aufklärung, Aalen 1989

Sibeth, Uwe: Eherecht und Staatsbildung. Ehegesetzgebung und Ehe-rechtsprechung in der Landgrafschaft Hessen (-Kassel) in der frühen Neuzeit, Darmstadt/Marburg 1994

Siebenkees, Joh. Chr.: Materialien zur Nürnbergischen Geschichte Band 1 bis 4, Nürnberg 1792-1795

Simon, Christian: Untertanenverhalten und obrigkeitliche Moralpolitik. Studie zum Verhältnis zwischen Stadt und Land im ausgehenden 18. Jahrhundert am Beispiel Basels, Basel/Frankfurt am Main 1981

Simon, Thomas: Recht und Ordnung in der frühen Neuzeit, in: Rechtshistorisches Journal 13 (1994), S. 372 – 392

Simon-Muscheid, Katharina: Randgruppen, Bürgerschaft und Obrigkeit. Der Basler Kohlenberg, 14. – 16. Jahrhundert, in: Spannungen und Widersprüche. Gedenkschrift für František Graus, hg. von Susanna Burghartz/Hans-Jörg Gilomen/Guy P. Marchal/Rainer C. Schwinges/ Katharina Simon-Muscheid, Sigmaringen 1992, S. 203 ff.

Sohm, R.: Das Recht der Eheschließung aus dem deutschen und canonischen Recht historisch entwickelt, Weimar 1875

von Soden, Franz: Kriegs- und Sittengeschichte der Reichsstadt Nürnberg, Teil 1 bis 3, Erlangen 1860 – 1862

Spiess, Pirmin: Das Speyerer Monatsgericht. Von der satzungsrechtlichen Rüge zur Inquisition am Beispiel der Sanktionen, in: Residenzen des Rechts, hg. von Bernhard Kirchgässner und Hans-Peter Becht, Sigmaringen 1993, S. 9 ff.
Zit.: Spiess, Das Speyerer Monatsgericht

Ders.: Die Konkurrenz zwischen „städtischer" und „stadtherrlicher" Strafgerichtsbarkeit im 12. und 14. Jahrhundert anhand Nürnberger und Speyerer Rechtsquellen, in: Zeitschrift der Savigny-Stiftung für Rechtsgeschichte 98 (GA) 1981, S. 291 ff.
Zit.: Spiess, Die Konkurrenz

Staehelin, Adrian: Sittenzucht und Sittengerichtsbarkeit in Basel, in: SZR (GA) 85 (1968), S. 78 ff.
Stolleis, Michael: Pecunia nervus rerum. Zur Staatsfinanzierung der frühen Neuzeit, Frankfurt am Main 1983
Zit.: Stolleis, Pecunia nervus rerum

Ders.: Artikel „Luxusverbote", in: Handwörterbuch zur deutschen Rechtsgeschichte Bd. III, Berlin 1984, S. 119 ff.
Zit.: Stolleis, Art. „Luxusverbote"

Ders.: Geschichte des öffentlichen Rechts in Deutschland. Erster Band: Reichspublizistik und Policeywissenschaft 1600 –1800, München 1988
Zit.: Stolleis, Geschichte des öffentlichen Rechts

Ders.: Was bedeutet „Normdurchsetzung"?, in: Grundlagen des Rechts. Festschrift für Peter Landau zum 65. Geburtstag, hg. von Richard H. Helmholz, Paul Mikat, Jörg Müller und Michael Stolleis, Paderborn u. a. 2000, S. 739-757
Zit.: Stolleis, Normdurchsetzung

Ders.: Anmerkungen zum Verhältnis von echtem Recht und freiheitsbeschränkendem Polizeirecht, in: Dilcher, Gerhard/Diestelkamp, Bernhard (Hg.): Recht, Gericht, Genossenschaft und Policey, Berlin 1986 , S. 188 ff.
Zit.: Stolleis, Anmerkungen

Ders. (Hg.): Recht, Verfassung und Verwaltung in der frühneuzeitlichen Stadt, Köln/Wien 1991
Zit.: Stolleis, Recht, Verfassung und Verwaltung

Ders.: „Konfessionalisierung“ oder „Säkularisierung“ bei der Entstehung des frühneuzeitlichen Staates, in: Ius Commu-ne 20, Frankfurt am Main 1993, S. 1-23
Zit.: Stolleis, „Konfessionalisierung“ oder „Säkularisierung“

Ders. (Hg.): Policey im Europa der Frühen Neuzeit, hg. von Michael Stolleis unter Mitarbeit von Karl Härter und Lothar Schilling, Frankfurt am Main 1996
Zit.: Stolleis, Policey im Europa der Frühen Neuzeit

Suppan, Klaus: Die Ehelehre Martin Luthers. Theologische Aspekte des reformatorischen Eheverständnisses, Salzburg/München 1971

Telschow, Jürgen: Die alte Frankfurter Kirche. Recht und Organisation der früheren evangelischen Kirche in Frankfurt, Schriftenreihe des Evangelischen Regionalverbandes Frankfurt am Main, Nr. 3, Frankfurt am Main 1979
Zit.: Telschow, Die alte Frankfurter Kirche

Ders. (Hg.): Rechtsquellen zur Frankfurter Kirchengeschichte, Frankfurt am Main 1978
Zit.: Telschow, Rechtsquellen

Tilgner, Daniel: Sozialdisziplinierung und Sozialregulierung. Die Policeyordnungen für Schleswig-Holstein von 1636 und für das Amt Bergedorf von 1623 (Veröffentlichungen des Hamburger Arbeitskreises für Regionalgeschichte; 3), Hamburg 2000

Trusen, Winfried: Anfänge des gelehrten Rechts in Deutschland. Ein Beitrag zur Geschichte der Frührezeption, Wiesbaden 1962

Ulbricht, Otto: Kindsmörderinnen vor Gericht. Verteidigungsstrategien von Frauen in Norddeutschland 1680 – 1810, in: Mit den Waffen der Justiz. Zur Kriminalgeschichte des Spätmittelalters und der Frühen Neuzeit, hg. von Andreas Blauert und Gerd Schwerhoff, Frankfurt am Main 1993, S. 54 ff.
Zit.: Ulbricht, Kindsmörderinnen

Ders. (Hg.): Von Huren und Rabenmüttern. Weibliche Kriminalität in der Frühen Neuzeit, Köln u. a. 1995
Zit.: Ulbricht, Von Huren und Rabenmüttern

Vogelsang, Reinhard: Stadt und Kirche im mittelalterlichen Göttingen, Göttingen 1968

Vogt, Alfons: Die Anfänge des Inquisitionsprozesses in Frankfurt am Main, in: ZSR (GA) 68 (1951), S. 234 ff.

Vogt, Ludgera/Zingerle, Arnold (Hg.): Ehre. Archaische Momente in der Moderne, Frankfurt am Main 1994

Volksleben, Kirche und Obrigkeit in Schleswig-Holstein von der Reformation bis ins 19. Jahrhundert. Mit Beiträgen von Frauke Rehder, Annelie Stobinsky, Susanne Dettlaff und einem Vorwort von Karl-S. Kramer (Studien zur Volkskunde und Kulturgeschichte Schleswig-Holsteins 21), Neumünster 1989

Wachauf, Helmut: Nürnberger Bürger als Juristen, Nürnberg 1972

Weber, Matthias: Die schlesischen Polizei- und Landesordnungen der Frühen Neuzeit (Neuere Forschungen zur schlesischen Geschichte; Bd. 5), Köln/Weimar/Wien 1996
Zit.: Weber, Matthias, Schlesische Polizei- und Landesordnungen
Ders.: Bereitwillig gelebte Sozialdisziplinierung? Das funktionale System der Polizeiordnungen im 16. und 17. Jahr-hundert, in: ZRG G. A. 115 (1998), S. 420 – 440
Zit.: Weber, Matthias, Sozialdisziplinierung

Ders.: „Anzeige“ und „Denunziation“ in der früh-neuzeitlichen Policeygesetzgebung, in: Policey und frühneuzeitliche Gesetzgebung (Ius Commune Sonderhefte; 129), hg. von Karl Härter, Frankfurt a. M. 2000, S. 583-609
Zit.: Weber, Matthias, „Anzeige“ und „Denunziation“

Weber, Max: Wirtschaft und Gesellschaft, 5. Auflage, Tübingen 1980
Zit.: Weber, Max, Wirtschaft und Gesellschaft

Ders.: Die protestantische Ethik und der Geist des Kapitalismus (1905), nachgedruckt in: Die protestantische Ethik, hg. von Johannes Winckelmann, 5. Auflage Gütersloh 1979
Zit.: Weber, Max, Die protestantische Ethik

Weigand, Rudolf: Ehe- und Familienrecht in der mittelalterlichen Stadt, in: Haus und Familie in der spätmittelalterlichen Stadt, hg. von Alfred Haverkamp, Köln/Wien 1984, S. 161 ff.
Zit.: Weigand, Ehe- und Familienrecht

Ders.: Liebe und Ehe im Mittelalter, Goldbach 1993
Zit.: Weigand, Liebe und Ehe

Wieacker, Franz: Privatrechtsgeschichte der Neuzeit, 2. Auflage Göttingen 1967

Willoweit, Dietmar: Von der natürlichen Kindschaft zur Illegitimität. Die nichtehelichen Kinder in den mittelalterlichen Rechtsordnungen, in: Illegitimität im Spätmittelalter, hg. von Ludwig Schmugge, München 1994, S. 55 ff.
Zit.: Willoweit, Von der natürlichen Kindschaft zur Illegitimität

Ders.: Artikel „Obrigkeit", in: Handwörterbuch zur deutschen Rechtsgeschichte Bd. III, Berlin 1984, Sp. 1172
Zit.: Willoweit, Art. „Obrigkeit"

Ders. Gesetzgebung und Recht im Übergang vom Spätmittelalter zum frühneuzeitlichen Obrigkeitsstaat, in: Zum römischen und neuzeitlichen Gesetzesbegriff, hg. von O. Behrends und Chr. Link, 1987, S. 123-146
Zit.: Willoweit, Gesetzgebung und Recht
mmm
Wissell, Rudolf: Des alten Handwerks Recht und Gewohnheit, 2 Bände, 2. erweiterte und bearbeitete Ausgabe, hg. von E. Schraepler, Berlin 1971/74

Wolf, Armin: Die Gesetzgebung der entstehenden Territorialstaaten, in: Coing, Helmut: Handbuch der Quellen, Band 1, S. 517 ff.
Zit.: Wolf, Gesetzgebung

Ders. (Hg.): Die Gesetze der Stadt Frankfurt am Main im Mittelalter, Frankfurt am Main 1969
Zit.: Wolf, Gesetze

Ders.: Gesetzgebung und Stadtverfassung. Typologie und Begriffssprache mittelalterlicher städtischer Gesetze am Beispiel Frankfurt am Main, Frankfurt am Main 1968
Zit.: Wolf, Gesetzgebung und Stadtverfassung

Wunder, Heide: „Er ist die Sonn , sie ist der Mond". Frauen in der Frühen Neuzeit, München 1992

Wunder, Heide/Vanja, Christina (Hg.): Wandel der Geschlechterbeziehungen zu Beginn der Neuzeit, Frankfurt am Main 1991

Zander-Seidel, Jutta: Der Teufel in Pluderhosen, in: Waffen- und Kostümkunde 1987, S. 49 ff.
Zit.: Zander-Seidel, Der Teufel in Pluderhosen

Dies.: Textiler Hausrat. Kleidung und Haustextilien in Nürnberg von 1500 – 1600, München 1990
Zit.: Zander-Seidel, Textiler Hausrat

Zunkel, Friedrich: Artikel „Reputation", in: Geschichtliche Grundbegriffe. Historisches Lexikon zur politisch-sozialen Sprache in Deutschland, hg. von Otto Brunner/ Werner Conze/Reinhart Koselleck, Band 2, Stuttgart 1974, S. 1 ff

RECHTSHISTORISCHE REIHE

Band 1 Studien zu den germanischen Volksrechten. Gedächtnisschrift für Wilhelm Ebel. Vorträge gehalten auf dem Fest-Symposion anläßlich des 70. Geburtstages von Wilhelm Ebel am 16. Juni 1978 in Göttingen. Götz Landwehr (Hrsg.) 1982.

Band 2 Hans Poeschel: Die Statuten der Banken, Sparkassen und Kreditgenossenschaften in Hamburg und Altona von 1710 bis 1889. 1978.

Band 3 Thomas Kolbeck: Juristenschwemmen, Untersuchungen über den juristischen Arbeitsmarkt im 19. und 20. Jahrhundert. 1978.

Band 4 Norbert Hempel: Richterleitbilder in der Weimarer Republik. 1978.

Band 5 Rolf Stratmann: Die Scheinbußen im mittelalterlichen Recht. 1978.

Band 6 Martin C. Lockert: Die niedersächsischen Stadtrechte zwischen Aller und Weser. Vorkommen und Verflechtungen. Eine Bestandsaufnahme. 1979.

Band 7 Joachim Rückert/Wolfgang Friedrich: Betriebliche Arbeiterausschüsse in Deutschland, Großbritannien und Frankreich im späten 19. und frühen 20. Jahrhundert. Eine vergleichende Studie zur Entwicklung des kollektiven Arbeitsrechts. 1979.

Band 8 Peter Bender: Die Rezeption des römischen Rechts im Urteil der deutschen Rechtswissenschaft. 1979.

Band 9 Friedrich Karl Alsdorf: Untersuchungen zur Rechtsgestalt und Teilung deutscher Ganerbenburgen. 1980.

Band 10 Dietmar Willoweit/Winfried Schich (Hrsg.): Studien zur Geschichte des sächsisch-magdeburgischen Rechts in Deutschland und Polen (Sammelband). 1980.

Band 11 Brigitte Hempel: Der Entwurf einer Polizeiordnung für das Herzogtum Sachsen-Lauenburg aus dem Jahre 1591. 1980.

Band 12 Klaus-Detlev Godau-Schüttke: Rechtsverwalter des Reiches. Staatssekretär Dr. Curt Joël. 1981.

Band 13 Rainer Polley: Anton Friedrich Justus Thibaut (AD 1772-1840) in seinen Selbstzeugnissen und Briefen. Teil 1: Abhandlung. Teil 2: Briefwechsel. Teil 3: Register zum Briefwechsel. 1982.

Band 14 Michael Wettengel: Der Streit um die Vogtei Kelkheim 1275-1276. Ein kanonischer Prozeß.1981.

Band 15 Otto Wilhelm Krause: Naturrechtler des sechzehnten Jahrhunderts. Ihre Bedeutung für die Entwicklung eines natürlichen Privatrechts. 1982.

Band 16 Helga Spindler: Von der Genossenschaft zur Betriebsgemeinschaft. Kritische Darstellung der Sozialrechtslehre Otto von Gierkes. 1982.

Band 17 Holger Otte: Gustav Radbruchs Kieler Jahre 1919 - 1926. 1982.

Band 18 Rüdiger Teuner: Die fuldische Ritterschaft 1510 - 1656. 1982.

Band 19 Gerhard Dilcher/Rudolf Hoke/Gian Savino Pene Vidari/Hans Winterberg (Hrsg.): Grundrechte im 19. Jahrhundert. 1982.

Band 20 Karl-Hans Schloßstein: Die westfälischen Fabrikengerichtsdeputationen - Vorbilder, Werdegang und Scheitern. 1982.

Band 21 Birger Schulz: Der Republikanische Richterbund (1921-1933). 1982.

Band 22 Engelbert Krause: Die gegenseitigen Unterhaltsansprüche zwischen Eltern und Kindern in der deutschen Privatrechtsgeschichte. 1982.

Band 23 Meent W. Francksen: Staatsrat und Gesetzgebung im Großherzogtum Berg (1806-1813). 1982.

Band 24 Gerd von Sonnleithner: Bearbeitung des Handelsrechts durch Ignaz von Sonnleithner in seinem "Leitfaden über das österreichische Handels- und Wechselrecht". 1982.

Band 25 Rudolf Palme: Rechts-, Wirtschafts- und Sozialgeschichte der inneralpinen Salzwerke bis zu deren Monopolisierung. 1983.

Band 26 Helen Bosshard: Pestalozzis Staats- und Rechtsverständnis und seine Stellung in der Aufklärung. 1983.

Band 27 Jens Jessen: Die Selbstzeugnisse der deutschen Juristen. Erinnerungen, Tagebücher und Briefe. Eine Bibliographie. 1983.

Band 28 Günter Martin Jensen: Das Domanium Waldeck. Die rechtliche Zuordnung eines Fürstenvermögens. 1984.

Band 29 Johann Heinrich Kumpf: Petitionsrecht und öffentliche Meinung im Entstehungsprozeß der Paulskirchenverfassung 1848/49. 1983.

Band 30 Sabine Frey: Rechtsschutz der Juden gegen Ausweisungen im 16. Jahrhundert. 1983.

Band 31 Dietrich Joswig: Die germanische Grundstücksübertragung. 1984.

Band 32 Andreas Baryli: Konzessionssystem contra Gewerbefreiheit. Zur Diskussion der österreichischen Gewerberechtsreform 1835 bis 1860. 1984.

Band 33 Gerhard Oberkofler: Studien zur Geschichte der österreichischen Rechtswissenschaft. 1984.

Band 34 Rudolf Lauda: Kaufmännische Gewohnheit und Burgrecht bei Notker dem Deutschen. Zum Verhältnis von literarischer Tradition und zeitgenössischer Realität in der frühmittelalterlichen Rhetorik. 1984.

Band 35 Jens Jensen: Die Ehescheidung des Bischofs Hans von Lübeck von Prinzessin Julia Felicitas von Württemberg-Weiltingen AD 1648-1653. Ein Beitrag zum protestantischen Ehescheidungsrecht im Zeitalter des beginnenden Absolutismus. 1984.

Band 36 Horst Schröder: Friedrich Karl von Savigny. Geschichte und Rechtsdenken beim Übergang vom Feudalismus zum Kapitalismus in Deutschland. 1984.

Band 37 Andreas Hatzung: Dogmengeschichtliche Grundlagen und Entstehung des zivilrechtlichen Notstands. 1984.

Band 38 Matthias Klasen: Das Billwerder Landrecht. Landrecht und Landgericht in den Hamburger Elbmarschen. 1985.

Band 39 Rainer Jamin: Aufbau, Tätigkeit und Verfahren der Auseinandersetzungsbehörden bei der Durchführung der preußischen Agrarreformen. 1985.

Band 40 Henry Winter: Teilschuld, Gesamtschuld und unechte Gesamtschuld. Zur Konzeption der §§ 420 ff. BGB - Ein Beitrag zur Entstehungsgeschichte des BGB. 1985.

Band 41 Hermann Eichler: Verfassungsbewegung in Amerika und Europa. 1985.

Band 42 Dagmar Bandemer: Heinrich Albert Zachariae. Rechtsdenken zwischen Restauration und Reformation. 1985.

Band 43 Eva-Christine Frentz: Das Hamburgische Admiralitätsgericht (1623-1811). Prozeß und Rechtsprechung. 1985.

Band 44 Karl Lillig: Rechtsetzung im Herzogtum Pfalz-Zweibrücken während des 18. Jahrhunderts. Ein Beitrag zur Geschichte der territorialen Rechtsbildung. 1985.

Band 45 Walter Weber: Die Entwicklung der Sparkassen zu selbständigen Anstalten des öffentlichen Rechts. Ein Beitrag zur Entwicklung des Anstaltsbegriffs im 19. Jahrhundert. 1985.

Band 46 Bärbel Baum: Der Stabreim im Recht. Vorkommen und Bedeutung des Stabreims in Antike und Mittelalter. 1986.

Band 47 Hans Popp: Die nationalsozialistische Sicht einiger Institute des Zivilprozeß- und Gerichtsverfassungsrechts. 1986.

Band 48 John Karl-Heinz Montag: Die Lehrdarstellung des Handelsrechts von Georg Friedrich von Martens bis Meno Pöhls. Die Wissenschaft des Handelsrechts im ersten Drittel des 19. Jahrhunderts. 1986.

Band 49 Volker D. Anhäusser: Das internationale Obligationenrecht in der höchstrichterlichen Rechtsprechung des 19. Jahrhunderts. 1986.

Band 50 Udo Beer: Die Juden, das Recht und die Republik. Verbandswesen und Rechtsschutz 1919-1933. 1986.

Band 51 Herbert Grziwotz: Der moderne Verfassungsbegriff und die "Römische Verfassung" in der deutschen Forschung des 19. und 20. Jahrhunderts. 1986.

Band 52 Ralf Conradi: Karl Friedrich Eichhorn als Staatsrechtslehrer. Seine Göttinger Vorlesung über "Das Staatsrecht der deutschen Bundesstaaten" nach einer Kollegmitschrift aus dem Wintersemester 1821/22. 1987.

Band 53 Dieter Dannreuther: Der Zivilprozeß als Gegenstand der Rechtspolitik im Deutschen Reich 1871 - 1945. Ein Beitrag zur Geschichte des Zivilprozeßrechts in Deutschland. 1987.

Band 54 Stephan Felix Pauly: Organisation, Geschichte und Praxis der Gesetzesauslegung des (Königlich) Preußischen Oberverwaltungsgerichtes 1875 - 1933. 1987.

Band 55 Rüdiger Schulz: Die Entstehung des Seerechts des Allgemeinen Deutschen Handelsgesetzbuches unter besonderer Berücksichtigung der Bestimmungen über die Reederei, den Schiffer und die Schiffsmannschaft. 1987.

Band 56 Reinhold Reis: Deutsches Privatrecht in den Weistümern der Zenten Schriesheim und Kirchheim. 1987.

Band 57 Jürgen Christoph: Die politischen Reichsamnestien 1918 - 1933. 1987.

Band 58 Gerhard Oberkofler/Eduard Rabofsky: Hans Kelsen im Kriegseinsatz der k.u.k.-Wehrmacht. Eine kritische Würdigung seiner militärtheoretischen Angebote. 1988.

Band 59 Arne Wulff: Staatssekretär Prof. Dr. Dr. h.c. Franz Schlegelberger. 1876-1970. 1991.

Band 60 Gerhard Köbler (Hrsg.): Wege europäischer Rechtsgeschichte. Karl Kroeschell zum 60. Geburtstag. 1987.

Band 61 Rüdiger Hütte: Der Gemeinschaftsgedanke in den Erbrechtsreformen des Dritten Reichs. 1988.

Band 62 Markus Göldner: Politische Symbole der europäischen Integration. Fahne, Hymne, Hauptstadt, Paß, Briefmarke, Auszeichnungen. 1988.

Band 63 Wolfgang Kröner: Freiheitsstrafe und Strafvollzug in den Herzogtümern Schleswig, Holstein und Lauenburg von 1700 bis 1864. 1988.

Band 64 Werner Gaile: Die Norder Theelacht. 1988.

Band 65 Karl v. Kempis: Andreas Gaill (1526 - 1587). Zum Leben und Werk eines Juristen der frühen Neuzeit. 1988.

Band 66 Wolf-Rüdiger Osburg: Die Verwaltung Hamburgs in der Franzosenzeit. 1811-1814. 1988.

Band 67 Christian Schudnagies: Hans Frank. Aufstieg und Fall des NS-Juristen und Generalgouverneurs. 1988.

Band 68 Otmar Jung: Senatspräsident Freymuth. Richter, Sozialdemokrat und Pazifist in der Weimarer Republik. Eine politische Biographie. 1989.

Band 69 Joachim Lohner: Das landeshauptmannschaftliche Gericht in Oberösterreich zu Beginn der Neuzeit. Eine Darstellung des oberösterreichischen Prozeßrechts am obersten Territorialgericht des Landes anhand der oberösterreichischen Landtafel.1989.

Band 70 Bernd Klemann: Rudolf von Jhering und die Historische Rechtsschule. 1989.

Band 71 Adalbert Langer: Männer um die österreichische Zivilprozeßordnung 1895. Zusammenspiel / Soziales Ziel. 1990.

Band 72 Robert-Dieter Klee: Die Landessuperintendentur Lauenburg. Ursprung und Entwicklung sowie Ende der Sonderstellung des Kirchenkreises Herzogtum Lauenburg durch die nordelbische Kirchenvereinigung. 1989.

Band 73 Heinrich Herrmann: Die Gehöferschaften im Bezirk Trier. 1989.

Band 74 Wilhelm Brauneder, Franz Baltzarek (Hrsg.): Modell einer neuen Wirtschaftsordnung. Wirtschaftsverwaltung in Österreich 1914 - 1918. 1991.

Band 75 Thomas Dreyer: Die "Assecuranz- und Haverey-Ordnung" der Freien und Hansestadt Hamburg von 1731. 1990.

Band 76 Bernhard Sendler: Die Rechtssprache in den süddeutschen Stadtrechtsreformationen. 1990.

Band 77 Brigitte Lehmann: Ehevereinbarungen im 19. und 20. Jahrhundert. 1990.

Band 78 Michael Sunnus: Der NS-Rechtswahrerbund (1928-1945). Zur Geschichte der nationalsozialistischen Juristenorganisation. 1990.

Band 79 Stefan Schulz: Die historische Entwicklung des Rechts an Bienen. (§§ 961 - 964 BGB). 1990.

Band 80 Gerhard Lingelbach, Heiner Lück (Hrsg.): Deutsches Recht zwischen Sachsenspiegel und Aufklärung. Rolf Lieberwirth zum 70. Geburtstag dargebracht von Schülern, Freunden und Kollegen, herausgegeben von Gerhard Lingelbach und Heiner Lück. 1991.

Band 81 Manfred Krohn: Die deutsche Justiz im Urteil der Nationalsozialisten 1920 - 1933. 1991.

Band 82 Angelika Kühn: Privilegierung nationaler Minderheiten im Wahlrecht der Bundesrepublik Deutschland und Schleswig-Holsteins. 1991.

Band 83 Georg Brun: Leben und Werk des Rechtshistorikers Heinrich Mitteis unter besonderer Berücksichtigung seines Verhältnisses zum Nationalsozialismus. 1991.

Band 84 Wolfgang Simon: Claudius Freiherr von Schwerin. Rechtshistoriker während dreier Epochen deutscher Geschichte. 1991.

Band 85 Friedrich-Carl Wachs: Das Verordnungswerk des Reichsdemobilmachungsamtes. Stabilisierender Faktor zu Beginn der Weimarer Republik. 1991.

Band 86 Jens-Uwe Petersen: Die Vorgeschichte und die Entstehung des Mieterschutzgesetzes von 1923 nebst der Anordnung für das Verfahren vor dem Mieteinigungsamt und der Beschwerdestelle. 1991.

Band 87 Ulrike Haibach: Familienrecht in der Rechtssprache. Die historische Entwicklung zentraler Ausdrücke des geltenden Familienrechts. 1991.

Band 88 Joern Christian Nissen: Die Beratungen des Seeversicherungsausschusses der Akademie für Deutsches Recht zu einem neuen Seeversicherungsgesetz (1934-1939). Ein Beitrag zur Entwicklung der allgemeinen Lehren des Seeversicherungsrechts unter besonderer Berücksichtigung des Handelsgesetzbuchs und der Allgemeinen Deutschen Seeversicherungs-Bedingungen 1919. 1991.

Band 89 Diethard Bühler: Die Entstehung der allgemeinen Vertragsschluß-Vorschriften im Allgemeinen Deutschen Handelsgesetzbuch (ADHGB) von 1861. Ein Beitrag zur Kodifikationsgeschichte des Privatrechts im 19. Jahrhundert. 1991.

Band 90 Gerhard Oberkofler: Die Vertreter des Römischen Rechts mit deutscher Unterrichtssprache an der Karls-Universität in Prag. Vom Vormärz bis 1945. 1991.

Band 91 Ulrich Andermann: Ritterliche Gewalt und bürgerliche Selbstbehauptung. Untersuchungen zur Kriminalisierung und Bekämpfung des spätmittelalterlichen Raubrittertums am Beispiel norddeutscher Hansestädte. 1991.

Band 92 Heinz Marcus Hanke: Luftkrieg und Zivilbevölkerung. Der kriegsvölkerrechtliche Schutz der Zivilbevölkerung gegen Luftbombardements von den Anfängen bis zum Ausbruch des Zweiten Weltkrieges. 1991.

Band 93 Kirsten Kraglund: Familien- und Erbrecht. Materielles Recht und Methoden der Rechtsanwendung in der Rechtsprechung des Oberappellationsgerichts der vier Freien Städte Deutschlands zu Lübeck. 1991.

Band 94 Reinhard Lorenz: Die politische und rechtliche Stellung des Proletariats in Preußen in der Zeit zwischen den Reformen und der Revolution 1848/49. 1991.

Band 95 Eric Hilgendorf: Die Entwicklungsgeschichte der parlamentarischen Redefreiheit in Deutschland. 1991.

Band 96 Hans J. Reiter: Die Handelsgesellschaft Villeroy & Boch von der Gründung 1836 bis zum Jahr 1878. 1992.

Band 97 Martin Johannes Heller: Reform der deutschen Rechtssprache im 18. Jahrhundert. 1992.

Band 98 Michael Kotulla: Die Tragweite der Grundrechte der revidierten preußischen Verfassung vom 31.01.1850. 1992.

Band 99 Michael Siefener: Hexerei im Spiegel der Rechtstheorie. Das crimen magiae in der Literatur von 1574 bis 1608. 1992.

Band 100 Andreas Ebert-Weidenfeller: Hamburgisches Kaufmannsrecht im 17. und 18. Jahrhundert. Die Rechtsprechung des Rates und des Reichskammergerichtes. 1992.

Band 101 Enno Bommel: Die Entstehung der Verwirkungslehre in der Krise des Positivismus. 1992.

Band 102 Ralph Steppacher: Die Berücksichtigung der bäuerlichen Postulate bei der Entstehung des ZGB und der Revision des OR. Ein Beitrag zur schweizerischen Kodifikationsgeschichte (1893 - 1912). 1992.

Band 103 Martin Fleckenstein: Die Todesstrafe im Werk Carl Joseph Anton Mittermaiers (1787 - 1867). Zur Entwicklungsgeschichte eines Werkbereichs und seiner Bedeutung für Theorie- und Methodenbildung. 1992.

Band 104 Jörn Eckert: Der Kampf um die Familienfideikommisse in Deutschland. Studien zum Absterben eines Rechtsinstitutes. 1992.

Band 105 Jörg Grotkopp: Beamtentum und Staatsformwechsel. Die Auswirkungen der Staatsformwechsel von 1918, 1933 und 1945 auf das Beamtenrecht und die personelle Zusammensetzung der deutschen Beamtenschaft. 1992.

Band 106 Andreas Rohde: Die Garantiehaftung des Vermieters und ihr Verhältnis zum Unmöglichkeitsrecht in dogmengeschichtlicher und modernrechtlicher Sicht. 1992.

Band 107 Tjark Siefke Kunstreich: Gesamtvertretung. Eine historisch-systematische Darstellung. 1992.

Band 108 Jürgen Krüger: Blindheit und Königtum. Die Blindheit des Königs Georg V. von Hannover als verfassungsrechtliches Problem. 1992.

Band 109 Wolfgang Putschek: Ständische Verfassung und autoritäre Verfassungspraxis in Österreich 1933-1938 mit Dokumentenanhang. Verfassung und Verfassungswirklichkeit. Mit einem Anhang: Denkschriften von Rechtsanwalt Dr. Erich Führer 1936/37. 1993.

Band 110 Klaus Hofmann: Die Verdrängung der Juden aus öffentlichem Dienst und selbständigen Berufen in Regensburg 1933-1939. 1993.

Band 111 Franz Kilger: Die Entwicklung des Telegraphenrechts im 19. Jahrhundert mit besonderer Berücksichtigung der technischen Entwicklung. Telegraphenrecht im 19. Jahrhundert. 1993.

Band 112 Wilhelm Brauneder (Hrsg.): Heiliges Römisches Reich und moderne Staatlichkeit. 1993.

Band 113 Thomas Heinrich: Das preußische Nichtehelichenrecht: Von der Aufklärung zur Reaktion. 1993.

Band 114 Gerald Kohl: Jagd und Revolution. Das Jagdrecht in den Jahren 1848 und 1849. 1993.

Band 115 Christian Schudnagies: Der Kriegs- oder Belagerungszustand im Deutschen Reich während des Ersten Weltkrieges. Eine Studie zur Entwicklung und Handhabung des deutschen Ausnahmezustandsrechts bis 1918. 1994.

Band 116 Elisabeth Bellmann: Die Internationale Kriminalistische Vereinigung (1889-1933). 1994.

Band 117 Julia Pfannkuch: Volksrichterausbildung in Sachsen 1945-1950. 1993.

Band 118 Jörg Offen: Von der Verwaltungsgemeinschaft des BGB von 1896 zur Zugewinngemeinschaft des Gleichberechtigungsgesetzes von 1957. 1994.

Band 119 Dorothee Kohlhas-Müller: Untersuchungen zur Rechtsstellung Theoderichs des Großen. 1995.

Band 120 Monika Rose: Das Gerichtswesen des Herzogtums Pfalz-Zweibrücken im 18. Jahrhundert. Ein Beitrag zur territorialen Gerichtsbarkeit im Alten Reich. 1994.

Band 121 Jörn Eckert / Hans Hattenhauer (Hrsg.): Bibel und Recht. Rechtshistorisches Kolloquium 9. - 13. Juni 1992 an der Christian-Albrechts-Universität zu Kiel. 1994.

Band 122 Robert Martin Mizia: Der Rechtsbegriff der Autonomie und die Begründung des Privatfürstenrechts in der deutschen Rechtswissenschaft des 19. Jahrhunderts. 1995.

Band 123 Walther Graf von Plettenberg: Das Fortleben des Liber Iudiciorum in Asturien/León (8. - 13. Jh.). 1994.

Band 124 Wolfgang Schulz: Das deutsche Börsengesetz. Die Entstehungsgeschichte und wirtschaftlichen Auswirkungen des Börsengesetzes von 1896. 1994.

Band 125 Frank Hagemann: Der Untersuchungsausschuß Freiheitlicher Juristen. 1949 – 1969. 1994.

Band 126 Andreas Rethmeier: "Nürnberger Rassegesetze" und Entrechtung der Juden im Zivilrecht. 1995.

Band 127 Edith Grether: Die Poesie der Throne. Die Juristen in der Fruchtbringenden Gesellschaft. 1995.

Band 128 Anna Bartels-Ishikawa: Der Lippische Thronfolgestreit. Eine Studie zu verfassungsrechtlichen Problemen des Deutschen Kaiserreiches im Spiegel der zeitgenössischen Staats. 1995.

Band 129 Jörg Schmidt: Otto Koellreutter 1883-1972. Sein Leben, sein Werk, seine Zeit. 1995.

Band 130 Christian Hattenhauer: Wahl und Krönung Franz II. AD 1792. Das Heilige Reich krönt seinen letzten Kaiser - Das Tagebuch des Reichsquartiermeisters Hieronymus Gottfried von Müller und Anlagen. 1995.

Band 131 Jutta v. der Decken: Das Seearbeitsrecht im Hamburger Stadtrecht von 1301 bis 1603. 1995.

Band 132 Detlev Schmidt: Die Reform des Rechts der Handelsvertreter von 1953. 1995.

Band 133 Gabi Roßdeutscher: Privatautonomie im Scheidungsrecht. Scheidungsbezogene Vereinbarungen in den letzten 200 Jahren. 1995.

Band 134 Harald Kahlenberg: Leben und Werk des Rechtshistorikers Walther Merk. Ein Beispiel für das Verhältnis von Rechtsgeschichte und Nationalsozialismus. 1995.

Band 135 Michael Steitz: Adelbert Düringer am Reichsgericht (1902-1915). Seine aktienrechtlichen Entscheidungen und sein Einfluß auf das Aktienrecht in Deutschland. 1995.

Band 136 Christian Becker: Beata Justorum Translatio. Juristen in schleswig-holsteinischen Leichenpredigten. 1996.

Band 137 Christoph Seiler: Vom Allgemeinen Landrecht zum Bürgerlichen Gesetzbuch. Dargestellt am Beispiel der höchstrichterlichen Judikatur zum kaufrechtlichen Sachmängelgewährleistungsrecht. 1996.

Band 138 Bernd Mayer: Die Vertrauensmännerausschüsse auf den preußischen Steinkohlegruben an der Saar. Entstehung und Wirken. Eine rechtshistorische Untersuchung. 1996.

Band 139 Rochus Scholl: Juden und Judenrecht im Herzogtum Pfalz-Zweibrücken. Ein Beitrag zur Rechtsgeschichte eines deutschen Kleinstaates am Ende des alten Reiches. 1996.

Band 140 Meike Bursch: Judentaufe und frühneuzeitliches Strafrecht. Die Verfahren gegen Christian Treu aus Weener/Ostfriesland 1720-1728. 1996.

Band 141 Markus Hillenbrand: Fürstliche Eheverträge. Gottorfer Hausrecht 1544 - 1773. 1996.

Band 142 Ulf Häder: Das gemeinschaftliche Oberappellationsgericht thüringischer Staaten in Jena. Ein Beitrag zur Geschichte des Gerichtswesens im 19. Jahrhundert. 1996.

Band 143 Andreas Bauer: Das Gnadenbitten in der Strafrechtspflege des 15. und 16. Jahrhunderts. Dargestellt unter besonderer Berücksichtigung von Quellen der Vorarlberger Gerichtsbezirke Feldkirch und des Hinteren Bregenzerwaldes. 1996.

Band 144 Christian Wirth: Der Jurist Johann Andreas Georg Friedrich Rebmann zwischen Revolution und Restauration. 1996.

Band 145 Stefanie Müller: Die Rechtsprechung des Hanseatischen Oberlandesgerichts zum persönlichen Eherecht in Hamburgischen Gerichtsfällen von 1879 -1900. 1996.

Band 146 Jean-Nicolas Morisset: Der Frachtvertrag in der *Ordonnance de la marine* von 1681. 1996.

Band 147 Dirk Lentfer: Die Glogauer Landesprivilegien des Andreas Gryphius von 1653. 1996.

Band 148 Wencke Mull: Die Haftung für Einsturzschäden nach den §§ 836-838 BGB in der Rechtsprechung des Reichsgerichts. 1996.

Band 149 Renate Zelger: Teufelsverträge. Märchen, Sage, Schwank, Legende im Spiegel der Rechtsgeschichte. 1996.

Band 150 Guido Kraß: Das Arrestverfahren in Frankfurt am Main im Spätmittelalter. 1996.

Band 151 F. Benedict Heyn: Die Entwicklung des Eisenbahnfrachtrechts von den Anfängen bis zur Einführung des Allgemeinen Deutschen Handelsgesetzbuches (ADHGB). 1996.

Band 152 Thomas Lang: Die Staats- und Verfassungslehre Carl Salomo Zachariaes. 1996.

Band 153 Michael Hebeis: Karl Anton von Martini (1726-1800). Leben und Werk. 1996.

Band 154 Gerald Hubert: Die Diskussion um die rechtliche Natur der Bizone in den Jahren 1947-1949. 1996.

Band 155 Christof Horn: Die Rechtsprechung des Reichsgerichts in Ehescheidungssachen der Jahre 1900 bis 1905. 1996.

Band 156 Hermann Nehlsen / Georg Brun (Hrsg.): Münchener rechtshistorische Studien zum Nationalsozialismus. 1996.

Band 157 Jan Otto Clemens Kehrberg: Die Entwicklung des Elektrizitätsrechts in Deutschland. Der Weg zum Energiewirtschaftsgesetz von 1935. 1997.

Band 158 Johannes Tradt: Der Religionsprozeß gegen den Zopfschulzen (1791-1799). Ein Beitrag zur protestantischen Lehrpflicht und Lehrzucht in Brandenburg-Preußen gegen Ende des 18. Jahrhunderts. 1997.

Band 159 Dietmar Olsen: Das kaufrechtliche Sachmängelgewährleistungsrecht des Code civil in der Rechtsprechung deutscher Gerichte im 19. Jahrhundert. Ein Beitrag zur Ablösung der Partikularrechte durch das BGB. 1997.

Band 160 Ulrich Bernhardt: Die Deutsche Akademie für Staats- und Rechtswissenschaft „Walter Ulbricht" 1948-1971. 1997.

Band 161 Claudia Susan Hoppe: Die Bürgschaft im Rechtsleben Hamburgs von 1600 bis 1900. 1997.

Band 162 Franz-Rudolf Ecker: Die Entwicklung des Bergrechts im Saarbrücker Steinkohlenrevier bis zum Ende des 18. Jahrhunderts. Ein Vergleich mit dem älteren deutschen Bergrecht. 1997.

Band 163 Anne Katrin Rückert: Politik und Privatrecht in der „konservativen Revolution". 1997.

Band 164 Gisbert Laube: Der Reichskunstwart. Geschichte einer Kulturbehörde 1919-1933. 1997.

Band 165 Nicolas Lührig: Die Diskussion über die Reform der Juristenausbildung von 1945 bis 1995. 1997.

Band 166 Regula Gerber Jenni: Die Emanzipation der mehrjährigen Frauenzimmer. Frauen im bernischen Privatrecht des 19. Jahrhunderts. 1997.

Band 167 Mischa A. Färber: Das gemeinschaftliche Testament in der höchstrichterlichen Rechtsprechung zum Allgemeinen Preußischen Landrecht und zum BGB. Ein Beitrag zur Ablösung der Partikularrechte durch das BGB. 1997.

Band 168 Catherine Antoinette Gasser: Philipp Lotmar 1850-1922. Professor der Universität Bern. Sein Engagement für das Schweizerische Arbeitsrecht. 1997.

Band 169 Lars Immisch: Der sozialistische Richter in der DDR und seine Unabhängigkeit. Der Versuch eines Rechtsvergleiches zum Unabhängigkeitsbegriff in der bundesdeutschen Rechtsordnung. 1997.

Band 170 Jessica Jacobi: Besitzschutz vor dem Reichskammergericht. Die friedenssichernde Funktion der Besitzschutzklagen am Reichskammergericht im 16. Jahrhundert, dargestellt anhand von Kameralisten. 1998.

Band 171 Ewald Hügemann: Die Geschichte des öffentlichen und privaten Mietpreisrechts vom Ersten Weltkrieg bis zum Gesetz zur Regelung der Miethöhe von 1974. 1998.

Band 172 Lutz Rentzow: Die Entstehungs- und Wirkungsgeschichte der Vernewerten Landesordnung für das Königreich Böhmen von 1627. 1998.

Band 173 Sabine Stürmer: Mühlenrecht im Herzogtum Pfalz-Zweibrücken während des 18. Jahrhunderts. Ein Beitrag zum Wirtschaftsrecht eines deutschen Kleinstaates im Alten Reich. 1998.

Band 174 Mario Bogisch: *Nemo testis in re sua*. Das Problem der Zeugnisfähigkeit bei der Anwendung der deutschen Zivilprozeßordnung von 1877. 1998.

Band 175 Rainer Oßwald: Pactane sunt servanda? Freiwilligkeit, Zwang und Unverbindlichkeitserklärungen im islamischen Vertragsrecht malikitischer Schule. 1998.

Band 176 Bettina Kern: Der preußische BGB-Entwurf von 1842. 1998.

Band 177 Inken Fuhrmann: Die Diskussion über die Einführung der fakultativen Zivilehe in Deutschland und Österreich seit Mitte des 19. Jahrhunderts. 1998.

Band 178 Annette Rieck: Der Heilige Ivo von Hélory (1247-1303). Advocatus pauperum und Patron der Juristen. 1998.

Band 179 Frank Bottenberg: Die Hamburgische Strafprozeßordnung von 1869. 1998.

Band 180 Matthias Krauß: Das kursächsische Postrecht von seinen Anfängen bis zum Ende des Alten Reichs. 1998.

Band 181 Torsten Schmidt: Die Entmündigung von den Anfängen des BGB bis zu ihrer Ablösung durch das Institut der Betreuung. 1998.

Band 182 Christian Nunn: Rudolf Müller-Erzbach. 1874-1959. Von der realen Methode über die Interessenjurisprudenz zum kausalen Rechtsdenken (Leben und Werk). 1998.

Band 183 Christian Ortloff: Das staatskirchenrechtliche System Wilhelm Traugott Krugs. Glaubens- und Gewissensfreiheit – eine Forderung der Vernunft. 1998.

Band 184 Christian Hattenhauer: Schuldenregulierung nach dem Westfälischen Frieden. Der sog. § *de indaganda* und seine Umsetzung im Jüngsten Reichsabschied (AD 1648 und 1654). 1998.

Band 185 Werner Schubert: Preußen im Vormärz. Die Verhandlungen der Provinziallandtage von Brandenburg, Pommern, Posen, Sachsen und Schlesien sowie – im Anhang – von Ostpreußen, Westfalen und der Rheinprovinz (1841-1845). 1998.

Band 186 Silvia Schumacher: Das Rechtsverhältnis zwischen Eltern und Kindern in der Privatrechtsgeschichte. 1999.

Band 187 Kai Sommer: Die Strafbarkeit der Homosexualität von der Kaiserzeit bis zum Nationalsozialismus. Eine Analyse der Straftatbestände im Strafgesetzbuch und in den Reformentwürfen (1871-1945). 1998.

Band 188 Jan Erik Backhaus: Volksrichterkarrieren in der DDR. 1999.

Band 189 Ralf Ruhnau: Die Fürstlich Thurn und Taxissche Privatgerichtsbarkeit in Regensburg. Ein Kuriosum der deutschen Rechtsgeschichte. 1999.

Band 190 Antonio Grilli: Die französische Justizorganisation am linken Rheinufer 1797-1803. 1999.

Band 191 Stephanie Kammerloher-Lis: Die Entstehung des Gesetzes über die religiöse Kindererziehung vom 15. Juli 1921. 1999.

Band 192 Jan Telp: Ausmerzung und Verrat. Zur Diskussion um Strafzwecke und Verbrechensbegriffe im Dritten Reich. 1999.

Band 193 Kurt von Pannwitz: Die Entstehung der Allgemeinen Deutschen Wechselordnung. Ein Beitrag zur Geschichte der Vereinheitlichung des deutschen Zivilrechts im 19. Jahrhundert. 1999.

Band 194 Sylvia Busch: Die Entstehung der Allgemeinen Gerichtsordnung für die Preussischen Staaten von 1793/95. Ein Beitrag zur Geschichte der Kodifikationsbewegung und der Reform des Zivilprozesses in Preußen im 18. Jahrhundert. 1999.

Band 195 Dirk Bieresborn: Klage und Klageerwiderung im deutschen und englischen Zivilprozeß. Eine rechtshistorische und rechtsvergleichende Untersuchung unter besonderer Berücksichtigung der Beeinflussung durch das römisch-kanonische Verfahren. 1999.

Band 196 Andreas Thier / Guido Pfeifer / Philipp Grzimek (Hrsg.): Kontinuitäten und Zäsuren in der Europäischen Rechtsgeschichte. Europäisches Forum Junger Rechtshistorikerinnen und Rechtshistoriker München 22.-24. Juli 1998. 1999.

Band 197 Franz Smola: Die Fürstlich Liechtenstein'sche Kunstsammlung. Rechtsfragen zur Verbringung der Sammlung von Wien nach Vaduz in den Jahren 1944/45. 1999.

Band 198 Frank Martin Krauss: Das geteilte Eigentum im 19. und 20. Jahrhundert. Eine Untersuchung zum Fortbestand des Teilungsgedankens. 1999.

Band 199 Matthias Frey: Die spanische Aktiengesellschaft im 18. Jahrhundert und unter dem Código de Comercio von 1829. 1999.

Band 200 Alexandra Gilde: Die Stellung der Frau im Reichsstrafgesetzbuch von 1870/71 und in den Reformentwürfen bis 1919 im Urteil der bürgerlichen Frauenbewegung. Eine Analyse ausgewählter Straftatbestände. 1999.

Band 201 Malte Dießelhorst / Arne Duncker: Hans Kohlhase. Die Geschichte einer Fehde in Sachsen und Brandenburg zur Zeit der Reformation. 1999.

Band 202 Jörg Hillmann: Territorialrechtliche Auseinandersetzungen der Herzöge von Sachsen-Lauenburg vor dem Reichskammergericht im 16. Jahrhundert. 1999.

Band 203 Carsten Engler: Die Kommanditgesellschaft (KG) und die stille Gesellschaft im Allgemeinen Deutschen Handelsgesetzbuch (ADHGB) von 1861. 1999.

Band 204 Vesta Hoffmann-Steudner: Die Rechtsprechung des Reichsgerichts zu dem Scheidungsgrund des § 49 EheG (EheG 1938) in den Jahren 1938-1945. 1999.

Band 205 Michaela Thiele: Die Auflösung von Arbeitsverhältnissen aufgrund Anfechtung und außerordentlicher Kündigung nach der Rechtsprechung des Reichsarbeitsgerichts (1927-1945). 2000.

Band 206 Peter Landau / Hermann Nehlsen / Mathias Schmoeckel (Hrsg.): Karl von Amira zum Gedächtnis. 1999.

Band 207 Marcus Flinder: Die Entstehungsgeschichte des Zivilgesetzbuches der DDR. 1999.

Band 208 Boris Franz Leo Bromm: Die Entstehungsgeschichte des Berufs des Handelsvertreters. Unter besonderer Berücksichtigung der Sozialgesetzgebung in den Jahren von 1871-1933. 2000.

Band 209 Winfried C. J. Eberstein: Das Tierschutzrecht in Deutschland bis zum Erlaß des Reichs-Tierschutzgesetzes vom 24. November 1933. Unter Berücksichtigung der Entwicklung in England. 1999.

Band 210 Patrick Deller: Der „nach dem Vertrage" vorausgesetzte Gebrauch (§ 459 Absatz 1 Satz 1 BGB). Eine kaufrechtliche Untersuchung unter Berücksichtigung rechtshistorischer wie rechtsvergleichender Grundlagen. 2000.

Band 211 Eckard Freiherr von Bodenhausen: Haftung des Geschäftsherrn für Verrichtungsgehilfen im Straßen- und Schienenverkehr. Eine Analyse der Entscheidungen des Reichsgerichts zu § 831 BGB (1900-1945). 2000.

Band 212 Birte Gast: Der Allgemeine Teil und das Schuldrecht des Bürgerlichen Gesetzbuchs im Urteil von Raymond Saleilles (1855-1912). 2000.

Band 213 Hansjörg Michael Huber: Koloniale Selbstverwaltung in Deutsch-Südwestafrika. Entstehung, Kodifizierung und Umsetzung. 2000.

Band 214 Ulf Björner: Die Verfassungsgerichtsbarkeit im Norddeutschen Bund und Deutschen Reich (1867-1918). Eine rechtshistorische Untersuchung über Gerichtsbarkeit im Spannungsfeld von Politik und Recht innerhalb der von Bismarck geschaffenen deutschen Bundesstaaten. 2000.

Band 215 Mathias Freiherr von Rosenberg: Friedrich Carl von Savigny (1779-1861) im Urteil seiner Zeit. 2000.

Band 216 Reinhard Binder-Krieglstein: Österreichisches Adelsrecht 1868-1918/19. Von der Ausgestaltung des Adelsrechts der cisleithanischen Reichshälfte bis zum Adelsaufhebungsgesetz der Republik unter besonderer Berücksichtigung des adeligen Namensrechts. 2000.

Band 217 Claudia-Regine Nerius: Johannes Lehmann-Hohenberg (1851-1925). Eine Studie zur völkischen Rechts- und Justizkritik im Deutschen Kaiserreich. 2000.

Band 218 Ludger Meuten: Die Erbfolgeordnung des Sachsenspiegels und des Magdeburger Rechts. Ein Beitrag zur Geschichte des sächsisch-magdeburgischen Rechts. 2000.

Band 219 Christoph Alexander von Wilcken: Die Reformbestrebungen zum Genossenschaftsgesetz in der Frühzeit der Bundesrepublik. Die Beratungen der Sachverständigenkommission zur Überprüfung des Genossenschaftsrechts 1954 bis 1958 und der Referentenentwurf von 1962. 2000.

Band 220 Verein Junger RechtshistorikerInnen Zürich (Hrsg.): ¿Rechtsgeschichte(n)? ¿Histoire(s) du droit? ¿Storia/storie del diritto? ¿Legal Histori(es)? Europäisches Forum Junger Rechtshistorikerinnen und Rechtshistoriker Zürich 28.-30. Mai 1999. 2000.

Band 221 Hans Christian Schüler: Die Entstehungsgeschichte der Bundesnotarordnung vom 24. Februar 1961. 2000.

Band 222 Nils-Eberhard Schramm: Die Vereinigung demokratischer Juristen (1949-1999). 2000.

Band 223 Silke Anke Torp: Das Rechtsverhältnis zwischen den Eltern und ihren Kindern. Dienstleistungspflicht, Aussteuer und Ausstattung. Eine Analyse der Rechtsprechung des Reichsgerichts und des Reichsarbeitsgerichts zu den Vorschriften der §§ 1616 bis 1625 des Bürgerlichen Gesetzbuches in der Zeit von 1900 bis 1945. 2000.

Band 224 Martin Jürgen Maaß: Die Geschichte des Eigentumsvorbehalts, insbesondere im 18. und 19. Jahrhundert. 2000.

Band 225 Stefanie Langer: Rechtswissenschaftliche Itinerarien. Lebenswege namhafter europäischer Juristen vom 11. bis zum 18. Jahrhundert. 2000.

Band 226 Ulrich Schmitz: Der Unterhaltsanspruch des nichtehelichen Kindes gegen seinen Erzeuger. Die rechtsgeschichtliche und dogmatische Entwicklung im deutschen Recht. 2000.

Band 227 Sebastian Günther: Friedrich Carl von Savigny als Grundherr. 2000.

Band 228 Henning Ibs: Hermann J. Held (1890-1963). Ein Kieler Gelehrtenleben in den Fängen der Zeitläufe. 2000.

Band 229 Matthias Rücker: Wirtschaftswerbung unter dem Nationalsozialismus. Rechtliche Ausgestaltung der Werbung und Tätigkeit des Werberats der deutschen Wirtschaft. 2000.

Band 230 Hendrik Sandmann: Die Entwicklung von Begriff und Inhalt des Wirtschaftsrechts durch die Rechtswissenschaft in der Weimarer Republik. 2000.

Band 231 Sibylle Müller: Gibt es Menschenrechte bei Samuel Pufendorf? 2000.

Band 232 Karin Olechowski-Hrdlicka: Die gemeinsamen Angelegenheiten der Österreichisch-Ungarischen Monarchie. Vorgeschichte – Ausgleich 1867 – Staatsrechtliche Kontroversen. 2001.

Band 233 Johannes Mierau: Die juristischen Abschluß- und Diplomprüfungen in der SBZ/DDR. Ein Einblick in die Juristenausbildung im Sozialismus. 2001.

Band 234 Jörg Wolff (Hrsg.): Stillstand, Erneuerung und Kontinuität. Einsprüche zur Preußenforschung. 2001.

Band 235 Friedo Schröder: Die anwaltliche Tätigkeit während der nationalsozialistischen Herrschaft. Eine Analyse der anwaltlichen Argumentation in Zivilprozessen anhand der vorhandenen Prozeßakten der Landgerichte Frankenthal, Wiesbaden, Limburg und Frankfurt und der Handakten der *jüdischen Konsulenten* des OLG-Bezirks Frankfurt. 2001.

Band 236 Der Code pénal des Königreichs Westphalen von 1813 mit dem Code pénal von 1810 im Original und in deutscher Übersetzung. Herausgegeben und mit einer Einleitung versehen von Werner Schubert. 2001.

Band 237 Klaus Richter: Deutsches Kolonialrecht in Ostafrika 1885-1891. 2001.

Band 238 Kai von Lewinski: Deutschrechtliche Systembildung im 19. Jahrhundert. 2001.

Band 239 Alexander Herzog: Sittenwidrige Rechtsgeschäfte in der höchstrichterlichen Rechtsprechung aus den Jahren 1948-1965. 2001.

Band 240 Claudia Rönnau: Die Beratungen des Wasserrechtsausschusses der Akademie für Deutsches Recht zu einem Reichswassergesetz (1934-1941). Ein Beitrag zur Dogmatik der Begriffe *Gemeingebrauch* und *Sondergebrauch* in der Zeit des Nationalsozialismus. 2001.

Band 241 Momme Rohlack: Kriegsgesellschaften (1914-1918). Arten, Rechtsformen und Funktionen in der Kriegswirtschaft des Ersten Weltkrieges. 2001.

Band 242 Rolf Geyer: Der Gedanke des Verbraucherschutzes im Reichsrecht des Kaiserreichs und der Weimarer Republik (1871-1933). Eine Studie zur Geschichte des Verbraucherrechts in Deutschland. 2001.

Band 243 Felix Lorenz Benjamin Lehmann: Der Rote Adlerorden. Entstehung und rechtliche Grundlagen (1705-1918). 2002.

Band 244 Marc Ludwig: Der Pfändungsschutz für Lohneinkommen. Die Entstehungs- und Entwicklungsgeschichte der Vorschriften zum Schutz vor Lohnpfändung in Deutschland. 2001.

Band 245 Alexander Wachter: Dorfschule zwischen Pastor und Schulmeister. Zur Säkularisierung des niederhessischen Schulwesens im 19. Jahrhundert. 2001.

Band 246 Richard Scholz: Analyse der Entstehungsbedingungen der reichsgerichtlichen Aufwertungsrechtsprechung. Untersuchung unter besonderer Berücksichtigung der konservativen Geldpolitik der Reichsbank und der Inflationspolitik der Reichsregierung. 2001.

Band 247 Judith Laeverenz: Märchen und Recht. Eine Darstellung verschiedener Ansätze zur Erfassung des rechtlichen Gehalts der Märchen. 2001.

Band 248 Christina Schenk: Bestrebungen zur einheitlichen Regelung des Strafvollzugs in Deutschland von 1870 bis 1923. 2001.

Band 249 Nils Werner: Die Prozesse gegen die Landvolkbewegung in Schleswig-Holstein 1929/32. Ein Beitrag zur Justizkritik in der späten Weimarer Republik. 2001.

Band 250 Wolfgang Walter: Das Duell in Bayern. Ein Beitrag zur bayerischen Strafrechtsgeschichte. 2002.

Band 251 Jörn Eckert / Kjell Å. Modéer (Hrsg.): Geschichte und Perspektiven des Rechts im Ostseeraum. Erster Rechtshistorikertag im Ostseeraum 8.–12. März 2000. 2001.

Band 252 Jan Könighaus: Die Inauguration der Christian-Albrechts-Universität zu Kiel 1665. Symbolgehalt und rechtliche Bedeutung des Universitätszeremoniells. 2002.

Band 253 Andreas Görgen: Rechtssprache in der Frühen Neuzeit. Eine vergleichende Untersuchung der Fremdwortverwendung in Gesetzen des 16. und 17. Jahrhunderts. 2002.

Band 254 Ralf Schäfer: Die Rechtsstellung der Haigerlocher Juden im Fürstentum Hohenzollern-Sigmaringen von 1634-1850. Eine rechtsgeschichtliche Untersuchung. 2002.

Band 255 Regine Schmalhorst: Die Tierhalterhaftung im BGB von 1896. Die Entstehung und Änderung des § 833 BGB sowie eine Analyse der Rechtsprechung des Reichsgerichts bis 1908. 2002.

Band 256 Thomas Hense: Konrad Beyerle. Sein Wirken für Wissenschaft und Politik in Kaiserreich und Weimarer Republik. 2002.

Band 257 Christian Mahlmann: Die Strafrechtswissenschaft der DDR. Klassenkampftheorie und Verbrechenslehre. 2002.

Band 258 Henning Kahmann: Die Bankiers von Jacquier & Securius 1933–1945. Eine rechtshistorische Fallstudie zur "Arisierung" eines Berliner Bankhauses. Mit einem Geleitwort von John Kornblum. 2002.

Band 259 Volker Friedrich Drecktrah: Die Gerichtsbarkeit in den Herzogtümern Bremen und Verden und in der preußischen Landdrostei Stade von 1715 bis 1879. 2002.

Band 260 Andreas Klass: Standes- oder Leistungselite? Eine Untersuchung der Karrieren der Wetzlarer Anwälte des Reichskammergerichts (1693-1806). 2002.

Band 261 Wolfgang Eder: Das italienische Tribunale Speciale per la Difesa dello Stato und der deutsche Volksgerichtshof. Ein Vergleich zwischen zwei politischen Gerichtshöfen. 2002.

Band 262 Albrecht Cordes / Bernd Kannowski (Hrsg.): Rechtsbegriffe im Mittelalter. 2002.

Band 263 Thomas Hildebrandt: Die Brandenburgischen Provinziallandtage von 1841, 1843, und 1845 anhand ausgewählter Verhandlungsgegenstände. 2002.

Band 264 Jan Finzel: Georg Adam Struve (1619–1692) als Zivilrechtler. 2003.

Band 265 Björn Carsten Frenzel: Das Selbstverständis der Justiz nach 1945. Analyse der Rolle der Justiz unter Berücksichtigung der Reden zur *Wiedereröffnung* der Bundes- und Oberlandesgerichte. 2003.

Band 266 Nils Reichhelm: Die marxistisch-leninistische Staats- und Rechtstheorie Karl Polaks. 2003.

Band 267 Raik Schneider: Altrechtliche Personenzusammenschlüsse. Ihre Entwicklung unter besonderer Berücksichtigung des Rechts des Großherzogtums Sachsen-Weimar-Eisenach sowie der Herzogtümer Sachsen-Meiningen und Sachsen-Gotha. 2003.

Band 268 Anke Meier: Die Geschichte des deutschen Konkursrechts, insbesondere die Entstehung der Reichskonkursordnung von 1877. 2003.

Band 269 Stefan Jens Jordan: Leben und Werk des Tübinger Rechtsprofessors Wilhelm Gottlieb Tafinger 1760–1813. 2003.

Band 270 Stefanie Hubig: Die historische Entwicklung des § 23 ZPO. Zum Ursprung und Fortleben des Vermögensgerichtsstandes im deutschen Prozeßrecht des 19. Jahrhunderts. 2003.

Band 271 Michael G. Perband: Der Grundsatz der freien Beweiswürdigung im Zivilprozeß (§ 286 ZPO) in der Rechtsprechung des Reichsgerichts. 2003.

Band 272 Mathias Bouveret: Die Stellung des Staatsoberhauptes in der parlamentarischen Diskussion und Staatsrechtslehre von 1848 bis 1918. 2003.

Band 273 Barbara Széchényi: Rechtliche Grundlagen bayerischer Zensur im 19. Jahrhundert. 2003.

Band 274 Sylvia Scharfenberg: Die Entstehungsgeschichte des Beurkundungsgesetzes vom 28. August 1969. 2003.

Band 275 Urte Nesemann: Die schwedische Familiengesetzgebung von 1734 bis zu den Reformgesetzen von 1915 bis 1920 und deren Einfluss auf die Gesetzgebungsprojekte der Weimarer Republik. Unter besonderer Berücksichtigung der Rechtsstellung der Frau und des unehelichen Kindes. 2003.

Band 276 Alexandra Brück: Die Polizeiordnung Herzog Christians von Braunschweig-Lüneburg vom 6. Oktober 1618. 2003.

Band 277 Torsten Landwehr: Das Kommissionsgeschäft in Rechtswissenschaft, Gesetzgebung und Rechtspraxis vom 16. bis zum Ende des 18. Jahrhunderts. 2003.

Band 278 Tassilo Wilhelm Maria Englert: Deutsche und italienische Zivilrechtsgesetzgebung von 1933–1945. Parallelen in der Rechtsetzung und gegenseitige Beeinflussung unter besonderer Berücksichtigung des Familien- und Erbrechts. 2003.

Band 279 Tobias Prang: Der Schutz der Versicherungsnehmer bei der Auslegung von Versicherungsbedingungen durch das Reichsgericht. 2003.

Band 280 Thorsten Lieb: Privileg und Verwaltungsakt. Handlungsformen der öffentlichen Gewalt im 18. und 19. Jahrhundert. 2004.

Band 281 Michael Rühling: Das Ladenschlussgesetz vom 28. November 1956. Vorgeschichte, Entstehung des Gesetzes und weitere Entwicklung. 2004.

Band 282 Kathrin Nawotki: Die schleswigsche Deichstavengerechtigkeit. Vom 17. Jahrundert bis in die Gegenwart. Eine gewohnheitsrechtliche Superfizies an nordfriesischen Deichgrundstücken und ihre Entwicklung. 2004.

Band 283 Erik Nils Voigt: Die Gesetzgebungsgeschichte der militärischen Ehrenstrafen und der Offizierehrengerichtsbarkeit im preußischen und deutschen Heer von 1806 bis 1918. 2004.

Band 284 Dorothea Riedi Hunold: Die Einführung der allgemeinen Wechselfähigkeit in der Schweiz in der zweiten Hälfte des 19. Jahrhunderts. Unter besonderer Berücksichtigung der politischen, wirtschaftlichen und sozialen Verhältnisse. 2004.

Band 285 Thomas Gergen: Pratique juridique de la paix et trêve de Dieu à partir du concile de Charroux (989–1250). Juristische Praxis der Pax und Treuga Dei ausgehend vom Konzil von Charroux (989–1250). 2004.

Band 286 Kathrin Bethkenhagen: Die Entwicklung des Luftrechts bis zum Luftverkehrsgesetz von 1922. 2004.

Band 287 Heiko Lüpkes: Die Verbrechen der Diener des Staats im Allgemeinen Landrecht für die Preußischen Staaten von 1794 und ihre Entwicklung zu den Vergehen und Verbrechen im Amte im Strafgesetzbuch für die Preußischen Staaten von 1851. 2004.

Band 288 Mirco Peter Hirsch: Von der Erbbescheinigung des Preußischen Rechts zum Erbschein des Bürgerlichen Gesetzbuchs. 2004.

Band 289 Bettina Günther: Die Behandlung der Sittlichkeitsdelikte in den Policeyordnungen und der Spruchpraxis der Reichsstädte Frankfurt am Main und Nürnberg im 15. bis 17. Jahrhundert. 2004.

Band 290 Seunghyeon Seong: Der Begriff der *nicht gehörigen Erfüllung* aus dogmengeschichtlicher und rechtsvergleichender Sicht. 2004.

FSC
www.fsc.org
MIX
Papier | Fördert gute Waldnutzung
FSC® C083411

Kolibri 360 GmbH
Ferdinand-Jühlke-Straße 7
99095 Erfurt, Deutschland
produktsicherheit@kolibri360.de

Druck:
CPI Druckdienstleistungen GmbH
im Auftrag der
Kolibri 360 GmbH
Ferdinand-Jühlke-Str. 7
99095 Erfurt